축소사회 대한민국

사회교사의 눈으로 본 인구 소멸과 우리의 미래

축소사회 대한민국

정선렬, 엄혜용 지음

행;북

대한민국 인구 상황판

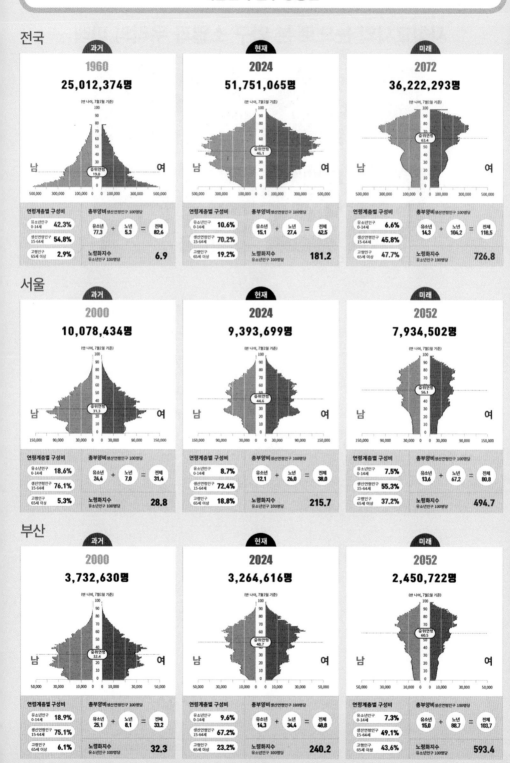

전국

과거
1960
25,012,374명

(만 나이, 7월1일 기준)
중위연령 19.0
남 / 여

연령계층별 구성비	총부양비 생산연령인구 100명당			
유소년인구 0-14세 42.3%	유소년 77.3	+	노년 5.3	= 전체 82.6
생산연령인구 15-64세 54.8%				
고령인구 65세 이상 2.9%	노령화지수			6.9

현재
2024
51,751,065명

(만 나이, 7월1일 기준)
중위연령 46.1
남 / 여

연령계층별 구성비	총부양비 생산연령인구 100명당			
유소년인구 0-14세 10.6%	유소년 15.1	+	노년 27.4	= 전체 42.5
생산연령인구 15-64세 70.2%				
고령인구 65세 이상 19.2%	노령화지수			181.2

미래
2072
36,222,293명

(만 나이, 7월1일 기준)
중위연령 63.4
남 / 여

연령계층별 구성비	총부양비 생산연령인구 100명당			
유소년인구 0-14세 6.6%	유소년 14.3	+	노년 104.2	= 전체 118.5
생산연령인구 15-64세 45.8%				
고령인구 65세 이상 47.7%	노령화지수 유소년인구 100명당			726.8

서울

과거
2000
10,078,434명

(만 나이, 7월1일 기준)
중위연령 31.3
남 / 여

연령계층별 구성비	총부양비 생산연령인구 100명당			
유소년인구 0-14세 18.6%	유소년 24.4	+	노년 7.0	= 전체 31.4
생산연령인구 15-64세 76.1%				
고령인구 65세 이상 5.3%	노령화지수 유소년인구 100명당			28.8

현재
2024
9,393,699명

(만 나이, 7월1일 기준)
중위연령 44.6
남 / 여

연령계층별 구성비	총부양비 생산연령인구 100명당			
유소년인구 0-14세 8.7%	유소년 12.1	+	노년 26.0	= 전체 38.0
생산연령인구 15-64세 72.4%				
고령인구 65세 이상 18.8%	노령화지수 유소년인구 100명당			215.7

미래
2052
7,934,502명

(만 나이, 7월1일 기준)
중위연령 56.1
남 / 여

연령계층별 구성비	총부양비 생산연령인구 100명당			
유소년인구 0-14세 7.5%	유소년 13.6	+	노년 67.2	= 전체 80.8
생산연령인구 15-64세 55.3%				
고령인구 65세 이상 37.2%	노령화지수 유소년인구 100명당			494.7

부산

과거
2000
3,732,630명

(만 나이, 7월1일 기준)
중위연령 32.4
남 / 여

연령계층별 구성비	총부양비 생산연령인구 100명당			
유소년인구 0-14세 18.9%	유소년 25.1	+	노년 8.1	= 전체 33.2
생산연령인구 15-64세 75.1%				
고령인구 65세 이상 6.1%	노령화지수			32.3

현재
2024
3,264,616명

(만 나이, 7월1일 기준)
중위연령 40.7
남 / 여

연령계층별 구성비	총부양비 생산연령인구 100명당			
유소년인구 0-14세 9.6%	유소년 14.3	+	노년 34.4	= 전체 48.8
생산연령인구 15-64세 67.2%				
고령인구 65세 이상 23.2%	노령화지수 유소년인구 100명당			240.2

미래
2052
2,450,722명

(만 나이, 7월1일 기준)
중위연령 60.5
남 / 여

연령계층별 구성비	총부양비 생산연령인구 100명당			
유소년인구 0-14세 7.3%	유소년 15.0	+	노년 88.7	= 전체 103.7
생산연령인구 15-64세 49.1%				
고령인구 65세 이상 43.6%	노령화지수 유소년인구 100명당			593.4

대구

2000
2,528,863명

(만 나이, 7월1일 기준)

중위연령 31.2

남 / 여

연령계층별 구성비		총부양비 생산연령인구 100명당			
유소년인구 0-14세	20.9%	유소년 28.5	+ 노년 8.0	= 전체 36.5	
생산연령인구 15-64세	73.3%				
고령인구 65세 이상	5.9%	노령화지수 유소년인구 100명당			28.0

2024
2,353,742명

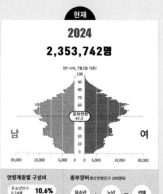

(만 나이, 7월1일 기준)

중위연령 47.5

남 / 여

연령계층별 구성비		총부양비 생산연령인구 100명당			
유소년인구 0-14세	10.6%	유소년 15.2	+ 노년 28.6	= 전체 43.8	
생산연령인구 15-64세	69.5%				
고령인구 65세 이상	19.9%	노령화지수 유소년인구 100명당			188.4

2052
1,795,789명

(만 나이, 7월1일 기준)

중위연령 59.7

남 / 여

연령계층별 구성비		총부양비 생산연령인구 100명당			
유소년인구 0-14세	7.9%	유소년 16.0	+ 노년 85.6	= 전체 101.6	
생산연령인구 15-64세	49.6%				
고령인구 65세 이상	42.5%	노령화지수 유소년인구 100명당			534.9

인천

2000
2,522,462명

(만 나이, 7월1일 기준)

중위연령 31.1

남 / 여

연령계층별 구성비		총부양비 생산연령인구 100명당			
유소년인구 0-14세	23.4%	유소년 32.9	+ 노년 7.7	= 전체 40.5	
생산연령인구 15-64세	71.2%				
고령인구 65세 이상	5.5%	노령화지수 유소년인구 100명당			23.3

2024
3,049,340명

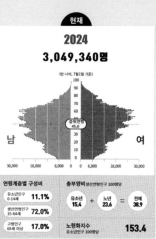

(만 나이, 7월1일 기준)

중위연령 45.0

남 / 여

연령계층별 구성비		총부양비 생산연령인구 100명당			
유소년인구 0-14세	11.1%	유소년 15.4	+ 노년 23.6	= 전체 38.9	
생산연령인구 15-64세	72.0%				
고령인구 65세 이상	17.0%	노령화지수 유소년인구 100명당			153.4

2052
2,963,616명

(만 나이, 7월1일 기준)

중위연령 58.1

남 / 여

연령계층별 구성비		총부양비 생산연령인구 100명당			
유소년인구 0-14세	7.9%	유소년 15.0	+ 노년 74.0	= 전체 89.0	
생산연령인구 15-64세	52.9%				
고령인구 65세 이상	39.2%	노령화지수 유소년인구 100명당			495.2

광주

2000
1,382,426명

(만 나이, 7월1일 기준)

중위연령 29.1

남 / 여

연령계층별 구성비		총부양비 생산연령인구 100명당			
유소년인구 0-14세	23.0%	유소년 32.2	+ 노년 7.7	= 전체 39.9	
생산연령인구 15-64세	71.5%				
고령인구 65세 이상	5.5%	노령화지수 유소년인구 100명당			23.8

2024
1,455,515명

(만 나이, 7월1일 기준)

중위연령 44.4

남 / 여

연령계층별 구성비		총부양비 생산연령인구 100명당			
유소년인구 0-14세	11.6%	유소년 16.2	+ 노년 23.6	= 전체 39.8	
생산연령인구 15-64세	71.6%				
고령인구 65세 이상	16.9%	노령화지수 유소년인구 100명당			145.4

2052
1,180,563명

(만 나이, 7월1일 기준)

중위연령 57.3

남 / 여

연령계층별 구성비		총부양비 생산연령인구 100명당			
유소년인구 0-14세	8.7%	유소년 16.6	+ 노년 73.9	= 전체 90.5	
생산연령인구 15-64세	52.5%				
고령인구 65세 이상	38.8%	노령화지수 유소년인구 100명당			444.9

대전

	과거	현재	미래
연도	2000	2024	2052
인구	1,396,869명	1,473,033명	1,249,657명

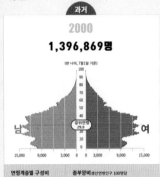

(만 나이, 7월1일 기준)

중위연령: 2000년 29.9 / 2024년 44.0 / 2052년 56.4

2000 (과거)

연령계층별 구성비
- 유소년인구 0-14세: 22.4%
- 생산연령인구 15-64세: 72.3%
- 고령인구 65세 이상: 5.4%

총부양비 (생산연령인구 100명당)
유소년 + 노년 = 전체
30.9 + 7.5 = 38.4

노령화지수 (유소년인구 100명당): 24.1

2024 (현재)

연령계층별 구성비
- 유소년인구 0-14세: 10.8%
- 생산연령인구 15-64세: 72.1%
- 고령인구 65세 이상: 17.2%

총부양비 (생산연령인구 100명당)
유소년 + 노년 = 전체
14.9 + 23.8 = 38.8

노령화지수 (유소년인구 100명당): 159.5

2052 (미래)

연령계층별 구성비
- 유소년인구 0-14세: 8.6%
- 생산연령인구 15-64세: 53.6%
- 고령인구 65세 이상: 37.8%

총부양비 (생산연령인구 100명당)
유소년 + 노년 = 전체
16.1 + 70.6 = 86.6

노령화지수 (유소년인구 100명당): 438.7

울산

	과거	현재	미래
연도	2000	2024	2052
인구	1,035,658명	1,102,846명	827,433명

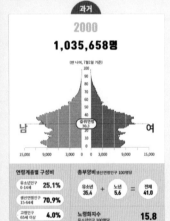
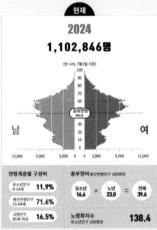
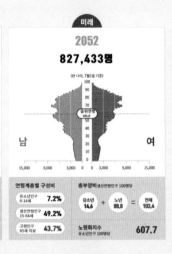

(만 나이, 7월1일 기준)

중위연령: 2000년 30.3 / 2024년 46.0 / 2052년 60.3

2000 (과거)

연령계층별 구성비
- 유소년인구 0-14세: 25.1%
- 생산연령인구 15-64세: 70.9%
- 고령인구 65세 이상: 4.0%

총부양비 (생산연령인구 100명당)
유소년 + 노년 = 전체
35.4 + 5.6 = 41.0

노령화지수 (유소년인구 100명당): 15.8

2024 (현재)

연령계층별 구성비
- 유소년인구 0-14세: 11.9%
- 생산연령인구 15-64세: 71.6%
- 고령인구 65세 이상: 16.5%

총부양비 (생산연령인구 100명당)
유소년 + 노년 = 전체
16.6 + 23.0 = 39.6

노령화지수 (유소년인구 100명당): 138.4

2052 (미래)

연령계층별 구성비
- 유소년인구 0-14세: 7.2%
- 생산연령인구 15-64세: 49.2%
- 고령인구 65세 이상: 43.7%

총부양비 (생산연령인구 100명당)
유소년 + 노년 = 전체
14.6 + 88.8 = 103.4

노령화지수 (유소년인구 100명당): 607.7

세종

	과거	현재	미래
연도	2000	2024	2052
인구	102,157명	389,166명	536,652명

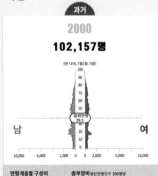

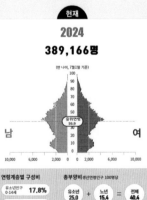

(만 나이, 7월1일 기준)

중위연령: 2000년 39.5 / 2024년 39.9 / 2052년 52.1

2000 (과거)

연령계층별 구성비
- 유소년인구 0-14세: 13.9%
- 생산연령인구 15-64세: 70.6%
- 고령인구 65세 이상: 15.5%

총부양비 (생산연령인구 100명당)
유소년 + 노년 = 전체
19.7 + 22.0 = 41.7

노령화지수 (유소년인구 100명당): 111.5

2024 (현재)

연령계층별 구성비
- 유소년인구 0-14세: 17.8%
- 생산연령인구 15-64세: 71.2%
- 고령인구 65세 이상: 11.0%

총부양비 (생산연령인구 100명당)
유소년 + 노년 = 전체
25.0 + 15.4 = 40.4

노령화지수 (유소년인구 100명당): 61.5

2052 (미래)

연령계층별 구성비
- 유소년인구 0-14세: 12.0%
- 생산연령인구 15-64세: 58.8%
- 고령인구 65세 이상: 29.3%

총부양비 (생산연령인구 100명당)
유소년 + 노년 = 전체
20.3 + 49.8 = 70.1

노령화지수 (유소년인구 100명당): 244.8

경기

	과거 2000	현재 2024	미래 2052
인구	9,146,445명	13,861,071명	13,812,127명
중위연령	31.0	44.3	57.0
유소년인구 0-14세	24.1%	11.7%	8.6%
생산연령인구 15-64세	70.2%	72.4%	53.9%
고령인구 65세 이상	5.7%	16.0%	37.5%
총부양비 (유소년 + 노년 = 전체)	34.4 + 8.2 = 42.5	16.1 + 22.1 = 38.2	16.1 + 69.6 = 85.6
노령화지수 (유소년인구 100명당)	23.7	136.9	433.3

(만 나이, 7월1일 기준)

강원

	과거 2000	현재 2024	미래 2052
인구	1,515,605명	1,518,110명	1,438,740명
중위연령	33.8	50.4	63.0
유소년인구 0-14세	20.0%	9.8%	7.1%
생산연령인구 15-64세	70.2%	65.9%	45.8%
고령인구 65세 이상	9.8%	24.3%	47.1%
총부양비 (유소년 + 노년 = 전체)	28.6 + 13.9 = 42.5	14.8 + 36.9 = 51.7	15.6 + 102.8 = 118.3
노령화지수 (유소년인구 100명당)	48.7	248.5	659.5

(만 나이, 7월1일 기준)

충북

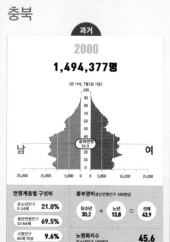  

	과거 2000	현재 2024	미래 2052
인구	1,494,377명	1,629,639명	1,541,644명
중위연령	32.3	47.3	60.5
유소년인구 0-14세	21.0%	10.6%	7.4%
생산연령인구 15-64세	69.5%	68.7%	49.4%
고령인구 65세 이상	9.6%	20.7%	43.2%
총부양비 (유소년 + 노년 = 전체)	30.2 + 13.8 = 43.9	15.4 + 30.2 = 45.5	15.0 + 87.6 = 102.6
노령화지수 (유소년인구 100명당)	45.6	196.2	585.0

(만 나이, 7월1일 기준)

충남

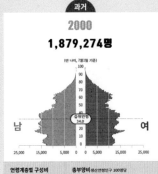

과거
2000
1,879,274명
(만 나이, 7월1일 기준)
중위연령 34.0

연령계층별 구성비		총부양비 생산연령인구 100명당		
유소년인구 0-14세	20.1%	유소년 29.6	+ 노년 17.5	= 전체 47.1
생산연령인구 15-64세	68.0%			
고령인구 65세 이상	11.9%	노령화지수 유소년인구 100명당		59.1

현재
2024
2,223,801명
(만 나이, 7월1일 기준)
중위연령 46.4

연령계층별 구성비		총부양비 생산연령인구 100명당		
유소년인구 0-14세	11.0%	유소년 16.0	+ 노년 30.3	= 전체 46.4
생산연령인구 15-64세	68.3%			
고령인구 65세 이상	20.7%	노령화지수 유소년인구 100명당		189.2

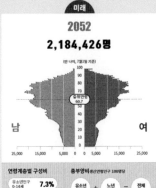

미래
2052
2,184,426명
(만 나이, 7월1일 기준)
중위연령 60.7

연령계층별 구성비		총부양비 생산연령인구 100명당		
유소년인구 0-14세	7.3%	유소년 14.9	+ 노년 89.2	= 전체 104.1
생산연령인구 15-64세	49.0%			
고령인구 65세 이상	43.7%	노령화지수 유소년인구 100명당		597.3

전북

과거
2000
1,927,005명
(만 나이, 7월1일 기준)
중위연령 33.2

연령계층별 구성비		총부양비 생산연령인구 100명당		
유소년인구 0-14세	20.4%	유소년 29.8	+ 노년 16.1	= 전체 45.9
생산연령인구 15-64세	68.6%			
고령인구 65세 이상	11.1%	노령화지수 유소년인구 100명당		54.2

현재
2024
1,758,610명
(만 나이, 7월1일 기준)
중위연령 49.7

연령계층별 구성비		총부양비 생산연령인구 100명당		
유소년인구 0-14세	10.0%	유소년 15.2	+ 노년 36.5	= 전체 51.7
생산연령인구 15-64세	65.9%			
고령인구 65세 이상	24.1%	노령화지수 유소년인구 100명당		240.4

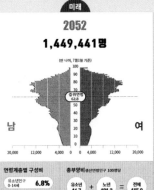

미래
2052
1,449,441명
(만 나이, 7월1일 기준)
중위연령 62.8

연령계층별 구성비		총부양비 생산연령인구 100명당		
유소년인구 0-14세	6.8%	유소년 14.7	+ 노년 101.3	= 전체 115.9
생산연령인구 15-64세	46.3%			
고령인구 65세 이상	46.9%	노령화지수 유소년인구 100명당		690.9

전남

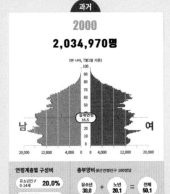

과거
2000
2,034,970명
(만 나이, 7월1일 기준)
중위연령 35.5

연령계층별 구성비		총부양비 생산연령인구 100명당		
유소년인구 0-14세	20.0%	유소년 30.0	+ 노년 20.1	= 전체 50.1
생산연령인구 15-64세	66.6%			
고령인구 65세 이상	13.4%	노령화지수 유소년인구 100명당		67.0

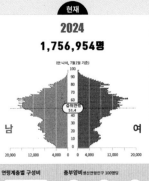

현재
2024
1,756,954명
(만 나이, 7월1일 기준)
중위연령 51.4

연령계층별 구성비		총부양비 생산연령인구 100명당		
유소년인구 0-14세	10.3%	유소년 16.1	+ 노년 41.1	= 전체 57.3
생산연령인구 15-64세	63.6%			
고령인구 65세 이상	26.2%	노령화지수 유소년인구 100명당		255.0

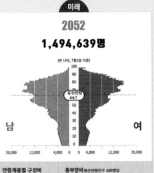

미래
2052
1,494,639명
(만 나이, 7월1일 기준)
중위연령 64.7

연령계층별 구성비		총부양비 생산연령인구 100명당		
유소년인구 0-14세	6.3%	유소년 14.4	+ 노년 112.6	= 전체 127.0
생산연령인구 15-64세	44.0%			
고령인구 65세 이상	49.6%	노령화지수 유소년인구 100명당		783.3

경북

과거
2000
2,773,340명

(만 나이, 7월1일 기준)
남 / 여
중위연령 34.0

연령계층별 구성비	총부양비 생산연령인구 100명당
유소년인구 0-14세 **19.7%**	유소년 28.5 + 노년 16.6 = 전체 45.1
생산연령인구 15-64세 **68.9%**	
고령인구 65세 이상 **11.4%**	노령화지수 유소년인구 100명당 **58.0**

현재
2024
2,597,229명

(만 나이, 7월1일 기준)
남 / 여
중위연령 50.6

연령계층별 구성비	총부양비 생산연령인구 100명당
유소년인구 0-14세 **9.7%**	유소년 14.8 + 노년 37.8 = 전체 52.6
생산연령인구 15-64세 **65.5%**	
고령인구 65세 이상 **24.7%**	노령화지수 유소년인구 100명당 **254.3**

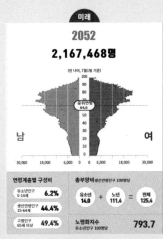

미래
2052
2,167,468명

(만 나이, 7월1일 기준)
남 / 여
중위연령 64.6

연령계층별 구성비	총부양비 생산연령인구 100명당
유소년인구 0-14세 **6.2%**	유소년 14.0 + 노년 111.4 = 전체 125.4
생산연령인구 15-64세 **44.4%**	
고령인구 65세 이상 **49.4%**	노령화지수 유소년인구 100명당 **793.7**

경남

과거
2000
3,035,571명

(만 나이, 7월1일 기준)
남 / 여
중위연령 32.6

연령계층별 구성비	총부양비 생산연령인구 100명당
유소년인구 0-14세 **21.8%**	유소년 31.5 + 노년 12.8 = 전체 44.3
생산연령인구 15-64세 **69.3%**	
고령인구 65세 이상 **8.9%**	노령화지수 유소년인구 100명당 **40.6**

현재
2024
3,249,033명

(만 나이, 7월1일 기준)
남 / 여
중위연령 46.4

연령계층별 구성비	총부양비 생산연령인구 100명당
유소년인구 0-14세 **11.1%**	유소년 16.3 + 노년 30.6 = 전체 46.9
생산연령인구 15-64세 **68.1%**	
고령인구 65세 이상 **20.8%**	노령화지수 유소년인구 100명당 **187.9**

미래
2052
2,597,078명

(만 나이, 7월1일 기준)
남 / 여
중위연령 63.5

연령계층별 구성비	총부양비 생산연령인구 100명당
유소년인구 0-14세 **6.5%**	유소년 14.3 + 노년 104.6 = 전체 118.9
생산연령인구 15-64세 **45.7%**	
고령인구 65세 이상 **47.8%**	노령화지수 유소년인구 100명당 **733.1**

제주

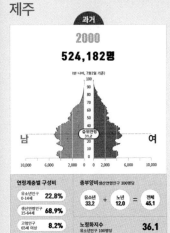

과거
2000
524,182명

(만 나이, 7월1일 기준)
남 / 여
중위연령 31.2

연령계층별 구성비	총부양비 생산연령인구 100명당
유소년인구 0-14세 **22.8%**	유소년 33.2 + 노년 12.0 = 전체 45.1
생산연령인구 15-64세 **68.9%**	
고령인구 65세 이상 **8.2%**	노령화지수 유소년인구 100명당 **36.1**

현재
2024
674,661명

(만 나이, 7월1일 기준)
남 / 여
중위연령 45.6

연령계층별 구성비	총부양비 생산연령인구 100명당
유소년인구 0-14세 **12.7%**	유소년 18.4 + 노년 26.1 = 전체 44.5
생산연령인구 15-64세 **69.2%**	
고령인구 65세 이상 **18.1%**	노령화지수 유소년인구 100명당 **142.1**

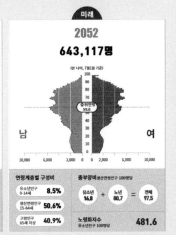

미래
2052
643,117명

(만 나이, 7월1일 기준)
남 / 여
중위연령 59.0

연령계층별 구성비	총부양비 생산연령인구 100명당
유소년인구 0-14세 **8.5%**	유소년 16.8 + 노년 80.7 = 전체 97.5
생산연령인구 15-64세 **50.6%**	
고령인구 65세 이상 **40.9%**	노령화지수 유소년인구 100명당 **481.6**

* 출처: 통계청, 2024. ; kosis.kr/populationKorea/PopulationDashBoardMain.do

우리는 지금 위기의 시대를 살고 있습니다. 기후 변화와 환경 파괴, 차별과 갈등의 세계화, 인구 절벽과 지역 소멸의 위기가 인류의 생존마저 위협하고 있습니다. 그런가 하면 인공지능(AI)으로 대표되는 첨단 과학기술의 발달은 사회 모든 분야에서 급속한 변화를 만들어내고 있습니다. 상상 속의 미래가 눈앞 현실로 펼쳐지고 있는 것입니다. 바야흐로 '대전환의 시대'라 할 만합니다.

이 위기와 변화는 필연적으로 '축소사회'를 불러옵니다. 출생률의 급격한 저하로 사람이 줄어드니 모든 것이 축소됩니다. 마을도 줄고, 학교도 줄어들고 있습니다. 축소의 끝은 어디일까요? 바로 소멸입니다. 이렇게 가다가는 학교도 없어지고, 마을도 없어지고, 종국에는 나라도 없어지지 않을까 걱정입니다. 지금 대비하지 않으면 현실이 될 수도 있습니다.

저는 그 답을 공생의 교육에서 찾아야 한다고 생각합니다. 미래에는 '공생'이 그 자리를 차지할 것이기 때문입니다. 지구를 살리는 인간과 자연의 공생, 디지털 시대 AI와 인간의 공생, 교육과 지역 공동체의 협력 공생, 지역과 세계의 글로컬 (glocal) 공생으로 지속 가능한 미래를 열어야 합니다.

이러한 시기 출간된 『축소사회 대한민국』은 우리 사회와 교육을 향해 미래를 준비하는 자세를 일러주는 소중한 지침서가 될 것입니다. 이 책이 공생의 글로컬 교육으로 미래를 열어가는 데 등불이 되어주기를 바랍니다.

김대중 | 전라남도교육감

머리말

　1.0에서 0.7로, 이젠 0.6까지 대한민국이 합계출산율의 덫에 빠진 지 꽤 오래되었습니다. "덮어놓고 낳다 보면 거지꼴 못 면한다"라고 한 지 반세기쯤 지났는데, 지금은 '덮어놓고 낳는다'라는 문구를 경멸 섞인 눈으로 바라보면서 출산을 소중한 이벤트라 여기는 분위기가 자리 잡았습니다. 동시에 출산은 주변에서 찾기도 힘든 전설 속 존재(?)로 여기는 분위기가 받아들여지기도 하죠.

　인구 구조는 정해진 미래를 보여주는 대표적 지표입니다. 저출산·고령화라는 덫이 대한민국을 집어삼킨 지 오래고, 대한민국의 미래 역시 암울하다는 사실도 꽤 알려진 상황이죠. 대한민국 사람이라면 누구나 한 번쯤 인구 소멸에 대해 들어 보셨을 겁니다. 노령 인구의 급증과 유소년 인구의 급감은 대한민국의 지속 가능성에 계속 물음표를 붙이고 있죠. 인구 소멸은 우리 사회를 점점 더 쪼그라뜨리고 있습니다. 축소사회로의 진전인 셈이죠.

　그런데 인구 소멸과 축소사회에 대한 인식은 세대마다, 지역마다 다른 양상을 보이고 있습니다. 수도권 사람들은 대부분 노년 인구 증가를 피부로 느끼지만, 유소년 감소에 대해서는 확실하게 와닿지 않는다는 반응을 보입니다. 특히 동탄, 위례 등 신도시나 목동처럼 자녀교육에 유리한 일부 지역에서는 매년 급속도로 늘어나는 학생 수를 감당하지 못해 학교 신축을 고려하는 상황이죠. 이처럼 인구 소멸과 축소사회에 대한 인식은 지역마다 차이가 있는 것이 현실입니다.

　그럼에도 축소사회의 올가미가 우리 목을 조금씩 죄어오고 있는 것은 사실입니다. 그 변화는 비교적 청년층 비중이 높은 수도권보다 상대적으로 청년층·유소년층의 비중이 낮은 지방에서부터 본격화되고 있고요. 청년 인구가 집중된 수도권에서는 아직도 과밀 주거, 학교 부족, 청년 간의 과도한 경쟁이 사회 문제인 반면, 지방에서는 인구 감소와 사회 해체가 주된 문제로 대두되고 있습니다. 너무도 다른 수도권과 지방의 상황을 비교해 보면 과연 이것이 같은 나라의 모습이라고 생각할 수 있는지 괴리감이 느껴지곤 하죠.

　인구 대다수가 거주하는 수도권에 있어 축소사회 문제는 아직 다가오지 않은-하지만 정해진- 미래이지만, 전남, 강원, 경북 등 지방에서는 사회 소멸이 '주어진 현실'이 된 지 오래입니다. 이제 수도권은 미래 인구 감소가 가져올 충격에 대비하기 위해 지방의 모습을 잘 지켜보아야 하고, 지방은 생존을 위해 지금의 불균형한 인구 구조를 바꿔야 할 숙제를 안고 있습니다. 수도권과 지방 둘 중 한 곳이 없어지면 다른 한 곳의 인구 문제는 심각한 모순에 빠지게 되고, 결국 함께 소멸할 수밖에 없다는 점에서 수도권과 지방은 운명공동체이기도 합니다. 물론 인구 구조에 있어 대한민국을 지방과 수도권으로 단순화할 수 있을지 의문이긴 하지만요.

　이 책은 두 명의 현직 사회 교사가 교육, 세대, 사회 구조의 세 가지 키워드를 기준으로 인구 구조가 가져올 축소사회 문제를 정리해 보았습니다. 우리 사회가 미래에 마주하게 될 모습이 어떨지 상상해 보기 위해 인구 구조 문제가 현재진행형인 전남 완도군, 경남 창원시, 부산광역시 등 최근 급격하게 인구 구조 변화를 겪은 지역에서부터 인구 구조 변화가 가져온 사회 문제를 이해하기 위해 광역시급 대도시와 수도권에서 나타나고 있는 다양한 문제를 복합적으로 다루고 있습니다.

대부분 이야기는 이론적으로 검증된 것은 아닙니다. 본서를 집필한 교사들이 현재의 사회 문제를 이론적으로 분석하고 증명하기에는 당연히 부족함이 많습니다. 대신 현장에서 직접 겪은 이야기, 특히 인구 구조 변화를 온몸으로 받아내고 있는 지방 학교와 청년들의 이야기, 수도권에서 치열하게 살아가고 있는 청년과 중년들의 이야기, 세대 담론에서 조직적으로 배제당하고 상실감을 느끼는 노년층의 이야기를 통해 인구 구조가 어떤 문제를 야기하는지 구조화하려고 노력했습니다. 본서 말미에는 다문화 가정, 국방, 지방 소멸, 사회보험의 붕괴 등 어느 정도 분석이 진행된 사회 문제에 대해 전문가들의 견해를 바탕으로 정리해 보고 우리가 앞으로 어떻게 대응해야 할지를 생각해 보았습니다.

대부분 사람들은 미래 우리 사회가 인구 구조 변화로 인해 큰 어려움을 겪을 것이라는 데 대해 어렴풋이 알고 있습니다. 그 어려움이 실제 어떤 모습으로 나타나고 있는지, 우리 사회에 어떤 영향을 끼칠지, 이 문제를 해결하기 위해 앞으로 우리는 어떻게 해야 할지 함께 고민해 보는 계기가 되었으면 좋겠습니다. 불균형한 인구 구조가 가져온 그림자는 지금도 서서히 우리 모습을 소멸시키고 있으니까요.

2024년 가을
정선렬·엄혜용

차례

1장 붕괴하는 대한민국, 인구 구조가 가져올 재앙

2장 각 세대가 마주하고 있는 우리 사회의 인구 문제와 구조

10대 인구 절벽, 학교 정원도 벼랑 끝 | 초·중학생과 고등학생, 너무나 다른 결혼관 | 의대 신드롬에 숨겨진 지망생 급감, 사관학교와 교육대학 | 서울 바라기, 호시탐탐 엿보는 상경 | 교육과정과 저출산, 불리한 소규모 학교 | 고교학점제, 소외되는 지방 교육 | 지방 교육의 질적 저하, 예견된 미래

Reduced Society

1장
붕괴하는 대한민국,
인구 구조가 가져올 재앙

1. 무너지는 인구 구조, 불투명한 미래

　과거나 현재나 중고등학교 사회 교과서의 마지막 단원은 미래 사회 문제를 다룹니다. 그중 한 꼭지는 저출산·고령화 현상에 대한 것이었고요. 대한민국의 저출산·고령화는 생각보다 꽤 오래된 사회 문제입니다. 박정희 정부부터 자녀 수를 줄이기 위한 가족 계획이 본격적으로 시행된 후 합계출산율은 지속적으로, 그리고 빠르게 감소해 왔는데요. 합계출산율이 2명대를 뚫고 아래로 내려간 이후 정부는 부랴부랴 산아제한정책을 중지하고 출산장려정책을 실시했습니다. 그럼에도 합계출산율이 2명대로 회복된 적이 단 한 번도 없었던 것을 보면 산아제한정책은 지나치게 성공한 정책이라고 평가할 수 있을 지경입니다. 과거 저출산정책을 설계하고 시행했던 담당자의 업무 능력이 무척이나 대단(?)했던 모양이에요.

　21세기 이후 정부는 일관되게 출산장려정책을 펼쳐 왔으나 효과는 미미했습니다. 그 결과, 현재 저출산·고령화가 가져온 말도 안 되는 역피라미드형 인구 구조를 마주하게 되었습니다. 전 세계 어느 나라도 겪어 보지 못한 인구 구조를 우리가 앞장서서 맞이하게 된 겁니다. 저출산이 가져온 문제들 대부분은 사실상 이전부터 우리 사회에 자리 잡아 왔고, 지금은 보편적인 현상이 되었는데요. 그렇다고 해서 인구 문제를 해결하는 것이 쉬운 게 아닙니다. 인구 구조 문제는 그 특성상 예측이 쉬운 대신에 단기 해결책으로는 해결이 어려운 '정해진 문제' 성격이 강하기 때문입니다.

　저출산 문제에 대한 진지한 논의가 너무나 늦었다는 점도 문제를 심화시켰습니다. 인구 정책 슬로건의 변화를 보면 알 수 있듯 정부는 인구 유지에 필요한 최저 합계출산율 수준인 2.1명보다 낮아진 후에도 오랫동안 저출산정책을 유지해 왔습니다. 장기적인 인구 관리 계획이 없었던 거죠.

1960~2020년대 인구 정책의 방향과 합계출산율 변화 추이 [1]

시기	1960년대	1970년대	1980년대	1990년대	2000년대 이후
인구 정책	산아제한정책	산아제한정책	산아제한정책	산아 자율 정책	출산장려정책
합계출산율 변화 추이	1960년 6.16 ⇩ 1969년 4.62	1970년 4.53 ⇩ 1979년 2.90	1980년 2.57 ⇩ 1989년 1.56	1990년 1.57 ⇩ 1999년 1.43	2000년 1.48 ⇩ 2020년 0.84
주요 슬로건	덮어놓고 낳다 보면 거지꼴 못 면한다	둘만 낳아 잘 기르자	하나만 낳아도 삼천리 초만원	아들 바람 부모 세대 짝꿍 없는 우리 세대	엄마 아빠 혼자는 싫어요

사회 구성원 중 일부는 저출산·고령화 문제를 심각하게 인식하지 않았고, 누군가는 저출산·고령화 문제가 지나치게 부풀려졌다고 평가하기도 했습니다. 과거의 다른 사회 문제들이 그랬듯 분명 누군가가 저출산·고령화 문제에 대한 해결 방법을 찾아낼 텐데 왜 이렇게 호들갑인지 모르겠다고 말하는 사람들도 있었죠. 우리 사회는 꽤 오랫동안 저출산·고령화로 인한 인구 문제를 교과서 속에만 존재하는 문제인 것처럼 방치해 왔습니다. 정치인들은 물론, 일반 시민들도 이 문제에 대해 구체적으로 언급하기를 회피하는 와중에 저출산 문제는 우리 사회 깊숙이 자리 잡았고, 그 결과로 노년층 인구가 지나치게 증가하고 청년 인구가 줄어드는 비정상적인 인구 구조를 띠게 되었습니다. 그렇다면 사람들이 그토록 심각하다고 우려하는 저출산·고령화로 인한 인구 구조 변화는 앞으로 우리 삶을 어떻게 바꾸어 놓을까요?

---

1   1970~2023년 자료: "인구동향조사", 통계청, 2023.; 1960~1969년 자료: 세계은행 자료 가공.

2. 선진국 공통, 저출산

 최근 언론은 잇따라 모든 사회 문제의 원인이 저출산이며, 무슨 방법을 써서라도 해결해야 할 엄청난 사회악인 것처럼 보도하고 있습니다. 하지만 저출산 자체는 고도화된 산업사회에서 보편적으로 나타나는 사회 현상입니다.

 경제적 관점을 빌려 모든 사람이 자신의 효용을 최대한으로 추구하려는 합리적 존재라고 가정해 보면 노동에 따른 기대소득 수준이 상승하다 보니 육아에 대한 기회비용도 함께 상승하게 됩니다. 출산이나 육아를 선택한다면 노동을 통한 소득 발생이 어려워지니 경제적 조건의 중요성이 강해질수록 육아를 포기하고 노동소득을 선택하는 비중이 점점 늘어나게 됩니다.

 농경사회와 달리 산업사회에서는 산업화가 진전될수록 사람들의 평균 학력 수준이 빠르게 상승하는 모습을 보입니다. 일반적으로 학력 수준이 상승하게 되면 자아실현을 위한 시간 투자를 중요시하는 사회적 풍토가 만들어지게 되죠. 자아실현을 위해 인생의 일부를 투자한다는 것은 현대인들의 삶의 목표가 되기도 합니다.

 여성의 학력 수준 향상과 사회 진출 확대는 전통적으로 여성의 영역으로만 치부되던 육아에 대한 인식을 바꾸도록 요구하게 됩니다. 출산은 여성의 신체에 큰 부담을 줄 뿐 아니라 최소 1년 이상 사회로부터의 단절을 강제하죠. 이 역시 자아실현을 중요하게 여기는 현대 사회의 여성들로 하여금 출산이나 육아를 선뜻 선택할 수 없도록 만듭니다.

 결혼한 여성의 사회 진출에 대해 부정적으로 바라보는 것은 우리 사회도 마찬가지입니다. 성차별이나 인종차별 등으로 인해 사회적 소수자의 사회 진출이 어려워지는 현상을 유리 천장(glass ceiling) 개념으로 비유하는데요. 남편을 '바깥양반'으로, 아내를 '안사람'으로 표현하던 관용어구가 보여주듯 과거부터 우리나라의 성 역할 구분은 꽤 명확한 편입니다. 여성에게 기대되는 일반적인 성 역할이 육아나 집안일 등이다 보니 여성의 결혼은 곧 출산을 의미했고, 직장 여성의 출산은 더 이상 직장에 충성하지 않을 것이라는 메시지로 읽혔죠.

출산에 대한 부정적인 시각은 자연스럽게 남성 노동자 선호 현상으로 이어집니다. 아이를 낳지 않는 노동자라야 직장에 충성할 것이니 자연스레 기업 내에서는 여성보다 남성 노동자를 선호하는 풍토가 자리 잡게 되었죠. 언제 출산할지 모르는 여성 노동자를 채용하려는 기업은 줄어들 수밖에 없습니다.

하지만 여성 학력 수준이 높아진 이후로 여성의 사회 진출 욕구도 함께 높아지면서 과거 구분된 성 역할은 점차 비판의 대상이 됩니다. 경제적으로도 혼자 벌어서 먹고살기 힘들어지게 되자 맞벌이를 선택하는 젊은 부부들이 늘어나게 되었죠. 전통적인 성 역할을 고수하는 사회에서 부부-특히 여성-는 직장 생활과 출산·육아 중 한 가지를 선택할 수밖에 없습니다. 여성의 학력 수준이 높은 선진국에서 여성의 경제 활동 참여 비율이 증가하고 출산율이 낮아지는 현상이 관찰되는 것은 자연스러운 수순입니다.

그렇다면 왜 중소 도시나 농어촌에 비해 대도시의 출산율이 훨씬 더 낮을까요? 『인구론』의 저자 토머스 맬서스(Thomas Robert Malthus)로 대표되는 생태학적 관점을 인용해 보겠습니다. 생태학적 관점에서는 사회 내 경쟁이 심화될수록 출산율 하락으로 이어진다고 생각하는데요. 특히 경쟁에서 도태되어 생존에 위협을 받거나 현재의 삶 자체가 생존에 너무나 불리하다고 인식하는 순간 인간은 출산을 포기하게 된다는 관점입니다.

서울의 상황을 살펴봅시다. 서울은 지방에 비해 지나칠 정도로 인구가 집중되어 있고, 그로 인해 인구 밀집도가 높아서 부동산 구입 등 생존에 필요한 비용도 높은 상황입니다. 서울이 지방에 비해 출생률이 낮아지리 라는 것은 쉽게 예측할 수 있습니다. 일반적으로 산업화가 진전될수록 도 시화에 따른 인구 집중이 심해지는 한편, 생존에 필요한 비용은 급증하기 마련입니다. 정도의 차이는 있어도 생존 과정에서 경쟁을 필수로 거쳐야 하며, 생존에 필요한 비용이 높은 대도시에서는 예외 없이 저출산 현상이 나타난다는 점이 이를 뒷받침합니다.

이 외에도 초기 산업화 국가에서 주로 사용하는 저출산정책 그 자체가 저출산을 가속화하기도 합니다. 주로 신흥 공업국에서 볼 수 있는 현상인 데요. 출산율이 과도하게 높을 경우 인구 증가, 특히 유소년 인구의 증가 에 따른 부담으로 인해 국가 발전에 필요한 자본 축적이 어렵기 때문에 산 아제한정책을 실시해야 한다는 논리가 지배적이었습니다. 이 경우 저출산 및 저축장려정책이 동시에 추진되는 것이 일반적인데요. '국민학교'를 다 니셨던 분들은 학교에서 저축왕을 선발했던 기억이 있으실 겁니다. 신흥 공업국의 지위에 있던 우리나라가 자본 축적을 통한 기술 발전을 이루기 위해 저축 문화를 정착시키고 출산율을 감소시키려고 노력한 모습이었죠.

결국 저출산 자체는 경제 성장 과정에서 나타나는 꽤 자연스러운 현상 입니다. 저출산의 기준을 현재의 인구가 유지될 수 있는 합계출산율 2.1명 보다 낮은 수준으로 설정한다면 저출산이 아닌 나라를 찾는 것이 더 힘들 정도이죠. 2023년 OECD 조사에 따르면 대부분 선진국에서는 1명 초중 반 수준의 합계출산율이 관측되는데요. 0.7명 수준인 우리나라의 합계출 산율이 다소 충격적이긴 하지만, 저출산 자체는 대부분 선진국에서 나타 나는 현상입니다.

미국	프랑스	독일	스웨덴	일본	호주	이탈리아	한국
1.67	1.76	1.46	1.52	1.26	1.63	1.24	0.78

3. 심각한 저출산, 사라지는 지역

그렇다면 유독 우리나라에서 저출산·고령화 문제가 주목받는 이유는 무엇일까요? 우리나라의 저출산 수준이 타국에 비해 너무나 심각하기 때문입니다. 2023년 한국의 4분기 합계출산율은 0.7명이 채 되지 않는 0.69명입니다. 그 어떤 국가도 경험해 보지 못한 초저출산 수준이죠. 이제 0.7은 초저출산, 특히 대한민국을 상징하는 숫자로 자리 잡았습니다.

2004~2022년 대한민국 출생아 수와 합계출산율 변화[3]

연도	2004년	2006년	2008년	2010년	2012년
출생아 수	476,958	451,759	465,892	470,171	484,550
합계출산율	1.16	1.13	1.19	1.22	1.29
출생아 수	435,435	406,243	326,822	272,337	249,000
합계출산율	1.20	1.17	0.98	0.84	0.78

---

2 "Family Database", OECD, 2023.
3 "인구동태건수 및 동태율 추이(출생, 사망, 혼인, 이혼)", 인구동향조사, 통계청, 2023.

지역별로 다시 세분화해 보면 저출산의 여파가 수도권에 비해 지방에서 먼저 나타나는 것을 볼 수 있죠. 대부분 군 단위 시골에서는 절대적인 인구 대비 청년층이 적다 보니 인구의 재생산이 불가능해 지방 인구 소멸이 수도권보다 빠를 것으로 예상됩니다. 고령화 수준이 높을수록 그 지역의 소멸 위험 역시 필연적으로 높아지게 되죠.

시·군·구별 장래 소멸 위험 지역 분포[4]

2017년	2047년	2067년	2117년
고위험(12개)	소멸 위험 진입(72개)	소멸 위험 진입 ⇨ 고위험(59개)	8개를 제외한 221개 시·군·구가 고위험 단계
전남(4) 고흥, 보성, 함평, 신안 경북(6) 군위, 의성, 청송, 영양, 영덕, 봉화 경남(2) 남해, 합천	서울(23) 종로, 성동, 중랑, 은평, 서초, 강서 송파 등 부산(3) 부산진, 강서, 연제 광주(3) 북, 서, 광산 인천(5) 중, 연수, 남동, 부평, 서 대전(2) 서, 유성 등 대도시 구(區)가 소멸 위험 진입 단계	서울(15) 노원, 금천, 종로 등 부산(2) 연제, 부산진 광주(2) 북, 서 인천(5) 남동, 부평 등 대전(1) 서 대구(2) 북, 중 등 대도시 구(區)가 소멸 위험 진입 단계→ 고위험 단계로	서울(4) 강남, 광진, 관악, 마포 부산(1) 강서 광주(1) 광산 대전(1) 유성 경기(1) 화성

---

4 「인구구조변화 대응실태」, 대한민국 감사원, 2021.07.
5 소멸지수: 만 20~39세 여성 인구를 만 65세 이상 인구로 나눈 값

1.5 이상	1.0~1.5	0.5~1.0	0.2~0.5	0.2 미만
저위험 지역	보통	주의	소멸 위험	소멸 고위험

수도권도 지역 소멸의 위험에서 자유로운 것은 아닌데요. 청년 인구 대부분이 집중된 수도권과 광역시에서 소멸 위험성이 제기된다는 것은 얼핏 볼 때 이해되지 않을 수 있습니다. 2023년에 추산한 서울의 합계출산율은 0.59명으로 전체 평균인 0.78명에 비해 심각하게 낮은 수준인데요. 아무리 청년층이 많아도 인구 재생산이 이루어지지 않는다면 수도권 역시 언젠가 사라질 수밖에 없겠죠. 지방 소멸이 청년층의 부족으로 인한 것이라면 수도권 소멸은 지나친 저출산 현상 때문일 것입니다.

2022년 지방자치단체별 합계출산율 비교[6]

전국 평균 이하	서울	부산	인천	대구		
	0.59	0.72	0.75	0.76		

전국 평균 이상	전북	경남	경기	대전	광주	울산
	0.82	0.84	0.84	0.84	0.84	0.85
	충남	제주	경북	강원	전남	충북
	0.91	0.92	0.93	0.97	0.97	0.87

앞에서 살펴보았듯 저출산 문제는 대부분 선진국에서 나타나고 있으나 대한민국은 저출산이 워낙 극단적이고 빠르게 진행되는 경향이 있습니다. 특히 수도권은 유명 대학, 양질의 일자리, 편리한 문화생활 여건 등이 모두

---

6 인구 추계, 통계청, 2023.

확보된 공간입니다. 청년층에게는 미래 생존을 위해 반드시 선택해야 할 지역이죠. 수도권이 빠른 속도로 청년들을 흡수하고 있긴 하지만, 동시에 높은 집값과 비싼 생존 비용으로 인해 결혼과 가정 형성 및 출산 면에서는 비교적 불리한 공간입니다. 결국 수도권과 지방의 불균형 발전, 수도권 인구 집중, 청년층의 결혼 기피와 저출산 현상 등은 결국 청년들의 생존이라는 공통의 목표 아래 서로 연결되어 있는 거죠. 생존을 위해 지방 청년이 고향을 등지고 수도권으로 모이고 수도권에서는 항시 치열한 생존 경쟁이 일어나면서 출산이 감소한 결과, 두 지역은 함께 소멸로 향하는 거죠.

저출산·고령화로 인한 인구 구조 변화는 나아가 연금, 보험 등 사회안전망을 위협하기도 합니다. 제조업 위주인 우리나라 산업 구조에서 노동력 감소는 미래 성장 동력을 약화시켜서 대한민국 사회를 유지하기 어렵게 만듭니다. 또 청년 인구 감소는 직접적으로 국방력 약화를 초래해서 국가 안보가 불안해지는 원인이 되기도 합니다. 저출산·고령화가 가져오는 사회적 여파가 너무 강하기 때문에 언론은 연일 저출산·고령화를 주요 주제로 다루고 있는데요. 다양한 해결책을 제시하기는 하지만, 그중 확실한 해법이라 할 만한 게 있는지 의문입니다. 무엇보다도 정책 수립 과정에 2~30대 청년층의 목소리가 반영되지 않는다는 점은 정책의 효과를 의심하도록 만들고 있고요.

4. 인구 구조, 다양한 관점이 필요한 시점

인구 문제는 저출산·고령화, 수도권 인구 집중 현상, 청년층의 경제적 자립 지연, 높은 부동산 가격 등 다양한 원인이 긴 시간 동안 만들어 낸 구조적 현상입니다. 지방 소멸, 국방력 약화, 사회복지제도의 붕괴, 미래 세대의 부양 부담 급증에 따른 세대 간 갈등 등 다양한 문제를 만들어 내었죠. 또 이들 문제는 서로 화학적 반응을 일으켜 결혼 기피, 출산 포기 등 미래 사회 구성원의 재생산을 가로막는 현상으로 이어지고 있고요. 특정 상황 몇 가지를 변화시킨다고 해서 쉽게 해결될 수 있는 문제가 아닙니다.

거기에다 0.7명의 합계출산율이 보여주는 극적인 저출산 추세는 지금까지 인류 사회가 겪어 보지 못한 수준이다 보니 다른 국가의 사례를 바탕으로 해결책을 마련하기도 어렵습니다. 저출산·고령화 문제에 있어서 우리는 지금 전 인류를 위해 앞선 자의 고통을 오롯이 느껴야 하는 숙명(?)을 져야 하는 상황에 놓인 것입니다.

지금부터는 저출산·고령화가 가져온 인구 구조 문제를 지방과 수도권에서 근무하는 30대 교사의 눈을 통해 지방과 수도권 그리고 세대라는 세 가지 기준으로 세부적으로 살펴보려고 합니다. 특히 지방은 수도권보다 앞서서 인구 구조 변화 문제를 겪고 있는 당사자라는 측면에서 주목해야 할 대상입니다. 수도권에서 미래에 마주하게 될 문제에 대해 미리 실마리를 찾아낼 수 있을지도 모르니까요. 사회 구성원들의 치열한 논의를 통해 인구 감소 – 성장 침체 – 사회 붕괴의 연결고리를 끊어낼 방안을 가까운 미래에 찾아낼 수 있길 바랍니다.

Reduced Society

2장

각 세대가 마주하고 있는
우리 사회의 인구 문제와 구조

저출산·고령화와 인구 구조 및 사회 문제 간 연결고리

저출산 · 고령화

- 미래 청년 인구의 감소
  (핵심 생산 인구)

- 노령 인구의 증가

경제

- 공공 서비스(국방, 복지 등) 부담 증가
- (내수경제) 소비력 약화:
  인구 감소에 따른 소비계층의 소비 감소
  생산 활동 둔화에 따른 소득 감소
- 도시 집중 현상 심화
  양질의 일자리 도시 집중
  주거 및 생활 인프라 도시 집중

정치

- 1인1표주의
- 전체 인구 중 노령 인구 비중 증가
- 청장년 인구 비중 감소
  → 선거 승리를 위한 정치인들의 노년층
    위주 정책과 공약 확산
  → 정책 수혜자(노령층)와 정책 비용 부담
    자(청장년)의 분리
  ⇒ 세대 간 갈등 확산
    정치권·사회 내 대립 심화

사회

- 청년층·노년층 간 대립 심화
  → 노인 대상 혐오 범죄 확산
  → 세대 간·계층 간 갈등 심화(사회 통합
    저해 등)
- 노인복지 중심 사회복지 시스템
  → 출산율 반등 정책 실천에 필요한 복지
    자금의 부족 발생
  → 청년 · 유소년층 대상 사회안전망 약화
- 필수 의료, 보건복지 서비스의 도시 집중화
  → 도시 중심의 과잉 도시화 심화(수도권
    거대화 등)

1. 걱정과 혼란의 10대

- 미래에 대한 공포 속, 결혼을 부정하기 시작하는 세대

10대가 마주하고 있는 인구 구조 파생 문제

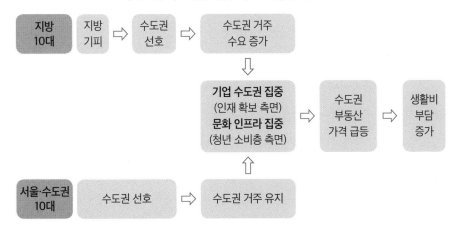

* 자본(수도권 부동산 등) 가격의 상승 속도 > 노동 임금의 상승 속도
  → 자본 소득 추구(코인, 부동산, 주식 등 한탕주의)
    고소득 직종 추구(의사, 변호사, 대기업 종사자 등)/안정적인 직장 비선호(공무원 등)

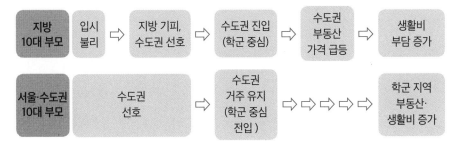

10대 인구 절벽, 학교 정원도 벼랑 끝

전남 완도군에 위치한 한 고등학교의 2024년 신입생은 자그마치 9명입니다. 그중 1명은 한국어를 전혀 못하는 외국인이고, 2명은 국제결혼 과

정에서 입국하게 된 해외 출생 학생들이죠. 이 학교가 인가받은 학생 수는 학년당 20명입니다. 정원이 많지 않음에도 불구하고 절반도 채우지 못한 셈이죠.

지방 학교의 학생 수 감소 이슈가 어제오늘 일은 아니지만, 올해처럼 뼈저리게 다가온 적은 처음입니다. 법적으로 의무교육기관인 초등학교나 중학교의 경우 취학 연령에 있는 학생들의 학습 여건을 보장해야 하는데, 학생 수가 적어도 지역마다 일정 수의 학교를 유지해야 하기에 소규모 학급을 쉽게 찾아볼 수 있습니다. 하지만 고등학교 과정은 의무교육이 아니기 때문에 지역마다 소규모 고등학교를 반드시 설치해야 할 의무가 없습니다. 그러다 보니 고등학교는 각 지역의 중심지에 위치하면서 지역 내 모든 학생을 흡수하게 됩니다. 학생 수가 적은 상황이 나타나기 힘든 구조인 거죠. 지역 내 학생 수 감소 이슈에서 흔히 소개되는 학생 1명과 교사 1명이 공부하는 모습은 초·중학교에서 흔히 볼 수 있는 풍경이지만, 고등학교에서는 찾아보기 어렵습니다.

그런 의미에서 아직은 지방 소규모 고등학교에 국한된 이야기이긴 하지만, 고등학교 신입생이 한 자릿수로 떨어졌다는 것은 꽤 의미심장합니다. 통상 수도권보다 지방, 20대보다 10대 인구의 감소가 빠른 가운데 지방 학교에서 벌어지는 인구 문제는 몇 년 뒤 수도권에서 현실로 마주하게 될 문제이니까요.

초·중학생과 고등학생, 너무나 다른 결혼관

지방 일자리 마련과 지방 대학의 성장 가능성에 대한 이야기가 수도권과 지방 간 인구 분포에 대한 예측으로 연결된다면 결혼에 대한 학생들의 인식은 미래의 가정 형성과 인구 재생산 가능성에 대한 이야기로 연결됩니다.

수업 시간에 학생들과 인구 문제에 대한 이야기를 나누면서 자조적으로 자주 사용하는 표현 중 하나가 '또출산 또령화'입니다. 모든 길은 로마로 통한다고 하듯이 최근 발생하는 대다수 인구 문제를 분석하다 보면 결국 저출산·고령화가 그 원인임을 확인할 수 있거든요. 저출산·고령화 현상을 이야기할 때 아이들에게 꼭 물어보는 질문 중 하나가 '결혼'에 대한 생각입니다. 비혼 출산이 금기시되는 우리나라에서 결혼은 출산으로 이어질 수 있는 유일한 통로이고, 결혼에 대한 인식 변화를 살펴보면 인구 구조 문제가 앞으로 어떻게 흘러가게 될지 예측할 수 있으니까요.

그런데 학교에서 근무하는 선생님들과 학생들의 결혼에 대한 인식을 주제로 이야기하다 보면 결혼과 출산에 대한 생각이 부정적이지만은 않다는 사실을 종종 확인하게 됩니다. 아이를 둘이나 셋 이상 낳고 싶다는 학생들이 생각보다 많고, 남학생에 비해 여학생의 결혼에 대한 인식이 보다 긍정적인 경우를 종종 관찰할 수 있죠.

하지만 조금 더 깊숙이 들어가서 미시적으로 바라보면 상황은 다르게 펼쳐집니다. 우선 학년이 높아질수록 결혼과 출산 그리고 가족 형성에 대한 긍정적인 시각이 줄어들기 시작합니다. 대신 미래, 직업, 진학 등 현실적인 문제를 해결하기에도 벅차다는 반응을 보이기 시작하죠. 당장 해결해야 할 현실적인 문제들이 미래 인생 계획까지 집어삼키기 시작하는 겁니다.

사회의 인식과 다르게 초등학생들은 결혼에 대해 긍정적인 경우가 많아요. 특히 가정이 화목한 집안일수록 결혼을 당연한 것으로 받아들이면서 어설프지만 가족 계획까지 진지하게 고민하는 아이들이 있어요. 결혼에 대해 부정적이지 않던 아이들이 왜 나이를 먹을수록 부정적으로 인식하게 되는지 고민할 필요가 있을 것 같아요.

– 전남 여수에서 근무하는 40대 초등 교사 A

학생들과 가족을 주제로 수업하다 보면 연애에는 관심이 많지만, 결혼과 가정 형성에는 크게 관심이 없다는 것을 느껴요. 돈을 많이 벌어서 멋지게 살고 싶다는 이야기는 많이들 하지만, 가족에 대해서는 그다지 이야기하지 않는 것을 보면 아이들 세대에서는 결혼이 더 이상 중요한 이벤트가 아닌 것 같다는 생각이 들곤 해요.

– 전남 해남에서 근무하는 20대 중등 기술·가정과 교사 B

결혼에 대한 낭만적인 이야기가 이미 사라진 지 오래예요. 1학년 학생들과는 그나마 이야기 나누는 것이 가능하지만, 2~3학년 아이들은 대학 진학과 사회적 성공에 더 관심이 많아요. 20대를 중심으로 확산되는 젠더 갈등 역시 10대 고등학생의 부정적 결혼관 형성에 큰 영향을 끼치고 있고요.

– 전남 완도에서 근무하는 30대 고등 사회 교사 C

2000년대 초중반 당시 고등학교 급훈으로 "1분만 더 공부하면 남편^(아내)의 얼굴^(직업)이 바뀐다"라는 문구를 걸곤 했습니다. 외모지상주의나 차별적 요소가 다분해서 지금의 상식으로는 적절치 않은 문구이죠. 그럼에도 과거에는 좋은 성적을 받아 소위 좋은 직업, 좋은 학벌 등을 가져야 할 이유 중 하나가 행복한 가정을 꾸리는 것이라는 생각이 녹아 있는 표현인 듯합니다. 대학 입학-취업-결혼과 가정 형성이라는 연결고리를 당연시했던 거죠.

그러나 최근에는 사정이 많이 달라졌습니다. 학생들은 좋은 일자리를 원하는 이유로 '최소한 남들에게 의지하면서 살지 않기 위해' '누구에게나 보여줄 수 있는 성공한 삶을 살기 위해'라고 이야기하는 경우를 볼 수 있는데요. 미래의 초점이 '우리 가정'이 아닌 '나'로 변화하는 겁니다. 삶을 겨우 이어 나가는 수준의 경제력으로는 만족하지 못하는 문화가 자리 잡다 보니 학생들은 양질의 일자리를 보장받기 위해 시간과 금전적 자원을 추가로 투자하는 것에 대해 당연시하고 있습니다. 2000년대 초중반 정시 중심의 대학 입시가 주를 이루던 시기에는 '재수는 필수, 삼수는 선택'이라고 했던 관용어구가 이제는 더욱 확장되어 '반수는 그냥, 재수는 필수, 삼수는 선택' '어학연수는 다다익선, 취업 준비는 2년이 기본 메뉴' 등 사회 진출을 뒤로 미루는 모습이 고착화되었죠.

이와 관련해 흥미로운 점이 한 가지 발견되는데요. 학교에서 근무하는 교사들의 반응이 지역별·연령별로 나름의 경향성을 보인다는 사실입니다. 30대 이상의 교사들은 대체로 결혼과 출산, 가정의 존재에 대해 긍정적으로 생각하는 반면, 최근 교직 생활을 시작한 20대 교사들은 결혼과 출산에 대해 부정적인 생각을 가진 경우가 더 많았습니다.

교사라는 직업이 가정을 이루고 아이들을 키우기에는 여전히 유리한 직업이라고 생각해요. 사회·경제적으로 안정되기도 하고요. 적어도 지방 초등학교 교사의 눈으로 볼 땐 결혼 기피 현상이 잘 이해되지 않습니다. 주변 젊은 선생님들도 결혼에 대해 긍정적으로 생각하는 것 같아요.
- 전남 여수에서 근무하는 50대 초등 교사 D

결혼식을 올렸지만 혼인 신고는 하지 않았어요. 서류상 신혼부부로 있는 것보다 각자 따로 청년 인구로 주민등록이 되어 있는 게 경제적으로 더 유리하거든요. 사실상 주말부부 생활이지만, 그래도 행복해요. 경제적으로 더 여유가 생긴다면 아이도 생각해 보고 싶은데, 현실적인 여건이 그렇지 못하네요.

- 경기 성남에서 근무하는 30대 사회 교사 E

학창 시절에는 부부 교사가 좋다는 이야기를 들었는데, 지금은 잘 모르겠어요. 200만 원 남짓한 월급을 받는 교사 두 명이 가정을 이루면 과연 행복한 삶을 꾸릴 수 있을까요? 시간이 지나면 나아질 수 있겠지만, 지금은 서울에서의 생활비를 감당하기엔 턱없이 부족하다고 느낄 때가 많아요. 결혼은 당연히 꿈도 못 꿀 것 같고요.

- 서울 성북구에서 근무하는 20대 초등 교사 F

전통적인 관점에서 볼 때 교사를 포함한 공무원은 가정을 꾸리기에 유리한, 흔히 말하는 '안정된 직종'의 대명사였습니다. 그러나 최근에는 수도권 거주자, 특히 20대를 중심으로 가정을 꾸리는 것에 대해 부정적인 분위기가 일반화되고 있습니다. 이러한 변화는 학생들 사이에서도 일반화되고 있는데요. 사회적으로 성공한 후에야 가정을 이룰지 말지 '선택'해야 할 대상으로 보는 시각이 일반적입니다. 그리고 이와 함께 찾아온 큰 변화라고 한다면 소위 말하는 '안정된 직장'에 대한 학생들의 평가가 점점 박해지고 있다는 겁니다.

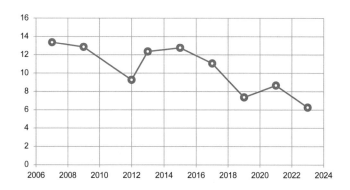

고등학생 희망 직업 1위 '교사'의 선호도 변화 추이

연도	2007년	2009년	2012년	2013년	2015년	2017년	2019년	2021년	2023년
선호도	13.4	12.9	9.3	12.4	12.8	11.1	7.4	8.7	6.3

의대 신드롬에 숨겨진 지망생 급감, 사관학교와 교육대학

현재 연봉 수준으로는 수도권에서 생활하는 것조차도 벅차요. 업무 난이도는 계속 높아지는 반면, 수입에는 전혀 변화가 없죠. 경제적 관점에서 교직을 희망하는 제자들에게 과연 이 직업을 추천할 수 있을지 의구심이 드는 게 사실이에요.

— 경기도에서 근무하고 있는 20대 초등 교사 G

새로 임관하는 후배들을 보면 고마우면서도 안쓰러운 마음이 먼저 생깁니다. 군 복무 여건 개선을 외친 지 10년이 넘었는데도 기본적인 임무 수행 여건조차 보장되지 않는 건 동일해요. 군인에 대한 사회 인식은 점점 나빠지고 경제적 여건도 악화되는데, 누가 국가를 지킨다는 자부심으로 은색 계급장을 양어깨에 짊어질지 의문입니다.

— 근무처 공개를 거부한 육군 소령 H

육군사관학교 출신 후배들 사이에서 5년 차 전역 신청 자원이 늘고 있다는 이야기를 들었습니다. 전역 후 사회에서 잘 지내고 있는 동기들을 보면 부러울 때가 많습니다. 나라를 지키고 있는 현재 자신의 모습에 후회는 없지만, 고등학생으로 돌아갈 수만 있다면 미래를 다시 설계해 보고 싶다는 생각이 들 때가 종종 있습니다.

— 근무처 공개를 거부한 육군 대위 I

최근 대학 입시에서는 과거에 비해 사관학교와 교육대학-넓게는 사범대학까지-의 인기가 눈에 띄게 떨어지는 모습을 보이는데요. 해방 후 지금까지 늘 인기 대학 리스트에서 빠지지 않았던 이들 특수목적대학의 지원자가 급격하게 감소하는 현상을 보면 어안이 벙벙해지기도 합니다. 얼마 전 한 언론에서 전국에서 교대 자퇴생이 꾸준히 증가하는 한편, 최근 교대 합격생들이 일반 대학 진학을 선택하는 교대 기피 현상이 두드러진다고 보도해 세간의 주목을 받았었죠.[7] 또 사관생도와 후보생 등 예비 장교 자원들이 자퇴하거나 중도 포기 후 일반병 입대를 선택하는 추세라 몇

---

7 "교대 기피하는 수험생들, 입학 성적도 갈수록 하락…"급여부터 인상해야"", 데일리안, 2024.01.05.

년 후 장교 부족 상황이 닥칠 것이라는 언론 보도도 주목받았습니다.[8]

군사 독재 시절을 제외하고 사관학교와 교육대학이 최고 인기를 누렸던 시기는 뭐니 뭐니 해도 IMF 사태 직후인 2000년대 초반이었습니다. 졸업 후 취업을 보장받는 한편, 노후를 보장하는 직역연금(職域年金) 시스템으로 인해 교육대학과 사관학교의 위상은 서울 내 어떤 대학과 비교해도 손색이 없을 정도였죠. 오죽하면 지방 어르신들은 교대나 사관학교 입학을 '과거 급제'로 표현할 정도였고, 지방 거리에서는 아무개의 교대, 사관학교 합격을 축하하는 현수막이 걸리는 걸 종종 볼 수 있었습니다.

과거의 명성과 다르게 특수목적대학의 인기가 떨어지고 있음을 보여주는 구체적인 지표로 '등록 포기 또는 중도 자퇴'를 선택하는 학생들의 숫자가 증가한다는 점입니다. 특히 사관학교의 경우 가입교 기간에 입학 포기를 결정하거나 생도 신분에서 자진 퇴교하고 다시 일반 대학에 들어가는 사례가 늘고 있습니다. 임관 후에도 사실상 직업군인 포기 선언이라 할 수 있는 5년 차 대위 전역자의 수도 증가하고 있죠.

육군사관학교 자퇴생 및 육군 장교 중 장기 복무자[9]
선발 후 5년 차 전역자 변화 추이[10]

구분	2018년	2019년	2020년	2021년	2022년
육군사관학교 자퇴생	9명	17명	19명	28명	63명
5년 차 전역자	82명	78명	34명	117명	131명

이와 비교되는 것이 의대 지망생의 증가입니다. 정확하게는 의대 입학

---

8 "사관생도 최근 5년간 545명 자퇴 "대다수 1학년 생도, 중도 포기"", 파이낸셜뉴스, 2023. 10. 03.

을 위해 반복적으로 수능에 응시하는 소위 'n수생'이 급증하고 있는 건데요. '서·연·고 위에 약대 있고, 의대 있다'라는 관용어가 있을 정도로 국내 명문 대학보다 의대 진학을 더 높게 평가하는 분위기가 형성된 지 이미 오래입니다. 최근에는 '의대 진학만 가능하다면 네 번, 다섯 번도 수능에 응시할 수 있다'라는 생각이 일반화되고 있죠. 의대 외에 속칭 '전화기'(전자전기, 화학, 기계)'로 대표되는 공대 지망 비율도 높아지고 있는데, 타 직종에 비해 고소득을 보장받을 수 있다는 공통점이 있습니다.

과거에 특수목적대학이나 의대를 선호했던 본질적인 이유는 안정적인 미래 직장이 보장되기 때문입니다. 과거부터 지금까지도 직업 안정성과 높은 소득 같은 경제적 요소는 직업 선택의 핵심적인 기준이었습니다. 특히 과거에는 종신 고용과 연금 등 안정성을 우선시하는 평가가 꽤 높았죠. 이러한 직업관은 공무원이나 공기업처럼 소득은 낮아도 높은 안정성과 미래 보장을 특징으로 하는 직종에 대한 선호도를 높여 왔습니다.

그러나 최근 사관학교와 교대 지망 비율이 줄어들고 의대 지망이 급증하는 데에는 직업의 안정성과 예상 소득 수준 등 경제적 기준을 우선시하는 변화가 생겼기 때문이라는 해석이 적절합니다. 과거 '철밥통, 안정된 직장'의 대명사였던 사관학교 출신 장기 복무 장교나 교사의 경우 지금도 고용 안정성 수준은 과거와 동일합니다. 의사의 경우 고소득 직업임은 분명하지만, 이를 위해 2년의 예과, 4년의 본과, 3년의 수련 등 최소 9년 이상

---

9 장기 복무 대상자로 선발될 경우 의무 복무 기간이 10년으로 일괄 연장되며, 소령 이상의 계급으로 진급이 가능해지는 등 인사상 처우가 급격히 변화된다. 또 장기 복무자로 선발된 이후 전역을 원할 경우 선발된 후 5년이 되는 해 1회에 한해 전역을 지원할 수 있으며, 이때도 선발 과정을 거쳐 전역이 가능하다.

10 "최근 10년간 육·해·공 사관학교 출신 임관 장교의 5년 차 전역자 현황", 국방부, 2023.

의 양성과정을 거쳐야 한다는 점에서 많은 자원의 투입이 강제되는 직업 군 중 하나이죠. 대학 졸업 후 비교적 빠른 사회 진출이 가능한 특수목적 대학 진학 희망자가 감소하는 반면, 사회 진출이 느린 의대 지망자가 증가하는 이유를 살펴보면 현재 10대 학생들의 인생관과 세계관이 선명하게 드러납니다.

장교 임관자, 신규 임용 교사, 의대 졸업생의 기대임금 수준[11]

구분	임직 시 기대임금 수준(연봉)	5년 차 기대임금 수준(연봉)
육·해·공 장교 임관자	약 3,500만 원(소위 기준)	약 5,000만 원(대위 기준)
교사 신규 임용자	약 3,600만 원	약 4,500만 원
주요 공기업 입사자	약 5,000만 원	약 7,000만 원
주요 대기업 입사자	약 5,500만 원	약 8,000만 원
의대 졸업생	약 4,500만 원(인턴·레지던트)	약 8,000만 원(대학 펠로우) 약 2억 원(페이닥터)

* 장교 임관자 연봉은 12개월 근무 / 비사관학교 출신 / 10시간 내외 초과 근무를 기준으로 산출
* 교사 신규 임용자 연봉은 12개월 근무 / 교·사대 졸업(가산 호봉 적용) / 10시간 내외 초과 근무를 기준으로 산출
* 주요 공기업 입사자 연봉은 2022년 공공기관박람회 공개 자료를 기준으로 산출
* 주요 대기업 입사자 연봉은 매출액 상위 100대 기업의 1년 차(사원) / 5년 차(대리) 평균 연봉을 기준으로 산출
* 의대 졸업생의 경우 대략으로 알려진 평균치임

위 자료를 통해 알 수 있듯이 안정적인 직장으로 여겨지는 장교와 교사의 소득 수준은 공기업·대기업 입사자에 비해 꽤 낮은 편입니다. 5년 정도 근무한 후에야 기본적인 생활이 가능한 수준의 연봉을 받을 수 있죠. 교

---

11 "국방부 군인복지 기본계획(군인)"; 인사혁신처 직종별 공무원 봉급표; "사람인 연봉정보 서비스 자료" 등을 참조하여 재구성.

사나 군인 등 사회적으로 존경받는 직업군에 대한 사회적 예우가 예전 같지 않고 소득 수준도 만족스럽지 못하다 보니 고등학생들에게 교대·사관학교 기피 풍토가 자리 잡은 게 현실입니다. 인구 문제와 연결지어 본다면 학생들이 '안정적인 일자리'나 '소득은 낮아도 사회적 명예를 얻을 수 있는 일자리'보다는 갖기 어렵지만, 한번 가지게 되면 '고소득을 보장받는 일자리'를 선호한다는 것을 알 수 있습니다.

특히 사관학교나 교대 등 특수목적대학은 상위 5% 이내의 꽤 공부 잘하는 학생들이 진학을 고려하는 곳입니다. 이런 학생이라면 사관학교·교대 외에도 수도권 주요 대학에 충분히 진학 가능한 수준인데요. 수도권 주요 대학에 진학한 학생들은 대부분 졸업 후 대기업, 공공기관, 공기업 등에 취직하게 됩니다. 기업체에 취직한 경우에도 사관학교·교대 졸업생과 비교해 생각보다 꽤 큰 급여 차이가 발생하죠. 이 차이는 연차가 쌓일수록 점점 벌어지게 됩니다. 사관학교나 교대 등 특수목적대학의 인기가 최근 빠른 속도로 떨어지는 현상은 종신 고용과 연금 보장 등 안정적인 직장의 장점에 대해 높게 평가하지 않는 가치관을 직설적으로 보여준다고 할 수 있습니다. 안정적인 직장보다 높은 소득이 더 중요해진 것이고, 과거 안정적인 직업으로 평가받았던 것이 실은 안정적이지 않음을 알게 된 것도 큰 영향을 끼치고 있는 상황입니다.

코로나19 팬데믹에 따른 셧다운이 금융시장 호황으로 이어졌던 2021년 당시 학생들은 초중고 할 것 없이 주식과 코인에 집중하는 한탕주의에 관심을 갖거나 유튜브 같은 소셜미디어에 기반한 콘텐츠 크리에이터가 되겠다는 이야기를 종종 하곤 했는데요. '월급쟁이가 버는 푼돈으로 뭘 하냐'라는 한탕주의가 이제 아이들에게도 대세가 되었음을 쉽게 유추할 수 있을 정도입니다.

기본적으로 의사, 법조인 등 고소득 전문 직종은 타 직종보다 훨씬 긴 시간의 재교육을 필요로 합니다. 만약 고소득 전문 직종을 선택할 경우 그렇지 않은 사람보다 본격적으로 사회에 진출하는 시기가 뒤로 미뤄지게 되고요. 사회 진출이 늦어질수록 정착 시기도 그만큼 미뤄질 수밖에 없습니다. 그럼에도 청년층을 중심으로 고소득 직장을 선호하는 트렌드가 자리 잡은 데에는 일반 직장에서 보장하는 임금 수준으로는 만족할 만한 생활을 할 수 없다는 인식이 있기 때문입니다. 특히 서울이나 수도권에서 생활하겠다고 마음먹은 경우라면 월 200만 원 남짓한 월급으로는 사실상 생존이 불가능합니다. 청년층이 현재 느끼고 있는 임금 체계와 생활 간의 모순은 학생들 사이에서도 확산되는 추세입니다.

서울 바라기, 호시탐탐 엿보는 상경

> 뜰 수 있으면 도시로 떠야죠. 지금 당장이라도 뜨고 싶어요. 여기서는 할 수 있는 게 아무것도 없어요.
>
> — 전남 완도군에 거주 중인 고등학생 J

> 고등학교 3학년 학생들과 진학 이야기할 때마다 느끼는 딜레마가 '서울 아니면 광역시'를 포기하지 못하는 학생들이 많다는 점입니다. 졸업생들이 다시 고향으로 돌아오는 경우는 매우 드물고요. 명절이나 되어서야 길거리에서 졸업생들을 한 번씩 마주칠 수 있을 정도로 고향을 지키는 제자들을 찾기 어려워진 게 현실입니다.
>
> — 전남 목포에서 근무하는 고등학교 교사 K

지난 2023년 부산시를 방문한 더불어민주당 이재명 의원이 흉기 피습을 당한 사건이 발생했습니다. 피습된 부위는 목 주변으로 자칫하면 생명이 위험할 수 있는 아찔한 상황이었습니다. 일종의 정치 테러 형태였던 사건 자체도 논란이었지만, 이 사건은 지방 의료 여건에 대한 국민의 인식을 수면 위로 올려놓는 계기가 되었습니다. 피습 이후 대한민국 제2의 도시 부산에서 일어난 사건이었음에도 이재명 대표가 부산 소재 대학병원이 아닌 서울대병원에서 치료를 받게 되면서 사회적으로 큰 논란이 일어났는데요. 많은 사람이 "부산에도 병원이 많은데 왜 군이 서울까지 가서 치료받아야 하나"라는 냉소적인 반응을 보였습니다. 하지만 그보다 더 흥미로웠던 점은 부산 토박이들이 "만약 내가 동일한 사고를 겪은 후 부산에서 치료받아야 한다면 부담을 느낄 것 같다" "나라도 부산이 아닌 서울 소재 병원을 택하겠다"라는 한숨 섞인 반응이었습니다.

과거만 하더라도 권역별 대도시나 중소도시를 중심으로 생활 권역을 형성하고 삶을 꾸려나갔습니다. 고향을 떠나 부산, 광주, 대구 등 지방 광역시에서 제2의 인생을 시작한 사람들이 지역 연고 스포츠를 즐기거나 향우회 활동을 하면서 끈끈한 지역색을 과시하던 모습을 쉽게 찾아볼 수 있었죠. 고향을 거점 삼아 인생을 계획하는 친구들에게 부산대, 전남대, 경북대 등 지방 거점 국립대 진학을 권유하는 모습은 지극히 자연스럽고 흔한 상황이었습니다.

그러나 최근에는 지방 거점 국립대의 위상이 예전만 못합니다. 최근 몇 년 사이에 대학 입시에서 유의미한 변화가 나타나고 있는데요. 과거 명문대 반열에 올랐던 지방 거점 국립대에 대한 진학을 희망하는 학생 수가 눈에 띌 정도로 떨어졌기 때문입니다. 대신 서울과 수도권 소재 대학으로 진학을 희망하는 추세가 늘어났죠. 이러한 경향은 매년 증가하고 있습니다. 지역에 남기를 희망하는 학생이 줄어들 경우 지방 성장과 생존의 필수 동력인 청년들의 수가 점차 줄어들 것이라는 예측도 충분히 가능하죠.

지방 학생들이 고향을 떠나는 것이 지방의 성장 동력 저하로만 이어지는 것은 아닙니다. 지방 학생들이 향하는 서울과 수도권에서는 수요와 공급 법칙에 따라 가파른 주택 가격 상승이 나타나게 됩니다. 강남, 압구정, 분당 등 몇십억 대 프리미엄 아파트는 차치하고 대학가 주변 원룸 가격이 꽤 높은 수준으로 오른 상황이죠. 이처럼 지방 학생들의 서울 및 수도권 소재 대학 선호 추세가 이어진다면 사회 문제로 대두된 지방 인력 부족과 수도권 인구 과밀은 한동안 지속될 수밖에 없습니다.

2022년 「경향신문」 한 기사[12]에 따르면 지방 출신 직장인의 수도권 주거비, 각종 공과금, 생활비 등을 합하면 고정 지출액만 150만 원이 훌쩍 넘는 경우가 많다고 하는데요. 이상호 한국고용정보원 부연구위원은 인터뷰에서 "비수도권에서 수도권으로 이주한 사람들은 원래 수도권에 살던 사람과 출발선이 같을 수 없고, 비용적인 측면에서 공정한 경쟁이 가능할 리가 없는 것은 물론, 노동시장 하위계층에 속할 가능성도 자연스레 커진다"라며 수도권에서 나고 자란 이들과 비수도권 출신 사이의 불공정이 심각하다고 지적했습니다. 지방 학생들이 고향에서 정착할 수만 있다면 지방 성장 달성, 수도권 과밀화 해결, 청년 정착에 따른 결혼과 출산 문화 확산 등 현재의 인구 문제를 해결할 수 있는 방안이 눈에 보이겠지만, 현실적으로 가능할지는 의문입니다. 수도권으로 대학, 직장, 생활 인프라가 집중되는 상황에서 지방을 버리는 것은 너무나도 당연한 선택이니까요.

---

12 "[기울어진 균형발전] (1) 다 있어서 온 서울…왜 '내 것'은 없을까", 경향신문, 2022.04.28.

교육과정과 저출산, 불리한 소규모 학교

전국 각지의 교사들과 인구 관련 이야기를 나누면서 느낀 점 중 하나는 교사라는 직업군 내에서도 인구 문제에 대한 인식이 너무도 다르다는 것입니다. 대체로 서울·경기 등 수도권이나 광역시 내 신도시에서 근무하는 교사들은 인구 문제를 추상적이고 먼 미래의 문제로 인식합니다. 반면에 지방 소도시, 군·면 단위 소재지, 광역시의 구도심 등에서 근무하는 교사들은 현실 문제로 받아들이는 경우가 많았습니다.

특히 지방의 소규모 고등학교들은 인구 감소의 여파를 정면으로 마주하고 있습니다. 도시에 비해 지방 고등학교는 교육 여건상 경쟁력이 떨어진다고 생각하는 학부모들이 중학교 3학년이 되면 자녀를 도시 고등학교로 진학시킬 준비를 하는 게 일반적입니다. 지방 학생들과 함께 공부하고 있는 필자 역시 '내가 학부모이거나 학생 가족이라면 면 단위에 위치한 소규모 고등학교를 선택하기 힘들겠구나'라는 생각이 들 정도입니다. 이는 근본적으로 수도권에 비해 학생 수가 지나치게 적을 수밖에 없는 지방의 한계에서 출발합니다.

학생 수가 적기 때문에 지표상으로는 오히려 교육 여건이 꽤나 좋을 것으로 생각할 수도 있습니다. 교육 여건을 평가하는 대표적인 지표가 교사 1인당 학생 수인데요. 지방 면 단위 학교들은 교사 1인당 담당하는 학생 수가 도시에 비해 상당히 적습니다. 초등학교와 달리 중고등학교 교사는 현행 교육 시스템상 자신이 전공한-자신의 교원자격증에 명시된- 과목만 가르칠 수 있는데요. 학년별로 이수해야 할 필수 교과목이 있기 때문에 학생 수가 감소해도 교원 수는 그에 비례해 줄어들지 않습니다. 학교 규모가 작을수록 학생 수보다 교사가 더 많아지는 구조가 자리 잡게 되는 거죠.

교사 1인당 담당해야 할 학생 수가 줄어든다는 것은 그만큼 교사 개개인이 각 학생들에 대해 신경 쓰고 이해할 수 있는 시간과 기회가 많아진다는게 일반적인 시각이죠.

지역별 고등학교 학생 수 및 교사 1인당 학생 수와 평균 수업 시수 비교[13]

2023년	경기도 A고등학교	전라남도 B고등학교	서울시 C고등학교	경상북도 D고등학교
학생 수	905명	55명	1,063명	118명
교사 1인당 학생 수	13.1명	5명	12.8명	7.4명
교사 1인당 평균 수업 시수	17.3시간	9.5시간	16.9시간	14.4시간

교사 한 명이 신경 써야 할 학생 수가 적고 동시에 주어진 수업 시수가 많지 않다는 점에서 이론상으로는 완벽한 교육 모델인 개별화 교육 또는 학생 맞춤형 교육을 실현할 수 있으리라 상상할 수 있습니다. 또한 상대적으로 학생 수가 적으면 적을수록 학교에 할당된 교육 예산을 학생 개개인에게 집중적으로 투자하는 것도 가능할 것으로 생각할 수 있죠. 실제로 지방 면 단위 학교에서 근무하다 보면 교사 1인당 학생 수가 줄면서 학생들에게 투자할 수 있는 자원이 늘어나 교육 여건이 개선되었다는 평가를 종종 듣습니다. 지역 학부모와 학생 역시 학교가 개인 맞춤형 교육을 제공해주길 기대하고, 학교 또한 학생 맞춤형 교육 프로그램과 상대적으로 넉넉한 예산 등을 강점으로 홍보하곤 합니다.

하지만 주변의 기대와 상상에도 불구하고 적은 학생 수는 소규모 고등학교에 치명적인 약점으로 작용합니다. 그 이유는 현재의 대학 입학 시

---

13 학교알리미(schoolinfo.go.kr) 자료 재구성, 2023년.

스템-정확하게는 수시 전형 시스템-과 선택 중심 교육과정을 표방하는 '2015 개정 교육과정'의 기본 구조와 교사 인건비를 최소화하려는 경제적 접근에서 기인합니다.

소규모 학교에서 근무하다 보면 중학생들로부터 종종 "소규모 고등학교에 진학하면 내신 1등급 받기 쉽나요?"라는 질문을 받곤 하는데요. 현실적으로 수시 입학 시스템에 의한 대학 진학이 대부분인 지방에서는 내신 석차 등급을 높게 받을 수 있는지, 1등급을 받는 것이 수월한지 여부가 학생들에게 꽤나 민감하고 중요한 주제입니다. 현행 교육 시스템 아래에서 내신 석차 등급은 대학의 이름값과 전공, 나아가 학생의 미래를 결정하는 요소이기 때문이죠. 실제 대학 입시가 내신 석차 등급만으로 이루어지지 않지만, 실제 상황이 어떻든 간에 사람들이 그렇게 생각한다는 사실 그 자체가 중요한 거죠.

등급별 분포 기준으로 살펴본 소규모 학교의 한계

구분	1등급	2등급	3등급	4등급	5등급	6등급	7등급	8등급	9등급
100명 학교	4명	7명	12명	17명	20명	17명	12명	7명	4명
10명 학교	0명	1명	1명	2명	2명	2명	1명	1명	0명

* 학년당 학생 수가 12명보다 적을 경우 1등급이 없음.

지방 소규모 학교의 첫 번째 딜레마는 여기에서 발생합니다. 아무리 교육 여건이 좋다 해도 학벌을 중요시하는 우리나라 사회 구조상 1등급이 나올 수 없는 소규모 고등학교를 지역 학생들이 선택해 주길 바라는 것은 헛된 상상일 뿐입니다. 3년간 같은 급우들과 생활하면서 갈등이 생겨도 도망갈 수 없다는 어려움도 발생하죠. 여기에 더해 지방의 경우 교육 인프라 구축이 전혀 되어 있지 않은 경우가 많아 학교의 교육 시스템에 부족한 부분이 있어도 이를 채우는 것 또한 상당히 어렵습니다. 교육에 필요한 전 과정을 학교가 설계하고 준비해야 하는 구조인 거죠. 사교육 의존도가 높은 수도권과 달리 지방 학교가 가졌던 강점은 지역에 배치되는 소수 교사의 역량, 시기마다 달라지는 지역 여건과 지역 사회의 분위기 등에 따라 변하기 때문에 오히려 예측하기 어려운 변수에 가깝습니다.

고교학점제, 소외되는 지방 교육

지방의 열악한 교육 인프라는 다시 '2015 개정 교육과정' 시스템과 융합해 또 다른 한계를 낳고 있습니다. 고등학교 교육에서 '2015 개정 교육과정'을 상징하는 제도가 바로 고교학점제인데요. 고교학점제는 대학 시스템과 마찬가지로 고등학교에서도 학생들이 배우고 싶은 과목을 직접 선택해서 배우고, 학교는 개별 학생의 학습 수요를 최대한 실현하는 데 집중한다는 점에서 이론적으로는 꽤나 의미 있는 교육 형태라고 평가할 수 있습니다.

그러나 고교학점제는 태생적인 한계를 가지고 있습니다. 학생이 선택한 과목을 누군가가 수업으로 실현시켜야 수요가 실제 과목 개설로, 이것이 다시 배움으로 이어질 수 있다는 점인데요. 고교학점제 시스템 내에서 학생이 특정 과목을 선택할 경우 이를 실제 수업으로 연계하는 방법은 셋 중 하나입니다. 학생이 소속된 학교의 교사가 해당 과목을 개설하는 방안, 외부 전문가(교수 또는 지역 전문가 등)를 활용해 과목을 개설하는 방안, 타 학교에 개설된 선택 과목의 온오프라인 수업에 참여하는 방안 등이죠.

대부분 학교에서는 '공동 교육과정' 개설을 통해 여러 학교가 연합하여

학생들이 희망하는 과목을 개설하거나 지역 전문가를 활용해 교과목을 추가 개설하는 노력을 하고 있는데요. 선택 중심의 교육과정이 유의미하기 위해서는 다양한 과목 개설 방안을 확보하고 이를 실현하는 것이 필요합니다. 고교학점제가 앞으로도 유지된다는 전제 아래 교육과정의 질을 높이기 위해서는 수업을 진행할 수 있는 전문가를 우선 확보해야 하고, 그 후에 다양한 과목을 개설해 학생의 선택권을 보장하고 이를 토대로 학교의 경쟁력을 높여야만 합니다. 학교의 규모가 작을수록 배치되는 교원 수도 줄어들게 되는데, 이는 특정 교과를 전공한 교사가 적거나 아예 없다는 것을 보여주는 것입니다.

3학급 고등학교와 30학급 고등학교의 교과목별 교사 수

전라남도 A고등학교 (3학급)	국어	수학	영어	역사	사회	윤리	지리	제2외국어	총계
	1	1	1	1	1	0	0	1	
	물리	화학	생명과학	지구과학	체육	음악/미술	보건	진로 진학	11명
	1	0	0	0	1	1	1	1	

경기도 B고등학교 (30학급)	국어	수학	영어	역사	사회	윤리	지리	제2외국어	총계
	9	8	8	2	3	3	3	5	
	물리	화학	생명과학	지구과학	체육	음악/미술	보건	진로 진학	60명
	2	2	2	2	5	4	1	1	

다양한 교과목을 선택할 수 있는 여건을 확보하는 것이 학교 교육의 질을 결정짓는 핵심 요소라면 교사가 적을수록 학생들의 선택권을 보장하는 것이 불가능하기 때문에 지역 소규모 학교는 교육의 질이 항상 낮을 수밖에 없습니다. 학생들이 특정 과목의 개설을 희망하더라도 그 수업을 실현할 수 있는 교사가 없다면 학교는 교육과정 구성의 주도권을 가져갈 수 없

게 됩니다. 또 학생들이 원하는 과목 개설이 어렵다면 길게는 학교의 교육과정 자체가 치명적인 약점을 가지게 됩니다. 현행 수시 시스템은 학생의 석차 등급으로 표시되는 객관적 성취 수준 외에 어떤 과목을 선택하고 수강했는지, 또 학습 과정에서 어떤 것을 배우고 어떤 변화를 보였는지를 종합적으로 평가하고 있거든요. 만약 지역 학교가 전공 교사가 없거나 지역자원의 부족을 이유로 과목을 개설할 수 없다면 그 자체로 큰 약점이 되는 셈입니다.

앞서 지역의 소규모 고등학교라 해도 교육과정 운영을 위해 일정 이상의 교사를 반드시 배치하고 있다고 했는데, 그 수는 말 그대로 '최소 수준'입니다. 학생들이 원하는 수업을 모두 개설하려면 그만큼 다양한 전공을 가진 교사들이 배치되어야 하는데, 그러지 못한 게 현실이죠. 교사 인건비를 줄이기 위해 상대적으로 수요가 적은 과목의 교사는 배치하지 않는 경우도 있고, 그나마 있는 교사도 '순회'라는 이름으로 돌려막기를 하는 경우가 있습니다. 한 명의 교사가 3~4개 학교의 다양한 조건에서 서로 다른 수업을 준비해야 하니 자신의 전문성을 살리기도 쉽지 않죠. 근무하는 학교가 많아질수록 이동 시간 역시 길어집니다. 긴 이동 시간은 수업 준비 시간을 단축시켜서 수업의 질까지 떨어뜨리기도 하죠. 게다가 상주 인구 자체가 부족한 상황에서 교수나 퇴직 교사 등 전문적인 수업이 가능한 지역 내 민간 전문가를 찾는 것도 녹록지 않습니다.

정부는 이러한 지역 학교의 한계점을 해결하기 위해 온라인 과목 개설을 적극 권장하고 있는데요. 이 또한 분명한 한계점을 가지고 있습니다. 많은 교사들이 오프라인 수업에 익숙하다 보니 온라인 수업 시스템에서는 자신의 전문성을 제대로 보여주지 못하는 경우가 많습니다. 온라인 수업에 필요한 방송 시스템이 구축되지 않은 점, 교사들이 온라인 학습 시스템을 진행할 수 있는 역량을 안정적으로 갖추지 못한 점, 발달 단계 특성상 학생들이 온라인 수업에 집중하지 못하는 점 등도 온라인 수업의 효과성을 떨어뜨리고 있죠. 그마저도 온라인 수업이 개설될 수 있다면 다행입니다. 지방 학생 입장에서 온라인 수업마저 개설되지 않는 과목은 자신의 의지와 상관없이 수강 기회 자체가 박탈되니까요.

공식적으로는 학생의 선택권을 보장한다고 홍보하지만, 적어도 지역 소규모 학교에서 근무하는 교사의 입장에서는 수업 다양성 보장이 허울 좋은 이야기로 들릴 때가 많습니다. 도시에 비해 지나치게 적은 학생 수는 내신 등급 문제, 과목 선택권의 박탈 등 입시에서의 불리함을 야기하고 있습니다. 도시와 지역 간 교육 격차는 이미 고착화되었고, 그 격차는 앞으로 더 커질 수밖에 없죠. 결국 이러한 교육 격차는 교육을 중시하는 학부모들이 지방을 버리고 도시로의 유학을 선택하도록 만들었습니다. 현재의 교육 시스템이 인구 유출을 가속화시키는 셈이죠.

교육 여건 변화로 인한 지방 인구 유출과 지역 붕괴 구조

군 단위 지역
인구 유출, 학령 인구 감소 ⇨ 학생 수·학급 수 감소

⇩

교사 수 감소,
세부 전공별
교사 부족
	전공 과목
	개설 부족
		대학 입시 불리,
		교육의 질 저하
			- 지방 학교 선호 하락·기피
			- 원도심 학교 선호도 하락,
			  원도심 내 인구 공동화 및
			  슬럼화 심화

⇧

중소 도시나 광역시 내 구도심
구도심·신도시 간 정주 여건 불균형 ⇨ 신도시 선호도 편중 ⇨ 원도심 인구·학령 인구 감소

지방 교육의 질적 저하, 예견된 미래

학교에서 개설할 수 없는 인공지능 수업을 들을 수 있게 되었어요. 대학 교수님이 수업을 진행해 주시는데 수업 내내 자기 자랑만 하시고 정작 활동은 하나도 진행하지 않으시더라고요. 선생님들께 건의드려도 다른 선생님을 구할 수 없다고 하셨어요. 매년 같은 교수님이 오시는데, 후배들도 불만이 많더라고요. 과목 담당 선생님이 바뀌면 좋겠지만, 사람이 없다는데 어쩔 수 없잖아요.

– 전남 광양에 거주 중인 고등학생 L

정치·경제·사회·기술 등 특정 과목의 선생님은 매년 턱없이 부족합니다. 그러다 보니 부정적인 평가를 받는 선생님들도 울며 겨자 먹기로 채용할 수밖에 없어요. 수업의 질이나 학생들과 관계를 맺는 능력도 떨어지다 보니 매년 같은 불만이 접수되지만, 다른 선생님을 구하는 것도 쉬운 일이 아닙니다. 교사의 능력이 입시 결과를 만들어 내는 지방 학교의 현실을 생각해 볼 때 암담하지만 대안이 없어요. 지방에서는 좋은 선생님을 모시기가 어렵거든요.

– 지역 공개를 거부한 사립고등학교 교사 M

지방 교육은 학생의 과목 선택권 차원에서만 한계를 보이는 것이 아닙니다. 향후 지방 학생 수가 빠르게 감소할 것이라는 점, 지방의 교사 1인당 학생 수가 도시에 비해 지나치게 적다는 점 등을 이유로 지방의 교원 감축 정책은 몇 년 전부터 광범위하게 추진되고 있습니다. 지방 소규모 학교의 교원 중 상당수는 3~4개 학교를 돌아다니며 수업을 제공하는 순회 교사인데요. 학교 간 이동 시간만 하루 3~4시간 걸리는 경우가 적지 않습니다.

여기에다 행정 조직의 특성상 학교의 크기나 학생 수와 무관하게 교사들이 수업 이외에 늘 일정 수준 이상으로 해야 할 행정 업무가 쌓여 있습니다. 게다가 교사가 적은 지방에서는 한 명의 교사가 다교과 수업과 다양한 행정 업무 및 각종 학습 구성 등을 동시에 추진해야 하기에 다방면의 전문가가 되기를 강요받는 실정입니다. 하나의 분야에서 전문가가 되기도 어려운 현실인데, 모든 분야에서 완벽해야 한다는 것이 지방 소규모 학교 교사들이 처한 현실인 셈이죠.

지방 소규모 학교는 가뜩이나 교사들에게 완벽해야 한다는 부담을 주고 있는 데다 학교가 위치한 지역마저 생활 인프라가 열악한 경우들이 대부분입니다. 현재 비선호 지역에서 근무하는 교사에 대한 공식적인 유인책은 승진 점수 부여 정도인데, 교사들 사이에서는 교감이나 장학사 승진 또는 전직에 대해 부정적인 시각이 일반화된 지 오래입니다. 유인책이 없는 한 교사들이 굳이 낙후 지역을 찾아갈 리 만무하죠.

따라서 비선호 지역인 지방 소규모 학교에는 경력이 짧은 젊은 교사들이 배치될 수밖에 없죠. 경력이 짧은 교사들에게 뛰어난 교육 활동을 기대하기란 사실상 어렵고, 이처럼 지방 학교에 저경력 교사 위주 배치 추세가 일반화된다면 이는 다시 교육의 질 저하로 이어집니다. 교육의 질 저하는 교사로 하여금 교육 현장에서의 성취감을 느끼기 어렵게 만들고, 결국 교사들도 지방 학교에서 벗어나려는 분위기가 형성됩니다. 부정적인 분위기 가운데 교사들에게 교육적 사명감만으로 지방 교육에 헌신하길 요구하는 것은 어려운 일입니다.

실제로 지역 소규모 학교에서 근무하는 대부분 교사들은 짧으면 1년, 늦어도 3년 이내에 근무를 마치고 그 지역을 떠납니다. 교사의 교육 연속성이 담보되지 않는 상황에서 양질의 교육 서비스가 안정적으로 제공되기를 바라는 것은 욕심이죠.

대규모와 소규모 학교에서 교사의 일과 비교

근무 시간	A 학교(학생 수 800명 이상, 대규모)	B 학교(학생 수 60명 내외, 소규모)
09:00~12:00	• 오전 수업(2시간 이내) • 행정 업무(각종 상담 업무 지원 등)	• 부서장 업무 협조 회의(1시간 내외) • 수업(1~2시간) • 행정 업무(학교 운영 계획 등)
12:00~13:00	• 점심 식사	• 행정 업무(보고 자료 작성 등) • 간단한 식사(떠먹는 요구르트 등)
13:00~17:00	• 오후 수업(2시간 이내) • 수업 및 평가 자료 준비	• 행정 업무(학교 폭력, 안전 관리 등) • 행정 업무(주간 운영 계획 수립)
17:00~18:00	• 저녁 식사	• 보충수업, 저녁 식사
18:00~22:00	• 야간자율학습 감독, 보충수업	• 야간자율학습 감독
참고사항	주당 수업 시수 16시수 (소속교 10시수, 순회교 6시수) 주당 보충수업 10시수(1일 2시수)	주당 수업 시수 9시수 (소속교 9시수, 순회 없음) 주당 보충수업 3시수(1일 1시수)
시간 배분	업무 2시간 수업 2시간 상담 1시간 수업 준비 1시간	업무 4~6시간 수업 2시간 상담 0~1시간 수업 준비 0시간

필자가 근무했던 두 학교의 일상적인 일과를 비교한 자료입니다. 담당 업무가 동일하지 않기에 다소 차이가 있지만, 소규모 학교가 대규모 학교보다 담당해야 할 수업 시수가 훨씬 적음에도 개별 수업 준비에 투입할 수 있는 시간에서 대규모 학교가 훨씬 더 많다는 점은 중요한 부분입니다. 행정 업무를 처리하고 나면 하루 종일 일해도 실질적으로 수업에 필요한 교재 연구나 학생 상담 등에 투입할 수 있는 시간은 상당히 부족한 것이 현실입니다. 일반적으로 사람들이 생각하는 좋은 학교는 '행정 업무 처리를 잘하는 학교'가 아니라 '교육을 잘하는 학교'일 텐데요. 전국의 모든 교사들은 공통적으로 수업 준비와 피드백, 학생 상담보다 행정 업무에 매달리는 시간이 월등히 많다는 문제를 겪고 있긴 합니다. 그러나 대규모 학교에

비해 개별 교사의 행정 업무 부담이 큰 지방 소규모 학교에서는 이러한 부담이 더 크게 다가오죠. 학생 맞춤형 교육에 유리할 것으로 여겨졌던 지방 학교의 현실은 도시보다 훨씬 열악한 상황인 겁니다.

앞에서 이야기한 모든 문제는 결과적으로 '지방 교육의 질 저하'로 이어집니다. 지방자치단체에서는 인구 문제를 해결하기 위해 학생을 포함한 가족을 흡수해야 한다는 전략을 세우고 지방 정착 학생에 대한 각종 지원책을 제시하고 있지만, 과연 그 정책이 효과가 있을지 의문입니다. 특히 고등학교의 경우 아무리 물질적 지원 위주의 정책을 펼친다 한들 몇 년 뒤 대학 입시를 앞둔 교육 수요자들에게 매력적으로 다가갈 수 있을지 확신할 수 없죠. 지역이 청년들을 붙잡아 둘 수 있는 여건도 되지 않는 상황에서 고등학교 교육의 강점마저 없다면 지역민 대다수는 중학교 졸업 후 자의 반 타의 반으로 도시나 더 큰 지역으로 삶의 터전을 옮겨갈 수밖에 없습니다. 가뜩이나 자녀교육에 대해 큰 의미를 부여하는 대한민국 부모들로서는 자녀교육만 잘 될 수 있다면 어떤 자원이든 투입할 준비가 되어 있으니까요.

지방민들이 지방을 버리고 수도권으로 향하는 현대판 이촌향도^(離村向都) 현상은 이미 10대 학생 시절부터 잉태되기 시작했습니다. 합법적으로 엄청난 자원을 쏟아부을 수 있는 지방 학교마저 교육 경쟁력을 갖추지 못하다 보니 젊은 부모들이 교육을 목적으로 자녀를 데리고 고향을 떠나는 현상이 확산될수록 지역에 대한 인프라 투자 유인은 점차 감소될 것이고, 청년들이 고향으로 돌아오거나 정착하는 사례 역시 줄어들 수밖에 없습니다. '누가 지역에 남을 것인가'라는 질문에 대한 답변은 '그 누구도 지역에 남지 않을 것이다'가 되겠죠.

2. 취업과 생존의 20대

- 경쟁·혐오·갈등 속에서 결혼과 가정을 포기하는 세대

20대가 마주하고 있는 인구 구조 문제

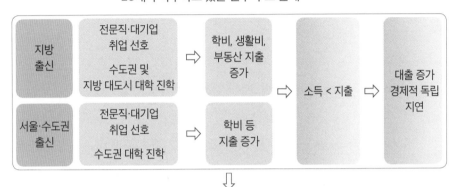

* 20대 문화 키워드: '이대남과 이대녀' '혐오와 갈등' '기계적 공정'

> 　　지방을 떠나 수도권에 정착했는데 자취 비용이 생각보다 만만치 않아요. 가정을 꾸리고 싶지만 지금은 돈을 모으기도 벅차서 생각처럼 될진 모르겠고요. 두 명의 자본을 합친다는 점에서 경제적으로는 결혼이 도움이 되리라 생각하지만, 주변 젊은 선생님들 중에는 결혼 비용 때문에 진지하게 고민하는 경우가 많더라고요. 젊은 미혼 선생님들 대부분은 결혼을 싫어하는 게 아니라 결혼을 못 하는 상황인 것 같아요.
>
> 　　　　　　　　　　　　　　　- 경기도 화성시에 근무하는 20대 초등 교사 N

　　고향에서 서울로 온 지 이제 8년 됐어요. 서울에서는 집값 때문에 자리를 못 잡을 것 같았는데, 작년에 수도권 작은 아파트 청약에 간신히 당첨됐어요. 회사까지 출퇴근 시간만 3시간 반이 넘고 평생 담보대출을 갚아야 하지만, 떠돌아다닐 걱정을 덜었으니 그나마 다행이지요.

- 서울에서 근무하는 20대 직장인 O

빚으로 점철된 20대의 삶, 미래가 없는 대학생

　　대한민국의 공교육 제도는 꽤 우수합니다. 학창 시절 비교적 우수한 성적을 거둬 온 교사들이 대학 양성과정과 선발 경쟁시험 등 몇 가지 과정을 거친 인재들이 교육 서비스를 제공하죠. 학교의 행정 시스템 역시 학생 친화적으로 구성되어 있고, 무엇보다 학생들이 경제적 부담 없이 교육 서비스를 누릴 수 있도록 각종 지원책을 만들어 두었습니다. 학교 구성원들이 학생들을 미래의 희망이라고 생각하면서 아껴 주는 것은 덤이죠. 법령상으로는 초중학교까지만 국가가 오롯이 책임지는 의무교육 대상이지만, 실질적으로는 초중고 12년 모두 의무교육으로 해석해 고등학교 졸업 때까지 학생들에 대한 각종 지원을 아끼지 않고 있습니다.

　　그런데 대학에 진학하는 순간부터 교육에 대한 국가적 지원은 상당수 사라지고 개인이 교육에 필요한 비용을 오롯이 부담해야 하는 구도가 됩니다. 대부분 대학이 수도권과 광역시급 거점도시에 있다는 것을 감안한다면 대학 교육을 위한 개인의 경제적 부담은 결코 무시할 수 있는 수준이 아닙니다.

　　대한민국의 현실을 상징하는 경쟁이라는 주제로 이야기를 이어가 보

겠습니다. 먼저 수도권 쏠림 구도는 주요 직장과 문화 시설뿐 아니라 4년
제 대학의 분포에서도 찾아볼 수 있습니다. 인기 대학들은 모두 서울 내
에 있으며, 대한민국 학생들도 서울 내 대학에 입학하기 위해 치열한 경쟁
을 치르고 있죠. 대학 입학부터 자취방을 구하고 생활 터전을 마련하는 과
정, 좀 더 길게 보면 취직에 이르기까지 서울에서 겪는 20대의 모든 과정
이 새로운 경쟁의 시작입니다. 초중고교를 다닐 때까지는 동급생들이 경
쟁 대상이지만, 대학 입학 후에는 세대로 경쟁 구도가 확대되죠. 유년 시
절 비교적 인간적(?)인 경쟁을 통해 대학에 들어간 친구들은 대학 진학 이
후 보이는 경쟁자 외에 보이지 않는 경쟁자를 대상으로도 피 터지는 경쟁
과 생존 과제를 강요받게 됩니다.

2023학년도 대학 등록금과 서울 소재 대학생의 일반적인 생활비 수준[14]

지출 항목	월 단위 지출
등록금	60만 원(학기당 300만 원)
교육비	15만 원
쇼핑	10만 원
식비	30만 원
교통	5만 원
취미 및 여가	5만 원
통신	5만 원
월세	45만 원(서울권 기준)
지출 합계	월 175만 원

---

14 교육부 및 한국대학교육협의회 추산자료, 2023년.

2023학년도 대학 등록금 현황

구분	국공립	사립	인문 사회	자연과학	공학	예체능
연평균 등록금	420만 원	757만 원	597만 원	685만 원	725만 원	779만 원
전체 평균	679만 원					

세상에 첫발을 내딛는 20대들이 고향을 떠나 대학에 입학하는 순간 자취방을 구하고 새로운 생활 여건을 만드는 과정에서 생존 경쟁에 돌입합니다. 대학 주변의 주택(원룸) 공급량은 정해져 있는데 날이 갈수록 수요가 증가하니 생활비 해결부터가 새로운 숙제죠. 언론 매체에서는 수도권 부동산 가격 폭등을 연이어 보도하고 있습니다. 그런데 부동산 문제에 비해 비교적 관심을 덜 받고 있지만, 대학가 주변에서도 원룸 수요가 폭등하면서 월세 상승 이슈가 꽤 오래전부터 사회적 문제가 되고 있습니다. 학생들이 선호하는 수준의 원룸은 정해져 있는 반면, 수도권 대학에 진학하려는 지방 학생들은 계속 증가하다 보니 수요와 공급의 불균형이 원룸 월세를 상상 이상으로 높여 놓은 거죠.

학업을 이어가면서 인생에 필요한 지식을 쌓기에도 여력이 없을 대학생들이 월세와 생활비 등 월 100만 원가량을 고정 지출해야 하는 생존 스토리의 주인공으로 살아남기란 쉬운 일이 아닙니다. 여기에다 사립 대학 기준으로 학기마다 최대 800만 원대까지 상승한 등록금까지 고려한다면 한 달 생활비는 실질적으로 150만 원 이상으로 불어나게 되죠. 2023년 기준으로 취업 후 학자금 대출을 갚는 상품에 가입한 학생은 2022년에 비해 1만 명 정도 증가했는데요. 미래 소득을 담보로 빚을 진 대학생들이 학자금 대출을 갚지 못해서 개인회생 또는 파산을 선택하고 경제 활동을 포기

하는 경우가 증가하는 추세입니다.[15]

한국장학재단의 발표에 따르면 대학생들의 학자금 대출 중 개인회생이나 파산 등으로 회수 불가능한 금액은 2018년 약 47억 원에서 2022년 274억 원 수준으로 약 여섯 배가량 늘어났는데요. 이는 등록금과 생활비 명목으로 학자금을 대출받은 학생 중 상당수가 취업에 실패해서 대출을 상환하지 못하였음을 의미합니다. 학생 입장에서는 아무리 학자금 대출의 이자 수준이 낮다고 해도 취업하지 못하면 대출 상환 자체가 불가능할 수밖에 없죠.

최근 5년간 학자금 대출 회수 불능(개인회생, 파산 등) 처리 금액

2018년	2019년	2020년	2021년	2022년
473,000만 원	514,900만 원	822,900만 원	1,186,200만 원	2,748,900만 원

* 2023년, 한국장학재단 자료 재구성

너무도 비싼 등록금과 생활비로 인해 경제적 부담이 상당한 상황에서 학생들이 대학 진학을 포기하는 것 역시 쉬운 선택은 아닙니다. 대학만 졸업하면 장밋빛 미래가 보장되는 세상이 끝난 지 꽤 오래지만, 그렇다고 해서 대학 진학을 포기했을 때 비교적 순탄한 진로가 보장되는 것도 아니거든요. 고숙련·고소득 직장을 얻기 위해서는 반드시 일정 수준 이상의 대학 교육을 이수해야 합니다. 만약 졸업한 대학의 이름값이 높다면 금상첨화죠. 4년제 대학, 나아가 수도권 4년제 대학 졸업을 고소득 직장 입성의 기

---

15 "[청년빈곤시대] ① 학자금 대출에 빚투, 결국 불법 사채로…'빚 수렁' 벼랑 끝 2030", 조선비즈, 2024. 01. 30.

본 조건으로 생각하는 상황에서 20대 청년들이 경제적 부담을 이유로 대학 진학을 포기한다는 것은 현실성 없는 이야기입니다.

서울이나 수도권에 거주하던 학생들의 경우 월세를 지불하지 않아도 된다는 점에서 사정이 조금 나을 순 있지만, 그렇다고 수도권 출신 학생들이 경제적 부담에서 자유로운 것도 아닙니다. 많은 학생이 대학 교육과정에서 발생하는 경제적 부담을 해결하기 위해 학자금 대출이나 국가장학금 제도를 활용합니다. 특히 경제적 여유가 없는 집안일수록 교육 비용을 자신이 직접 부담하는 경우가 많은데요. 가족의 미래 경제생활을 위해 부모의 지원을 포기하고 조기에 경제적으로 독립하는 것을 권장하는 추세입니다. 연금이나 사회안전망이 미래에도 제대로 작동할 것이라고 신뢰하기 어려운 상황에서 부모의 노후 준비에 조금이라도 보태기 위해 학생들이 자발적으로 이른 경제적 독립을 선택하는 거죠.

결국 부모와 자녀는 경제적으로 빠른 독립을 선택하는 것이 합리적인 상황에 놓이게 됩니다. 각자도생이 현명한 거죠. 과거와 달리 높은 학력 수준이 경제적 성공을 보장하는 것도 아니고, 고소득 일자리를 얻어 수도권에 정착한다 해도 높은 수준의 생활비 부담이 발생한다는 점에서 부모와 자녀가 서로를 도우면서 생존하기란 어렵습니다. 그래서 어린 나이의 성인 자녀가 경제적으로 독립하는 것을 합리적으로 인식하도록 만들고 있는 거죠.

문제는 여기에서 출발합니다. 만약 학생이 학업에 열심히 매진해서 장학금을 꾸준히 받아 부담해야 할 등록금 수준을 0에 가깝게 만든다 해도 타지에서 생활할 경우 연 1천만 원 정도의 생활비가 고정으로 지출될 수밖에 없습니다. 4년제 대학에 진학했다면 졸업할 때까지 4천만 원 정도의 생활비가 필요하고 중간에 휴학하거나 각종 시험에 응시하는 경우, 어학연수를 위해 외국으로 나가는 경우 등을 생각한다면 비용은 더욱 늘어나게 되죠. 대학생 시절과 취업 준비 기간에 발생했던 필수 생활 부담금은 사회에 진출해 직장 생활을 하는 순간부터 현실적인 부담으로 다가옵니다. 주택 구입 등 미래 도시 정착을 위한 필수 주거 비용만 해도 상당한데, 과거 대학 교육을 마치기 위해 투자한 자원의 양도 무시할 수 없기 때문이죠.

여기에다 고소득을 보장하는 대기업 취업이나 전문직 자격을 획득하기 위해서는 재학 중 각종 공모전, 시험, 동아리 활동 등 학과 공부 외에도 많은 부수적 활동을 강제 받습니다. 대학과 아르바이트를 병행하면서 학비 일부를 마련하는 것 역시 말처럼 쉬운 게 아닙니다. 결국 학자금 대출 등으로 현재의 경제적 부담을 미래로 전가할 수밖에 없고, 이런 구도에서는 취업하더라도 이후에 떠안아야 할 경제적 부담이 상당하니 안정적인 도시 정착 여건을 만드는 데 그만큼 상당한 시간이 걸릴 수밖에 없습니다.

헤드헌팅 그룹인 인크루트의 조사에 따르면 신입사원 입사 평균 연령이 1998년에 약 25세였다면 2020년에는 31세로 6년가량 늦춰졌다고 합니다. 20대 청년들에게 늘어난 6년 정도의 구직 활동 기간은 경제적으로 큰 부담이 될 수밖에 없습니다. 취업하지 못한 기간에도 지출은 계속될 수밖에 없으니까요. 소득이 발생하지 않는 6년이라는 기간은 오롯이 미래의 부담으로 남을 수밖에 없습니다. 구직 활동을 열심히 했지만 취업에 실패할 경우 나이가 젊다고 해도 파산이나 개인회생을 선택할 수밖에 없을 것이고요.

소득 대부분이 과거 학업을 위해 진 빚을 상환하는 데 쓰인다면 주거 문제와 같은 도시 정착의 최소 조건을 확보하기 위한 경제적 자원을 모으는 데 꽤 긴 시간이 걸릴 수밖에 없습니다. 집을 상당히 중요하게 여기는 우리나라 생활 문화에서는 '새로운 가정을 만들기 위해서는 반드시 집이 있어야 한다'라는 생각이 강한데, 청년기의 소득 대부분이 과거의 대출 상환을 위해 쓰인다면 그만큼 연애와 결혼 등 가정을 이루는 데 필요한 지출은 뒷전일 수밖에 없겠죠.

결국 장밋빛 미래를 기대하면서 수도권 대학에 진학한 학생들의 양발에는 반강제적으로 커다란 빚이 족쇄처럼 채워지게 됩니다. 이 족쇄는 생활 정착과 가족 구성을 뒤로 미루게 만드는 거죠. 20대 신혼부부나 20대 출산 경험의 비중이 극적으로 줄어드는 현상도 마찬가지로 사회 진출과 정착 시기가 뒤로 미뤄지는 현 세태와 무관하지 않습니다.

더 알아보기

정규직과 비정규직 이야기-이중노동시장 이론

- 정규직과 비정규직, 원청 기업과 하청 기업 간의 근무 조건 차이를 설명하는 대표적인 이론이 이중노동시장 이론이다. 이중노동시장 이론은 노동시장을 크게 1차 노동시장과 2차 노동시장으로 구분한다. 1차 노동시장은 장기 고용(정규직)을 바탕으로 승진 기회 보장, 고숙련 기회(대학원 진학 등) 제공, 높은 임금 보장 등의 특징을 보이는 한편, 2차 노동시장은 저숙련 단순노동, 단기 고용(비정규직), 낮은 임금 보장 등의 특징을 보인다.
- 일반적으로 1차 노동시장은 대기업·전문직 등 고소득이자 선호하는 직장으로 인식되는 반면, 2차 노동시장은 중소기업·비정규직·단순노무직 등 저소득의 비선호 직장으로 인식된다. 노동자가 어떤 노동시장에 속해 있는지에 따라 혼인율도 크게 달라지는 모습을 보이는데, 이는 일자리의 임금 수준과 고용 안정성이라는 요인이 결혼 여부를 결정짓는 요소임을 보여준다.

15~49세의 고용 형태와 결혼 간 상관관계[16]

구분	결혼 비율
정규직(1차 노동시장)	100명당 5.06명 (비정규직 대비 1.65배)
비정규직(2차 노동시장)	100명당 3.06명
대기업 종사자(1차 노동시장)	100명당 6.05명 (중소기업 대비 1.43배)
중소기업 종사자(2차 노동시장)	100명당 4.23명

세대·성별·지역 혐오 속에 살아가는 20대, 화합도 공존도 어렵다

우리 사회는 과거부터 승자와 패자를 구분하고 승자와 패자 간 불평등을 정당화하는 것이 일상이었습니다. 이는 2020년대를 살아가는 20대 역시 마찬가지인데요. 특히 현재의 20대에게 불평등과 혐오는 일상적인 키워드입니다. 공존의 가치를 이 정도로 경시하는 세대를 찾는 게 쉽지 않을 것 같아요. 생각해 보면 현재의 20대가 겪어 온 10대는 너무나도 혼란스러웠습니다. 세월호 참사, 대통령 탄핵, 강남역 묻지마 살인 사건, 미투(Me too) 운동, 극우 보수의 급성장, 일간베스트저장소와 워마드 등 극단주의 커뮤니티의 등장, 코로나19 팬데믹, 인구 이슈와 사회보장제도의 붕괴 등 유난히 쓸쓸하면서도 분란을 조장하는 각종 이벤트를 살뜰히 겪은 세대인 거죠.

어느 시기든 사회 집단 간 갈등은 늘 있었습니다만, 현재의 20대는 유독 집단 간 경쟁 구도가 더욱 선명합니다. 그 중심에는 경쟁의 원천인 공정에 대한 인식이 있죠. 20대의 사고방식을 관통하는 공정은 타 세대가 인식하는 공정과 분명 다릅니다. 성장 과정에서 지속적으로 경쟁에 노출되어 온 20대는 불평등이 아닌 불공정에 분노하는 모습을 종종 보이는데요. 특히 경쟁에서 이길 경우 얻을 수 있는 특권이 유지되는 것엔 동의하지만, 특권에 접근할 기회가 불평등해지는 것에는 분노합니다. 최근 한국에서 벌어진 공정성 시비의 대부분은 결과가 불평등해서가 아니라 과정이 불공정하다는 불만에서 비롯되고 있는데요. 과정은 공정해야 하고 결과는 승자와 패자가 분명히 구분되어야 하며, 경쟁에서 승자가 특권을 보장받는 것은

---

16 「종사자 특성에 따른 혼인율 및 출산율 비교분석」, *KERI Insight*, 한국경제연구원, 2022. 11. 15.

노력에 대한 보상이라고 생각하는 것이죠.

학교 현장에서는 평가 기간만 되면 공정을 부르짖는 학생들을 종종 만나게 되는데요. 대부분 공정은 '약자를 위한 배려'라기보다 '수량화·계량화된 동일한 대우'에 초점이 맞춰진 경우가 많습니다. 개인적으로는 학교 내 학생 간 경쟁 구도를 제도화한 수시 시스템이 이러한 변화에 상당한 영향을 주었다고 생각합니다. 지금의 20대가 힘들게 통과해 온 수시 시스템은 기본적으로 옆에 있는 친구가 나보다 못해야 내가 좋은 성적을 얻을 수 있다는 상대평가를 채택하고 있습니다. 수능 역시 남보다 높은 성적을 받아야 하는 것은 동일합니다. 하지만 정시는 경쟁 대상이 '보이지 않는 상대'로 인식되는 반면, 수시는 '내 옆의 친구'가 경쟁 대상이라는 점에서 경쟁의 현실성이 완전 다르게 다가오죠. 2010년대 중반까지만 해도 학교생활을 소재로 한 드라마에서 단골 소재로 등장하던 에피소드 중 하나가 '경쟁 학생의 필기 노트 찢어 버리기'였는데, 실제 학교에서 종종 발생하곤 했습니다.

얼마 전 어떤 학생으로부터 공정한 평가에 대한 질문을 받은 적이 있습니다. 학교에서 탁구를 주제로 체육 수행 평가를 실시하는데, 시합에서 이겨야 좋은 점수를 받고 지면 나쁜 점수를 받는 것이 공정하지 않다는 의견이었습니다. 승패의 결과만으로 내신 점수가 결정된다면 운동을 못하는 학생들은 평생 좋은 점수를 받을 수 없으니 예술·체육 분야는 학생의 노력을 평가해야지, 결과를 가지고 평가해서는 안 된다는 것이 그 주장이었습니다.

학생의 질문을 듣고 나서 필자가 던진 질문은 "그렇다면 국어나 영어, 수학 같은 지식 중심 과목에서도 결과가 아닌 노력을 평가하는 게 필요하지 않을까?"였습니다. 이 질문에 대해 학생은 "국어나 영어, 수학은 당연히 시험 점수로 평가해야죠. 그게 공정하잖아요"였습니다. 이 학생은 예술·체육 성적보다 국어·영어·수학 등 지필평가 점수가 월등히 잘 나오는 '공부 잘하는 학생'이었는데요. 국·영·수 과목의 경우 한 문제라도 '더 맞추는' 결과에 따라 등수가 결정되는 것이 공정하며, 체육 과목의 경우 속칭 벼락치기로도 어려우니 노력만으로 평가하는 것이 공정하다는 학생의 의견을 들으면서 머릿속이 혼란스러워지는 경험을 피할 수 없었습니다.

더 알아보기

성과급 논쟁으로 살펴본 20대의 공정에 대한 인식[17]

- (…중략…) 2020년, 성과급으로 기본급의 400%(연봉의 20% 수준)를 지급하겠다는 SK하이닉스의 발표는 사원들의 불만을 불러일으켰다. 하이닉스의 성과급은 경쟁업체인 삼성전자 반도체 부문 DS 직원 성과급의 절반에도 미치지 못했기 때문이었다.
- 이후 입사 4년 차 직원이 전 임직원 2만 9천 명에게 사내 인트라넷으로 이메일을 보내 "영업 이익이 작년 대비 2배 이상 좋아졌는데, 성과급으로 기본급의 400%를 지급한 이유가 납득이 되지 않는다. 성과급 산정 기준을 투명하게 공개해 달라"라고 문제를 제기하면서 성과급 논쟁에 불을 붙이게 되었다.
- 이에 대해 이석희 SK하이닉스 사장은 "성과급 산정 시 영업 이익 외에 다른 기준이 있는 것이 사실이며, 기존의 성과급에는 격려금 차원으로 지급하는 금액이 포함되어 있었기 때문에 회사 성과 변동 추이와 성과급 변동 추이가 일치하지 않았다. 신뢰는 주는 것이 아닌 행동으로서 받는 것이라 생각한다"라면서 앞으로 회사 성과 추이에 걸맞은 성과급이 지급될 수 있도록 투명하게 관리할 것을 약속했다. 이 논란은 현재의 20~30대가 불공정한 성과 보상에 대해 민감하게 반응한다는 것을 보여준 사례라고 할 수 있다.

---

17 "SK하이닉스에서 시작된 '성과급 논쟁'", 한국경제, 2021.02.09.; "[10대 기업 연봉 명세서 ③] MZ세대가 쏘아 올린 성과급 논란, 임금 인상 도미노로", 이코노미스트, 2021.05.12.

공정을 중시하는 20대, 사라져가는 공존의 기회

현재의 20대에게 공정은 불평등을 정당화하는 도구로 인식되고 있습니다. 구체적으로 말하면, 현재의 20대에게 평등한 경쟁은 승자와 패자를 구분 짓는 가장 공정한 방법입니다. 그러니 경쟁은 반드시 모두가 동일한 조건에서 실시되어야 하며, 사회적 약자에 대한 배려도 제공되어서는 안 되죠. 경쟁의 결과로 승자와 패자가 구분된 후 그 전리품을 승자가 독식하는 것 또한 공정하다고 생각합니다. 경쟁이 평등했으니 누구나 승자가 될 수 있고, 승자가 모든 것을 가지는 것도 당연하다고 생각하는 거죠.

20대 사이에서 지필고사 점수가 그 사람의 능력을 보여주는 것이며, 공개 선발 시험이 가장 공정하다고 생각하는 풍토가 자리 잡은 것도 공정에 대한 이러한 인식에서 출발했습니다. 그리고 그 아래에는 옆에 있는 친구를 밟고 일어서야만 원하는 대학에 진학할 수 있는 수시 시스템이 자리 잡고 있는 거죠. 20대 사이에서 기계적 공정이 확산되는 동안 공존에 대한 인식은 점차 옅어지고 있습니다.

공존은 대부분 타인에 대한 상호 이해와 배려에서 시작됩니다. 호혜성이라고도 부르는 이 피장파장의 논리가 신뢰 있는 사회를 만들죠. 그러나 어렸을 때부터 구조적으로 경쟁을 겪어 온 20대들에게는 공존의 가치를 몸으로 배우거나 실천할 기회가 많지 않았습니다. 이는 20대가 잘못한 게 아닙니다. 모든 노력을 다해도 최소한의 생존조차 보장받지 못하는 현실에서 나보다 사정이 좋지 않은 사람들을 돌아보면서 상대방을 위해 내 것을 포기할 수 있는 사람을 찾는 것은 결코 쉬운 일이 아닙니다. 내 옆에 있는 사람을 잠재적 경쟁자로 인식한다면 그들과 동료 의식을 가지고 연대한다는 것은 실현 불가능한 이상적인 이야기일 뿐이죠.

기계적 공정이 생존을 위해 20대가 자발적으로 선택한 인생관이라면 20대가 만들어 놓은 타 집단에 대한 구조적 혐오는 그들이 현재 어디까지 내몰려 있는지를 보여주는 사례입니다. 2020년 인천국제공항 정규직 전환 사태 등 공정을 이유로 특정 집단을 배척한 사례 역시 20대를 중심으로 '내가 살아남기도 힘든 세상에서 누군가 대가를 치르지도 않고 내 자리를 가져간다'라는 분노에서 파생한 것이었죠.

성별 간 대립 역시 공존 구도를 무너뜨리기는 마찬가지입니다. 몇몇 여고생들로부터 시작된 미투 운동, 기득권층이 상습적으로 벌여 온 성 추문에 대한 비판적 여론 형성, 강남역 묻지마 살인 사건에 대한 원인 분석, 각종 데이트 폭력 사건이 도화선이 되어 일어난 페미니즘 운동은 발생 초기의 목적이었던 차별에 대한 조직적 저항과 연대는 온데간데없고, 현재는 남성과 여성 간 원색적 비난과 증오, 끝없는 원망과 협박을 만들어 내는 갈등 구도의 중심으로 남아 있을 뿐입니다. 워마드(womad.life)의 극단적인 여성주의와 일간베스트저장소(ilbe.com)의 덮어놓고식 여성 혐오, 최근 있었던 넥슨게임즈(nexongames.co.kr) 남성 혐오 사건 등은 우리 사회 내 젊은 층이 남녀를 갈라쳐서 엄청난 갈등을 부추기는 단적인 예죠.

프랑스 파리에 본부를 둔 다국적 시장조사기관인 입소스(Ipsos)는 2021년에 "남녀 갈등이 존재합니까?"라는 주제의 여론조사를 세계 각국에서 실시했는데요. 대부분 국가에서 남녀 갈등이 존재한다고 답변한 비율이 20~40% 사이로 나타났으나 우리나라에서는 80%라는 상당히 높은 비율로 나타났습니다.[18] 우리 사회에서 성별 간 대립이 얼마나 큰 갈등 구조로 자리 잡고 있는지 보여주는 단적인 지표라 할 수 있죠.

---

18 Ipsos, Culture wars around the world; how countries perceive divisions(2021)

과거부터 우리 사회에서는 다양한 집단 간 혐오 현상이 있었습니다. 과거 혐오의 원천이었던 지역 갈등 외에도 수도권과 지방 간 갈등, 연금과

2010년 이후 대한민국 내 젠더 간 갈등 진행 양상

시기	양상	영향
2010년	일간베스트저장소 분리 독립 - 김치녀, 보슬아치, 삼일한 등 여성 혐오 단어 파생	여성 혐오 위주
2011년	게임 셧다운제 및 「아동청소년법」상 '표현물 금지' 규정 - 양성평등정책을 담당하는 여성가족부에 대한 신뢰 하락	양성평등정책 주무 부서의 신뢰 하락
2015년	여성시대 사이트 이용자 분쟁 - 여초 사이트(여성시대 등), 남초 사이트(오늘의 유머 등) 갈등	극단주의 여초 커뮤 니티(메갈리아) 탄생
2015년	워마드 탄생 - 극단적인 페미니즘 중심의 남성 혐오 활동 확산	남성 혐오 위주 성별 분쟁 본격화
2016년	강남역 묻지마 살인 사건 - 여성 대상 남성의 묻지마 살인 사건	여성 혐오 의제화
2016년~	(극단적) 페미니즘 사회 활동 배제 확산 - 온라인 게임 「클로저스」의 캐릭터 티나(Tina) 성우 교체(2016년) - 서울 위례별초등학교 페미니즘 교사 논란(2017년) - 스튜디오 뿌리 원화 남성 혐오 논란(2023년) 등	성별 갈등 문화계 확산 표면화
2018년	성추행 피해자 피해 사실 폭로 및 미투 운동 전개 - 서지현 검사의 성추행 피해 사실 폭로 - 서울 Y여고 등 전국 여자고등학교 내 스쿨 미투 운동 전개	성폭력 피해 고발 운동 및 펜스 룰 운동 확산
2018년	혜화역 시위 전개 - 래디컬 페미니즘(radical feminism) 중심의 여성 인권 신장 요구 시위	래디컬 페미니즘 운동 의제화
2020년	n번방 성 착취물 제작 및 유포 사건 - 갓갓(문형욱), 박사(조주빈) 등의 인터넷 성 착취물 유포	인터넷 성 착취 공론화
2022년	설거지론, 베트남론 등 국내 결혼 반대 여론 확산 - 남초 커뮤니티 중심으로 20~30대 여성 대상 혐오 여론 형성	결혼 문화 비판 확산
2022년	제20대 대통령 선거에서 성별 갈등 의제화 - 20대 남성(국민의힘), 20대 여성(더불어민주당) 지지 고착화	성별 갈등의 정치화
2023년	스튜디오 뿌리의 남성 혐오 논란 - 스튜디오 뿌리 제작 게임 PV(Promotion Video)에 남성 혐오를 상징하는 손동작이 의도적으로 삽입되었다는 의혹 제기	성별 갈등의 일상화

사회보험 및 부양 문제 등을 둘러싼 청년과 노년 간 세대 갈등 등 다양한 분야에서 갈등이 확산되고 있죠. 혐오가 자리 잡을수록 젊은이들이 인생의 동반자를 만나 미래를 설계하는 것 역시 어려워집니다. 남녀가 서로 대화를 나누기 전에 편견이 머릿속에 자리 잡고 있을 가능성이 높아지니까요. 경제적 부담 외에 심리적 거리감 역시 결혼과 가정 형성에 부정적인 영향을 끼치는 겁니다. 생존도 어렵고 가정 형성과 육아, 출산 등에 부정적인 문화가 형성된 상황에서 결혼과 출산을 강요하는 것은 잔인해도 너무 잔인한 행동이 될 뿐입니다.

슬픈 것은 현재의 20대가 30대와 더불어 인구 구조 정상화에 필요한 골든아워를 책임질 마지막 세대라는 점입니다. 현재의 20대가 우리나라에서 결혼 적령기로 평가받는 30대 초중반에 진입하는 시기는 아무리 길게 잡아도 7~8년 뒤가 마지막이라고 볼 수 있는데요. 경제적 빈곤이나 심리적 갈등이 해결되지 않는다면 20대의 정착은 현재에도 미래에도 쉬운 선택이 아닐 겁니다. 현재의 구조가 미래에도 지속된다면 앞으로도 결혼과 출산으로 이어지는 인구 재생산 및 재생산을 통한 인구 구조 정상화는 사실상 달성하기 어려운 과제가 될 겁니다. 애초에 앞선 세대가 20대들에게 결혼과 인구 재생산을 요구할 자격이 있는지도 의문입니다. 이미 너무 많은 짐을 20대들에게 지워 주고 있거든요. 생존을 어렵게 만들고 경쟁만이 살길이라고 주야장천 가르쳐 왔던 선배 세대들 역시 현재의 저출산 문제를 만들어 낸 당사자들이라는 비판에서 자유로울 수 없기 때문입니다.

선택의 딜레마, 지방 중소기업보다 서울 편의점 근무가 낫다

> 20대에 종로에 위치해 있고 누구나 알 만한 대기업에 취직한 후 지금까지 인정받으면서 열심히 살아왔는데, 서울에서 신혼집 한 채 사기도 어렵더라고요. 집값이 너무 비싸 결국 서울 외곽으로 주거를 선택할 수밖에 없었어요. 같은 값이면 고향에서 꽤 좋은 집을 구할 수 있지만, 고향으로 내려가는 일은 없을 것 같아요. 직장 구하기가 어렵거든요. 직장 문제가 해결되지 않으면 서울을 두고 다른 지역으로 이사하긴 어려울 것 같아요.
> ‒ 서울 소재 대기업에서 근무하는 울산 출신 30대 회사원 P

수도권이 청년 인구를 지속적으로 빨아들이고 있다는 사실은 공중파에서 이미 수차례 보도되었습니다. 지방을 떠나 수도권으로 향하는 1990년대생들은 계속 증가하지만, 수도권에서 빠져나와 지방으로 향하는 청년들은 흔치 않죠.

익히 알고 있듯이 수도권 거주 청년 중 상당수는 원하는 일자리를 얻지 못하고 있습니다. 이를 두고 기성세대들은 "지방 중소기업 일자리가 차고 넘친다" "눈을 낮춰야 일할 수 있다" "아직 배가 불러서 일해야겠다는 생각이 없다" "헝그리정신이 부족하다" 등의 이야기를 쉽게 꺼내곤 하죠. 하지만 대부분 청년들은 서울과 수도권의 고소득 일자리를 포기하지 못합니다. 과연 이들이 지방으로 이동하는 것은 가능할까요?

최근 구직 시장에서 공개 채용이 줄어드는 대신 수시 경력직 채용이 늘어나는 한편, 회사원들의 근속연수가 빠르게 줄어드는 현상이 나타나고 있습니다. 이는 직장인들의 이직 문화가 보편화되는 한편, 기업체들도 경력직 채용을 선호하는 문화가 자리 잡았기 때문이죠. 첫 직장을 가진 후 짧으면 1년, 길어도 3년 내에는 현재보다 더 좋은 조건의 직장을 찾는 것이 보편적인 세상입니다.

　이직이 흔한 선택이 된 이유는 크게 두 가지입니다. 첫째, 과거 기본값으로 여겨졌던 평생직장 개념이 사라졌기 때문입니다. 둘째, 이직 과정에서 기존 근무 경력을 인정받는다면 전문성을 더 인정받고 높은 수준의 연봉도 보장받는 게 일반화되었기 때문입니다. 특히 최근 고숙련 노동자의 부족을 겪는 기업에서는 비용을 부담하더라도 업무 능력이 증명된 경력직을 채용하려는 현상이 일반적인데요. 이러한 대기업의 인사 전략은 정기 공개 채용을 극도로 줄이고 수시 경력직 비중을 늘리는 형태로 나타나고 있습니다.

　2024년 인크루트가 발표한 국내 기업들의 채용 계획 조사 결과에 따르면 채용 계획을 확정 지은 기업의 72.5%가 '경력직 수시 채용'으로 하겠다라고 응답했는데요. 이는 상반기 대졸 수시 채용 실시 비율 28.7%, 하반기 대졸 수시 채용 비율 25.8%에 비해 상당히 높은 수치입니다.[19] 기수 문화로 대표되던 정기 공채 문화가 사라지고 대신 경력직 수시 채용이 대세로 자리 잡은 거죠.

　경력직 수시 채용이 대세로 자리 잡게 된다면 이직은 모든 직장인에게 일상적인 직장 생활의 일부가 될 수밖에 없습니다. 첫 번째 직장에 입사한 후에도 더 나은 조건을 제시하는 직장을 꾸준히 찾게 되고, 이직을 시도해야만 더 좋은 조건의 일자리를 얻을 수 있기 때문이죠. 이러한 상황에서 20대 구직자가 굳이 눈을 낮춰서 지방 일자리를 첫 직장으로 선택해야 할

---

19 박원석, "인크루트 2024 기업 채용계획 조사 결과, 올해 기업 10곳 중 7곳 채용 확정… 대기업 문은 더 좁아진다", 「베리타스알파」, 2024.02.07.; www.veritas-a.com/news/articleView.html?idxno=493550

이유는 점차 사라집니다. 보통 이직 시 계약 조건에는 이전 근무처의 규모와 그곳에서의 경력 등이 종합적으로 반영됩니다. 첫 직장을 최대한 좋은 조건으로 얻는 것이 이후 유리한 이직 계약이나 재계약에 꼭 필요한 거죠. 바꿔 얘기하면 눈을 낮출 경우 다음 계약 조건도 연쇄적으로 나빠질 수 있는 겁니다. 여기에다 대부분 지방 중소기업들은 근무 여건이 열악하고 다른 회사에서 인정받을 수 있을 만큼 유의미한 포트폴리오를 만들기에도 어려운 경우가 많습니다. 청년 입장에서는 제공한 노동력에 대해 정당한 평가를 받을 수 없다고 생각할 여지가 충분한 거죠.

> 다양한 사람을 만나고 여러 경험을 하기 위해 서울 소재 언론사에 지원했고, 앞으로도 계속 서울에 있고 싶어요. 언젠간 고향에 내려가겠지만, 그래도 직장 생활을 하는 동안에는 서울에 남아 있으려구요. 이번에 대학생이 되는 막냇동생에게도 서울로 와야 한다고 이야기했어요. 서울 생활이 경제적으로 힘든 건 맞지만, 지방과 달리 제가 발전할 수 있는 기회를 보장받을 수 있으니까요.
> — 서울 소재 언론사에서 근무하는 경남 하동군 출신 20대 기자 Q

미래의 재계약이나 이직 조건까지 고려할 경우 20대 구직자 입장에서 지금 당장은 구직 과정이 힘들지라도 원하는 수준의 직장을 얻기 위해 참아내면서 서울이나 수도권에 머물 이유가 충분합니다. 만약 구직 중인 상황이라면 이들이 택할 수 있는 가장 안정적이면서 확실한 전략은 원하는 수준의 직장에 들어갈 때까지 취업 준비에 가장 유리한 지역에 머물면서 취업 시장의 문을 계속 두드려 보는 거죠. 이는 서울 등 수도권을 중심으로 초단기 일자리(아르바이트)를 전전하는 취업 준비생이 계속 존재할 수밖에 없음을 의미합니다. 취직한 사람은 취직했기 때문에, 취직을 준비하는 사람은 취직에 유리하기 때문에 서울과 수도권을 떠나지 않는 거죠. 기성세대가 보았을 땐 일견 이해되지 않는 선택일 수도 있지만, 양질의 일자리를 선택하기로 마음먹은 이상 수도권을 버리는 것은 좋은 선택이 아닙니다. 수도권 인구가 과밀하고 구직자에 비해 일자리가 부족해 보여도 취업 시장에서 신규 자원들은 계속 서울과 수도권으로 쏠릴 수밖에 없죠.

서울 집중 현상이 심화될수록 서울 거주 청년들의 사회 정착 시기는 늦어지고, 이는 시간이 지날수록 '결혼 및 출산 적령기'가 늦춰지는 사회 현상으로 이어집니다. 반대로 청년 유출이 심해지면서 지방은 인력 부족 현상을 겪게 되죠. 지방에 위치한 기업들은 지금 이 순간에도 수도권으로 기업 이전을 진지하게 고민하는 상황입니다. 양상은 다르지만, 결국 지방과 수도권 모두 청년들의 생존에 적합하지 않은 공간이라는 점은 변하지 않습니다. 다만 수도권은 생존을 위한 경쟁과 버팀이 나타나는 공간, 지방은 생존을 위해 떠나야 하는 공간으로 인식된다는 차이점이 있을 뿐이죠.

수도권의 높은 집값과 취업난이 20대들에게 정착 난이도를 엄청나게 끌어 올리고 있습니다. 그럼에도 울며 겨자 먹기로 생활 공간으로 선택할 수밖에 없는 수도권이든 인프라 부족으로 인해 청년들로부터 버림받고 있는 지방이든 모두 '20대의 정착'을 방해하고 혼인과 출산을 부정적 이벤트로 받아들이게 만들고 있습니다. 생존부터 극한의 난이도인 20대들의 상황을 해결하지 않는다면 결혼과 출산을 선택할 리 만무하겠죠.

밥그릇을 지키기 위해 둥지를 포기한 청년들

> 부산은 수도권에 비해 월세도 적당하고 음식도 맛있는 데다 바람 쐴 곳도 많잖아요. 살기에는 최적인 곳인데 기업이 없으니 취직 자체가 불가능해요. 대학 졸업 후 3년째 카페 알바를 하면서 취업 준비 중인데, 부산 소재 기업은 찾기 힘들고 경쟁률도 높아요. 부산을 사랑하지만 취업을 위해 언젠간 이곳을 뜰 수밖에 없겠다는 생각이 들어요.
>
> – 부산에서 취업을 준비 중인 부산대 졸업생 20대 R

수도권 쏠림 현상이 일어난 것은 어제오늘 일이 아닙니다. 옛 속담 중 "말은 나면 제주도로 보내고 사람은 나면 서울로 보내라"라는 말처럼요. 한 가지 아쉬운 점은 지방 학생 상당수가 지방이 싫어서 떠나는 것이 아니라 어쩔 수 없이 떠난다는 사실입니다. 학생들이 지방을 떠나는 가장 큰 이유는 지방의 일자리 부족에서 기인하죠.

지방에 수도권과 동등하거나 그 이상의 양질의 일자리가 있어야 한다고 주장하려는 게 아닙니다. 수도권에서 생활하지만, 고향을 지키고 싶어 하는 청년 중에는 수도권보다 조건이 좋지 않아도 일정 정도의 수준만 확보된다면 언제든 고향으로 돌아가고 싶어 하는 사람도 많죠. 그러나 현실은 그리 녹록지 않습니다. 남동공업벨트를 이루던 생산의 중심지인 부산·울산·경남 지방만 하더라도 지속적인 인구 유출 문제로 인해 직격탄을 맞고 있는 상황입니다.

2010년대 초반만 해도 이들 지역에서는 주력 산업인 조선업·기계 제조업 등을 중심으로 엄청난 규모의 인력 채용이 이루어졌습니다. 그러나 지금은 조선업의 쇠퇴, 수도권 대비 근로 조건의 상대적 악화 등으로 인해 급속히 쇠퇴하고 고령화되고 있죠. 고령화의 직접적 원인은 청년 인구의 유출이지만, 더 근본적인 요인은 매력적인 직장이 부족해진 탓입니다. 2011년에 대학 졸업 후 2013년에 군 복무를 마치고 사회에 진입한 필자의 동기들만 해도 졸업 후 창원, 울산, 거제의 연구원이나 기업 사무직으로 많이들 근무했지만, 최근에는 대부분 수도권에 위치한 기업으로 이직한 상황입니다.

좀 더 세부적인 사례를 살펴보겠습니다. 대부분의 광역시나 지방 거점 도시의 경우 아직은 직접적인 인구 유출이 눈에 띄게 나타나지 않았지만, 부산의 경우에는 좀 다릅니다. 산업 구조의 변화에 따라 매년 3만 명 정도 인구 유출이 이루어지고 있는데, 그 대다수는 청년들입니다.

새로 만들어진 지방 혁신도시나 광역시 내 신규 도심지의 경우 생활 여건이 나쁘지 않고 취직할 만한 일자리도 많다 보니 인구 유입이 아예 없는 것도 아닙니다. 그러나 대규모 고용 창출이 일어나기보다 소규모 기업의 일자리이거나 타 지역에 위치한 대기업과 공공기업이 그대로 이전해 온 사례이기 때문에 엄밀히 말해 지역 내 대규모 신규 고용을 기대하기란 어렵습니다. 조삼모사식으로 일자리 위치 이동만 일어나는 거죠. 다만 이조차도 자발적 이동이 아닌, 국가 정책에 의해 강제로 이전할 수밖에 없는 공공기관이나 공기업이 대부분입니다. 사기업의 이전 사례는 찾기 힘들죠. 특히 사기업이 서울을 떠날 수 없는 이유는 정보 획득, 인재 확보, 금융 집중, 해외 진출 등 기업 생존에 필요한 모든 조건에서 서울이 압도적으로 유리하기 때문입니다.

2023년 대한상공회의소가 수도권 기업 159개를 대상으로 조사한 결과에 따르면 대기업의 61.7%가 본사·사업장의 지방 이전을 고려하고 있지 않다고 답했는데요. 이들 기업은 우수한 인력을 공급받을 수 없다는 점이 지방 이전을 어렵게 만드는 주요인이라고 밝혔습니다. 기업은 인재가 없으니 수도권으로 향하고, 지방은 기업이 사라지니 청년 인구가 줄어듭니다. 청년 인구가 줄어드니 지방에서는 일할 사람을 구하기 어려워지고, 기업은 다시 지방 이전을 선택하지 못하는 악순환이 반복되는 겁니다.

아직까지는 수도권과 광역시 출신만큼 지방 출신 청년들의 숫자도 꽤 많은 편인데요. 사회 구조상 지방 청년들은 미래 설계를 위해 결국 고향을 떠나야만 합니다. 지방에 남아 있다고 한들 일자리를 찾는 게 쉽지 않고, 설사 일자리를 찾는다 해도 청년들이 꿈꾸는 행복한 삶이나 성공한 삶으로 이어지지는 않으니까요. 지방의 태생적인 인프라 및 일자리 부족 문제가 동시에 겹친다면 청년들이 고향을 떠나는 것은 지극히 당연한 선택이 됩니다. '밥그릇'을 살리기 위해 '둥지'를 떠나 새 인생을 시작하려는 어린 청년들에게 있어 밥 문제를 해결할 수 있을지도 확실치 않은데 둥지를 만

기사 읽어보기

취업 시장의 남방한계선
- 기업도, 구직자도 모두가 자발적으로 수도권에 붙잡힌 상황 [20]

- 청년 구직자들 사이에서 '사무는 판교 라인, 기술은 기흥 라인'이라는 말이 일상적으로 사용되고 있다. 흔히들 '남방한계선'으로 알려진 판교 라인과 기흥 라인은 높은 숙련도를 가진 구직자들이 수도권을 벗어나지 않는 현상을 잘 보여주고 있다.
- 구직자들이 남방한계선을 설정함에 따라 우수한 인재를 고용해야 하는 기업들은 대부분 수도권으로 거점을 옮기는 추세인데, 특히 R&D(연구개발) 분야의 이전 추세가 뚜렷하다.
- 채용 지원자들의 서울 선호 현상이 크게 작용함에 따라 기업 거점을 옮길 수 없을 땐 순환근무제를 채택하거나 지방 거점 대학 학생들의 채용을 늘리기도 한다. 모 회사 관계자는 "수도권 지원자가 압도적으로 많아 지방 근무를 기피하다 보니 모든 사원이 무조건 순환할 수 있도록 하고 있다"라며, "지방 거점대 출신 직원들도 수습 후 근무지 배치 시점이 되면 서울에서 일하고 싶어 한다"라고 밝혔다.
- 인적자원 컨설팅기업인 인크루트의 취업 준비생 대상 설문조사에 따르면 응답자 대부분이 근무지를 취업의 주요 우선순위로 꼽았고, 그중에서도 수도권 거주 지원자들은 절반 이상이 무조건 수도권에서 근무하겠다고 답했다. 재계 관계자는 "기업들이 R&D센터 등을 서울 가까운 곳에 짓는 이유가 채용 목적이 크다"라며 "마음 같아선 서울에 짓고 싶지만 지을 곳이 없어서 이른바 남방한계선 안에 짓는 것"이라고 말했다.

들어 정착하거나 알을 낳고 새끼를 기를 것이라고 예측하는 것은 비현실적이죠. 결혼과 지방 정착을 강요하는 어른들의 조언에 20대들이 냉소적으로 반응하는 것은 너무나도 당연한 겁니다.

늦은 정착과 어려운 독립, 결혼과 가정을 포기하는 20대

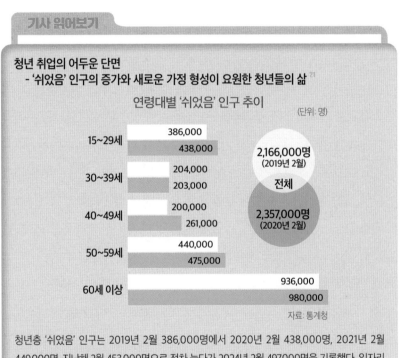

기사 읽어보기

청년 취업의 어두운 단면
- '쉬었음' 인구의 증가와 새로운 가정 형성이 요원한 청년들의 삶[21]

연령대별 '쉬었음' 인구 추이

(단위: 명)

15~29세	386,000 / 438,000
30~39세	204,000 / 203,000
40~49세	200,000 / 261,000
50~59세	440,000 / 475,000
60세 이상	936,000 / 980,000

2,166,000명
(2019년 2월)
전체
2,357,000명
(2020년 2월)

자료: 통계청

청년층 '쉬었음' 인구는 2019년 2월 386,000명에서 2020년 2월 438,000명, 2021년 2월 449,000명, 지난해 2월 453,000명으로 점차 늘다가 2024년 2월 497,000명을 기록했다. 일자리 부족, 경제적 어려움, 교육 제도의 문제, 사회적 압박 등이 상존하는 상황에서 젊은 세대가 쉬는 것은 단순한 휴식이 아니라 구조적인 문제로 인해 발생한 결과일 수 있다.

---

20 ""판교 밑으론 안 가"…취업 남방한계선에 기업들 '서울로'", 머니투데이, 2023. 09. 19.
21 "취업 덮친 코로나… 청년 43만 "그냥 쉼"", 서울신문, 2020. 03. 15.

전통적으로 20세는 아이와 어른을 구분 짓는 기준이었습니다. 20세를 상징하는 '약관(弱冠)'이라는 용어나 20세를 성년의 기준으로 삼았던 과거 「민법」의 미성년자 규정을 보면 알 수 있죠. 1980년대까지만 해도 남자는 27~28세, 여자는 24~25세 즈음에 결혼했던 것을 보면 알 수 있듯이 20대는 어른으로서 사회에 첫발을 내딛고 또 사회에 뿌리를 내리는, 시작을 상징하는 연령대였습니다.

그러나 최근에는 20대 초반에 사회에 완전히 정착하고 결혼을 통해 사회에 뿌리내리는 사례를 찾기 어려워진 것이 현실입니다. 취업 시기가 너무나 늦어졌고 취업에 들어가는 비용마저 매우 높아졌으며, 몸 하나 눕힐 집 한 채 마련하기가 너무 큰 부담이라는 것이 20대가 처한 상황이죠. 생물학적으로 연애와 결혼과 출산의 주인공이 되어야 하지만 어려운 사회적 여건들은 20대의 사회 정착을 가로막는 요인이 되고 있습니다. 20대가 유전적으로나 본능적으로 결혼을 싫어하고 거부하는 것이 아닙니다. 사회가 이들의 생존과 정착을 어렵게 만들고 또 괴롭히고 있는 거죠.

외로움을 느끼지만 서로의 만남에 심리적 거부감을 심어 주는 성별 간 갈등도 문제입니다. 결국 정착과 결혼 그리고 출산으로 이어지는 연결고리를 만들기 위해서는 윗세대가 먼저 20대가 처한 현실을 이해하고 문제를 함께 해결하거나 도와주는 구조가 되어야 합니다. 다만 현재로서는 그것이 가능할지 의문입니다. 그래도 해내야 합니다. 20대는 미래의 골든아워를 손에 쥐고 있는 세대니까요.

3. 결혼과 출산의 30대
- 합계출산율 0.7의 비극이 탄생한 세대

30대가 마주하고 있는 인구 구조 문제

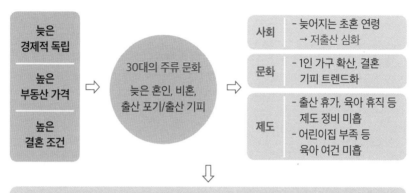

늦은
경제적 독립

높은
부동산 가격

높은
결혼 조건

⇨

30대의 주류 문화

늦은 혼인, 비혼,
출산 포기/출산 기피

⇨

사회	- 늦어지는 초혼 연령 → 저출산 심화
문화	- 1인 가구 확산, 결혼 기피 트렌드화
제도	- 출산 휴가, 육아 휴직 등 제도 정비 미흡 - 어린이집 부족 등 육아 여건 미흡

⇩

저출산 문화 확산, 딩크(DINK) 등 30대 부부 비출산 기조 유지 현상 심화

　　　　승진 후 나주 본사로 발령받은 지 1년 정도 지났어요. 서울에서는 하루 하루가 너무 바빴던 반면, 나주 생활은 몸도 마음도 여유로워서 좋아요. 또래들이 모두 주말만 되면 서울로 올라가니 주말에는 살짝 공허함을 느껴서 아쉽긴 하지 만요. 서울에 비해 부동산 가격이 저렴해서 회사 근처에 아파트도 하나 장만했어 요. 서울에서 쭉 지냈다면 이런 여유를 느낄 기회가 생기지 않았을 거예요.
　　　　　　　　　　　　　　- 한국전력 나주 본사에서 근무 중인 30대 회사원 S

지방에 비해 수도권 사무직의 근무 조건이 훨씬 좋아서 앞으로도 지방으로 갈 생각은 없어요. 하지만 서울 토박이 친구들을 보면 부러움을 느낄 때가 많아요. 저처럼 지방에서 온 친구들은 돈을 많이 벌어도 그만큼 월세가 많이 나가니 돈 모으기도 힘들고 부동산은 더더욱 비싸거든요. 결혼하고 아이도 키우고 싶지만, 당장은 생활 기반을 마련하는 것조차 어려운 상황이에요. 지방 친구들은 배부른 소리라고 하지만, 서울 물가가 살인적인 건 사실이니까요.

– 서울 소재 로펌에서 근무 중인 30대 회사원 T

미혼 남녀, 왜 결혼하지 않는가?[22]

구분	답변	답변 비율	
		미혼 여성	미혼 남성
자발적 비혼	결혼 필요성 못 느낌	23.7%	13.3%
	삶의 자유 포기 못함	11.4%	9.1%
비자발적 비혼	결혼 자금 부족	26.4%	40.9%
	고용 상태 불안정	6.8%	11.9%
	출산 및 양육 부담	11.5%	10.1%

최초로 등장한, 부모보다 가난한 자녀

대한민국은 여러 의미로 대단한 나라입니다. 일제강점기에 민족 말살 정책으로 인해 여러 문화·정치·경제적 위기를 겪으면서도 정체성을 지켜냈고, 한국전쟁을 겪었음에도 국민의 노력을 바탕으로 선진국 반열에 들어섰죠. 다른 나라에서는 사례를 찾아보기도 힘든 경제적 발전을 이룩했

---

22 「사회조사」로 살펴본 청년의 의식변화”, 통계청, 2023. 08. 28.

고, 여러 독재 정권을 거치면서도 민주주의를 포기하지 않은 끝에 최근에는 부패한 정치인을 시민이 평화적으로 자리에서 끌어내리고 합법적으로 정권을 교체하는 성숙한 모습을-아직 갈 길이 멀지만- 보여주기도 했습니다.

서구에서나 볼 수 있을 것 같던 성숙한 민주주의 문화를 보여 온 것은 사실이지만, 그럼에도 우리 사회의 주된 문화는 동양의 유교 중심의 가부장적 가치관이라는 것도 부정할 수 없습니다. 유교적 가족관에 따라 가장은 사람들로부터 경제 활동을 책임지는 한편, 아래로는 자녀들과 위로는 부모를 책임지며 모실 것을 권유받아 왔죠. 가장은 가족을 지탱하는 기둥 같은 존재였습니다. 한 집의 가장이 자신과 배우자, 부모와 자녀 등 3세대의 생계를 동시에 책임질 수 있었던 이유는 우리나라가 지속적이고 빠르게 경제 성장을 이룩했기 때문입니다. 경제 성장에 힘입어 '열심히'만 하면 적당히 높은 수준의 소득을 기대할 수 있는 세상이었죠. 어떤 지역을 가더라도 주택과 공장이 새로 지어지는 모습을 쉽게 찾아볼 수 있었던 과거의 대한민국은 누구나 노력만 하면 잘살 수 있었습니다.

1960년대부터 1990년대까지 대한민국에서는 노력이 성공의 보증수표라는 말이 황금률과 같았습니다. 그러나 1997년 동남아시아발 IMF 외환 위기, 2007년 미국발 서브프라임 모기지(subprime mortgage) 위기 등을 겪으면서 우리나라 경제 구조는 엄청난 변화를 맞이하게 됩니다. 두 번의 경제 위기는 개별 기업에게 강도 높은 구조 조정을 강요했고, 이 과정에서 상대적으로 역량이 부족하거나 재정 건전성이 낮은 기업들은 줄줄이 도산하게 되었죠. 무엇보다 우리 사회에 더 이상 평생직장이 존재하지 않을 것이라는 현실은 고용 안정성이 중요한 노동자 입장에서 큰 부담으로 다가올 수밖에 없었습니다.

하지만 그보다 더 무서운 것은 노동 임금에 비해 부동산과 금융 자산의 가치가 압도적으로 빠르게 상승하는 기형적인 경제 구조가 만들어졌다는 사실입니다. 1980년대를 기점으로 국제 유가 하락 등 국제적인 경제 상황과 맞물리면서 1970년대까지 이어졌던 저임금 정책이 무너지고 뒤이어 서민층의 생활 수준이 극적으로 나아지기 시작했는데요. 이 시기부터 자산 증식을 위한 주식과 부동산에 대한 투자가 본격화되기 시작했죠. 임금 상승 속도가 빠르다 보니 생활비를 제외하고도 충분한 저축이 가능했기에 누구나 직장을 가지고 열심히 일하면 생활 터전이 될 집 한 채 정도는 살수 있다고 생각하던 시절이었습니다. 고향을 떠나 도시 생활을 시작한 정착민들에게 있어 부동산 구입은 쉽지 않지만 노력하면 이룰 수 있는 꿈이었습니다.

그러나 두 번의 금융 위기를 겪으면서 사정이 많이 달라졌습니다. 경제 개방 과정에서 많은 양의 해외 자본이 투기 목적으로 대거 유입되었고, 이들은 수익을 내기 위해 부동산이나 주식 등에 집중되었습니다. 국내 재벌이나 부유층들도 부동산과 주식 자산에 재산을 집중시켰죠. 이 과정에서 수요가 집중된 서울과 수도권 지역의 부동산 가격이 급등하기 시작합니다. 이후 국제 경제가 장기적으로 경기 침체 국면에 접어드는 과정에서 미국·일본 등 기축통화국이 양적 완화 같은 과거에 없던 금융 시스템까지 만들어 내면서 낮은 이자율 수준을 유지했습니다. 그 결과, 부동산 가격은 연일 폭등하는 상황이 연출되었죠.

반면 생산성에 따라 결정되는 노동 임금은 상승하지 못했는데요. 우리 나라 산업 구조가 제조업 중심이었기 때문입니다. 오히려 두 번의 금융 위기를 겪으면서 많은 기업이 파산하는 지경에 이르렀고, 이 과정에서 안정적인 고용을 보장하던 일자리들이 대부분 사라졌죠. 그나마 남은 일자리를 두고 노동자들이 경쟁하는 구조가 만들어졌고요. 이는 '쉬운 해고, 쉬운 채용'으로 대표되는 비정규직 일자리가 늘어나는 상황으로 이어졌습니다. 비정규직이 늘어나면 늘어날수록 직업 안정성은 눈에 띄게 떨어질 수밖에 없죠.

더 알아보기

양적 완화와 저금리, 코로나19가 가져온 벼락거지 신드롬

- 한국은행은 침체된 경기를 활성화시키기 위해 대출을 증가시켜 사람들이 돈을 더 많이 사용하도록 유도했다. 이때 중요한 것이 금리인데, 금리가 낮아야 대출을 많이 할 것이고 그만큼 사람들도 돈을 많이 사용할 수 있기 때문이다.
- 그런데 기준금리가 0% 수준에 근접했음에도 경기가 침체 국면일 경우 금리를 낮추는 방식으로는 경기 활성화가 어렵다. 이때 중앙은행은 화폐를 발행하고 그것을 이용해 시장에서 채권을 직접 사들여 돈이 돌도록 만드는데, 이를 양적 완화라고 한다.
- 미국이 오랜 기간 저금리·양적 완화 정책을 유지함에 따라 우리나라 역시 저금리정책을 유지할 수밖에 없었고, 많은 사람이 저금리 상황에서 대출을 늘려 부동산·코인·주식 등 금융 자산을 구입하기에 이르렀다.
- 금융 자산에 대한 수요가 급증함에 따라 금융 자산의 가격도 덩달아 오르기 시작했다. 특히 2020년 코로나19 팬데믹에 따라 급속한 경기 침체가 발생하자 대부분 국가에서는 직접 재정을 지출하거나 화폐를 공급하는 방식으로 경기를 부양하려고 했다. 이 과정에서 금융 자산의 가격이 엄청난 속도로 상승하는 모습을 보였는데, 금융 자산을 보유한 사람과 보유하지 않은 사람 간의 자산 격차가 최대화되면서 눈 뜨고 일어나니 상대적으로 거지가 되었다는 의미의 속칭 '벼락거지'라는 표현이 일상화되었다.
- 장기간의 양적 완화와 저금리 그리고 2020년부터 약 2년간 이어진 코로나19 팬데믹을 해소하는 과정에서 사람들은 임금과 자산 간 불균형을 경험했고, 대출을 통해 금융 자산 투자를 확대하는 속칭 '영끌'도 이 시기에 급증하는 모습을 보였다. 이후 물가 상승을 해결하기 위해 각국이 고금리 정책을 펼침에 따라 '영끌족'들은 이자 부담이라는 새로운 문제에 직면하고 있다.

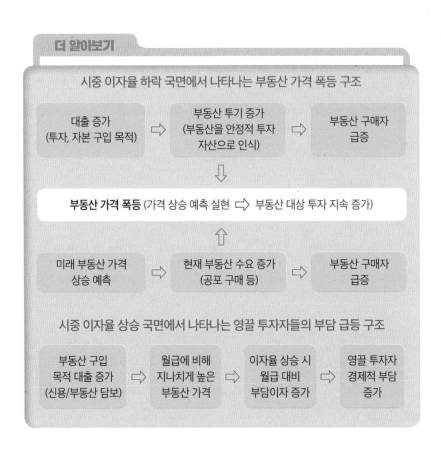

시중 이자율 하락 국면에서 나타나는 부동산 가격 폭등 구조

| 대출 증가
(투자, 자본 구입 목적) | ⇨ | 부동산 투기 증가
(부동산을 안정적 투자
자산으로 인식) | ⇨ | 부동산 구매자
급증 |

⇩

부동산 가격 폭등 (가격 상승 예측 실현 ⇨ 부동산 대상 투자 지속 증가)

⇧

| 미래 부동산 가격
상승 예측 | ⇨ | 현재 부동산 수요 증가
(공포 구매 등) | ⇨ | 부동산 구매자
급증 |

시중 이자율 상승 국면에서 나타나는 영끌 투자자들의 부담 급등 구조

| 부동산 구입
목적 대출 증가
(신용/부동산 담보) | ⇨ | 월급에 비해
지나치게 높은
부동산 가격 | ⇨ | 이자율 상승 시
월급 대비
부담이자 증가 | ⇨ | 영끌 투자자
경제적 부담
증가 |

사회에 새로 진입하는 사회인은 노동 수입을 통해, 은퇴자는 이전에 보유하던 자본을 통해 수익 구조를 형성하는 것이 일반적입니다. 임금과 자산 사이의 불균형이 형성된 이후 월급은 오르지 않는데 집값만 계속 올라가는 상황이 청년층 입장에서는 받아들이기 어렵죠. 부동산이나 주식 등의 자산을 보유한 부모 세대의 재산은 자연스레 증가하지만, 임금 소득에 의존하는 자녀 세대의 재산이 크게 늘지 않는 구조를 맞이하게 된 첫 세대가 지금의 30대, 좀 더 넓게는 40대까지라고 할 수 있습니다. 사회 구조는 부모보다 자녀 세대가 더 풍요로울 것으로 기대하고 각종 부양 문화와 사회복지 시스템을 만들었지만, 그 기대는 허상이었죠. 사실상 부모보다 가

난한 자녀 세대가 등장한 순간부터 인구 문제는 현실이 되었다고 평가해도 무방합니다.

자본 소득과 근로 소득 불균형의 결과, 영끌

> 2012년까지만 해도 인천 청라 지구의 부동산 분양률이 엄청 낮았어요. 담당 작전 지역이어서 종종 오갔는데 누가 과연 이 지역에 위치한 아파트들을 살까 궁금했어요. 근처에 쓰레기 매립장이 있어서 악취 문제도 심했거든요. 이후 10여 년간 청라 지구의 부동산 가격이 빠르게 상승하는 모습을 보면서 허탈감을 느낄 때가 많았어요. 살기 좋지 않다고 생각했던 지역마저 평생 벌어도 살 수 없는 가격대까지 오르는 걸 보면서 앞으로는 수도권에서 집을 살 수 없겠다는 생각이 확실해졌죠.
>
> ― 인천 소재 군부대에서 근무 중인 직업군인 U

1980년대생을 기점으로 비혼이 일종의 트렌드로 자리 잡은 것은 생각보다 꽤 자연(?)스러운 현상입니다. 이전 세대부터 내려온 장남이라면, 여자라면, 남자라면, 종갓집이라면 등의 다양한 문화적 유산이 부조리하다는 평가를 받으며 소멸하기 시작한 때가 바로 1980년대생이 살아온 세대였으니까요. 과거부터 이어져 온 '남자는 부엌에 발을 들이면 안 된다' '여자는 결혼하면 집안일이나 해야 한다' 등 비합리적인 성 역할 기대가 사회적으로 소멸하는 모습을 보며, 대부분은 미래 젊은이들이 가정을 이루고 행복한 결혼 생활을 이어갈 것으로 기대했습니다.

사람들의 기대에도 불구하고 1980~90년대생이 주류인 현재의 30대는 결혼에 있어 부모 세대보다 더욱 부정적인 반응을 보이고 있습니다. 극단적인 남존여비^(男尊女卑) 문화가 자리 잡았던, 그러면서도 남편과 아내 모두에게 사회적으로 가혹한 희생을 강요했던 과거의 가족 문화를 생각해 보면 이해가 가지 않을 수 있죠. 하지만 30대 사이에서 전설(?)처럼 입에 오르내리는 결혼을 위한 최소 조건을 생각해 보면 현재의 30대가 가진 결혼에 대한 부정적 반응을 충분히 이해할 수 있습니다. 부모의 도움을 받지 않은 청년들이 결혼에 필요한 최소 조건을 충족시킬 수 있을지 의문과 한숨이 먼저 나오기 시작하죠.

더 알아보기

육각형 결혼관, 남성과 여성이 결혼하기 위해 갖춰야 할 최소 조건?

	남성	여성
외모	키 175센티 이상, 뚱뚱하거나 마르지 않은 체격, 잘생기진 않아도 호감형인 외모	키 164센티 이상, 날씬한 체격, 호감형인 외모
집안	화목하고 노후 대비가 되어 있는 집안	화목하고 노후 대비가 되어 있는 집안
직업	대기업, 공무원, 공기업 등 안정적인 직장	대기업, 공무원, 공기업 등 안정적인 직장
자산	부모 지원 포함 2~3억 원대 자산	부모 지원 포함 1~3억 원대 자산
학력	4년제 인서울/지방 거점 국립대급	4년제 인서울/지방 거점 국립대급
성격	모나지 않고 둥근 성격	피곤하지 않고 둥근 성격

구분	신혼집	혼수 구입	예식홀 대관	예단	합계
비용	2억 7,977만 원	1,573만 원	1,057만 원	797만 원	
구분	예물	신혼여행	패키지	이바지	3억 3,050만 원
비용	739만 원	485만 원	333만 원	89만 원	

* 결혼정보회사 듀오, 2023년 결혼 비용 보고서(1·2년 차 신혼부부 1,000명 대상 설문)

돈의 천국이라 불리는 대한민국답게 결혼에 필요한 조건 대부분은 인성이 아닌 돈으로 완성됩니다. 사회적으로 통용되는 결혼의 최소 조건을 잘 살펴보면 사회 초년생이 집안 도움 없이 스스로 달성하기에는 불가능해 보이는 조건들도 많죠. 집안으로부터 도움을 받기 어려운 30대 청년들이 결혼에 대해 부정적으로 생각하는 것은 너무나도 당연한 현상입니다.

연봉 7,000만 원을 받는 회사원의 상황을 가정해 보겠습니다. 소득세와 재산세, 사회보험 등 세금 형태의 필수 납부금을 제외하면 실질적인 월소득은 약 500만 원 수준입니다. 통계마다 약간의 차이는 있지만, 이 정도 소득 수준은 대한민국 전체 근로자의 상위 15~20% 수준에 해당됩니다. 만약 이 근로자가 5억 정도 되는 집을 주택담보대출을 통해 구매했고 일반적인 수준의 생활비를 지출한다고 가정했을 때 대출금을 갚고 남는 돈은 약 월 100만 원가량이 됩니다. 미래를 준비하기에 넉넉하다고 할 수 없는 돈이죠.

연봉 7,000만 원인 회사원이 5억 원의 집을 구매했을 때 소득-지출 구성

소득	실제 생활비 부담	생활비 지출 후 잔액
월 500만 원 (연봉 7,000만 원)	주택담보대출 상환액 100만 원 아파트 관리비 25만 원 생활비(교통비, 식비 등) 100만 원 통신비, 보험료 등 40만 원 개인 생활비 100만 원	월 135만 원

* 주택담보대출은 무주택자의 LTV(주택담보대출비율)인 70% 적용, 30년 상환을 가정

소득이 상위 수준이어도 보유한 금융 자산이 없다면 대한민국 사회에서 결혼과 정착을 위한 필수 조건으로 여겨지는 집 장만조차 엄청난 부담입니다. 여기에다 임금 상승 속도에 비해 더 빠르고 극적으로 상승하는 주택 가격을 생각한다면 평범한 30대가 사람들이 생각하는 결혼에 필요한 조건을 갖추는 것이 과연 가능할지 의문이 들게 되죠.

너무 높은 주택 가격 때문에 30대가 결혼하지 못한다는 주장은 지나친 비약일 수도 있습니다. 그러나 타인과의 비교를 중요시하고 모든 조건이 갖춰진 상태라야 인생의 다음 장면을 준비하는 것을 당연시하는 우리나라 문화에서 주택 확보는 분명히 꽤나 중요한 인생의 과제이죠. 게다가 현재 30대인 8090세대는 취업 시장의 문이 유난히 좁았던 세대였으며, 지금의 20대와 마찬가지로 높은 수준의 등록금을 스스로 해결해야 했던 세대였습니다. 학업과 취업을 위해 투자한 재정과 자원은 많았지만, 사회 진출 시기가 계속 뒤로 미뤄졌던 이들은 빚이 없기만 해도 다행인 삶을 살았죠. 이러한 조건에서 미래를 위한 자원을 모으는 것은 상당히 어려운 일입니다. 그리고 미래를 위한 자원 확보가 어려워질수록 결혼 역시 뒤로 늦춰질 수밖에 없죠.

30대, 헤어날 수 없는 부채의 늪

코로나19를 겪으면서 30대가 겪은 딜레마는 극에 달하게 되었습니다. 팬데믹 초기 각종 금융 자산과 주택 가격이 일시에 폭락한 이후 각국 정부는 앞다투어 확장적 재정정책과 금융정책을 동시에 사용했습니다. 이는 곧 부동산과 주식 등 자산 가격의 급등으로 이어졌습니다. 많은 청년들은 월급이 변하지 않았는데도 자산 가격이 몇 배씩 뛰어오르는 것을 보며 박탈감을 느끼기 시작했죠. 한편 금융정책의 핵심인 저금리 기조가 장기간 유지되던 상황에서 사람들은 앞다투어 돈을 빌린 후 그 돈을 활용해 레버리지(leverage) 투자를 하는 이른바 '영끌' 투자를 이어 나갔습니다.

신한은행의 통계에 따르면 코로나19 팬데믹 시기 30대의 주택 구입을 목적으로 한 대출액은 1억 1천여만 원 수준에서 1억 4,500만 원으로 약 30% 정도 상승했는데요. 각종 대출의 증가가 은행에 역대급 이자 수익을 안겨 줬던 것을 생각해 보면 코로나19 팬데믹 당시 우리나라 사람들이 얼마나 자산 투자에 관심을 가졌을지 쉽게 상상해 볼 수 있습니다.

코로나19 팬데믹 시기에 형성된 자산 불패, 부동산 불패 신화는 그리 오래 가지 않았습니다. 경기 부양을 위한 저금리 정책이 종료된 후 미국을 중심으로 물가 안정을 위한 금리 인상이 시행되었고, 우리나라도 이에 맞추어 고금리 정책을 펼치기 시작했습니다. 영끌족들은 고금리 정책으로 인해 이중고에 시달리게 됩니다. 우선 금융정책과 재정정책이 긴축 기조로 돌아서고 민간 투자가 감소함에 따라 자산 가격이 하락하기 시작합니다. 이는 영끌족이 보유한 자산의 시장 가치가 하락하는 현상으로 이어졌죠. 게다가 고금리 정책에 따라 상승한 이자율이 부담을 주기 시작합니다. 이자 상환만으로도 어려움을 느끼는 시기가 다가온 거죠. 이자율 상승-민간 대출 감소-투자 감소-자산 수요 감소-자산 가격 하락의 사이클이 도래한 겁니다.

2022년부터 지속된 금리 인상은 부동산 영끌족에게 치명적인 충격으로 다가왔습니다. 이미 상당한 수준의 대출을 받은 영끌족 입장에서 금리가 높아질 경우 소득은 그대로이지만 이자 부담만 늘어나는 상황에 처하게 됩니다. 전체 자산 중 부동산 비중이 높은 상황에서 부동산의 가격이 하락할 경우 부동산 자산을 판매하겠다는 선택을 하기도 어렵습니다. 자산을 정리하고 그 대금으로 부채 상환에 투입할 경우 마지막에는 시세 차이에서 발생한 엄청난 손해만 남게 되니까요. 결국 이자율 상승은 소득 대부분을 대출 이자 상환에 투입해도 부채 해결이 불가능해지고 생활을 이어 나가기조차 어려운 상황으로 만들었습니다. 또 자산을 처분한 뒤 부채를 해결하려고 해도 이미 상당히 하락한 자산 가치를 생각하면 처분도 쉬운 선택이 아니어서 이를 악물고 어떻게든 '존버'해 보려고 노력하게 된 거죠. 버티는 과정에서 너무 큰 고통이 뒤따르다 보니 누군가는 극단적인 선택을 하기도 했습니다.

법원의 부동산 경매 물품을 보면 경기 상황을 알 수 있다는 말이 있는데요. 2023년 법원에 아파트 등 주거 목적의 부동산 경매 물품이 많이 나왔는데, 대부분은 과도한 대출 부담을 이기지 못해 경매에 넘길 수밖에 없었던 경우입니다. 이자 부담이 높아지는 와중에 부동산의 시장 가치가 하락하게 되면 은행은 대출금의 조기 상환을 요구하게 되고 이 과정에서 부동산을 포기하게 되죠. 영끌 투자자 입장에서 부동산이 경매로 넘어간다는 것은 사실상 경제적 파산 선고를 받은 것과 동일합니다.

일부 사람들은 영끌 역시 투자자 개인의 선택이고 그에 대한 책임도 당사자에게 있는데 왜 영끌족의 투자 실패에만 특별한 의미를 부여해야 하느냐고 묻습니다. 맞는 말입니다. 그러나 영끌 투자의 광풍이 몰아치고 '벼락부자'와 '벼락거지'라는 단어가 일상화되는 과정에서 왜 영끌 투자를 선택하는 사람이 많아졌는지는 한 번쯤 생각해 볼 필요가 있습니다.

소득 수준의 변화에 비해 자산 가격의 상승분과 상승 속도가 지나치게 높은 상황이고, 동시에 사회 정착을 위해서는 아무리 비싸더라도 주택 등의 자산을 반드시 구매해야 한다면 누구나 한 번쯤 영끌 투자에 대한 욕심을 낼 수 있을 겁니다. 영끌족의 발생과 실패에는 청년층의 재산 형성을 둘러싼 사회구조적 문제가 반영되어 있습니다.

영끌의 경제적 문제는 인구 구조 변화에 치명적인 영향력을 행사합니다. 현재의 30대는 연 단위 60~70만 명의 신생아 수를 유지하던 마지막 세대입니다. 이 세대의 출산력은 10년 뒤에 태어난 2000년대생에 비해 작게는 1.5배에서 크게는 2배 수준인데요. 전문가들은 현재의 30대가 인구 구조 충격을 완화시킬 수 있는 마지막 세대라고 이야기합니다. 이들이 30대가 된 지금이 인구 문제 해결의 마지막 골든아워가 될 수 있는데, 만약 영끌 투자 실패로 인해 30대가 경제적 회복이 불가능한 상태가 된다면 결혼과 출산도 사라질 것입니다. 우리는 지금 인구 구조를 정상화할 수 있는 마지막 시기를 놓칠 수 있는 불안한 상황에 놓여 있습니다.

---

23 니트(NEET, Not in Education, Employment or Training)는 무직 상태이면서 취업을 위한 교육 또는 훈련을 받거나 그 외 학문을 공부하지 않은 이들을 일컫는 용어로 취업 의사가 전혀 없는 경우를 지칭하는 신조어다.

아이 키우기 좋다는 교사,
현실은 허울 좋은 출산휴가와 육아휴직

여성들 사이에서 교사가 인기 직종인 이유는 출산과 육아에 있어 자유롭다는 점인데요. 지방은 그런 상황이 아니더라고요. 휴직을 신청하더라도 사람이 부족하다 보니 대체 인력 구하기가 쉽지 않아요. 교장·교감 선생님 중에는 대체 근무자를 휴직자가 직접 구해 오라거나 대체 근무자가 없으면 휴직 허가를 내주지 않겠다며 압박하는 경우도 있고요. 법적으로 휴직을 보장하는 것과 그 휴직을 자유로이 쓸 수 있는 것은 전혀 다른 문제인 것 같아요.

– 수도권에서 지방으로 근무지를 옮긴 30대 교사 W

갓난아이를 키우는 선생님이 우리 학교에 새로 발령받아 오셨어요. 2일 근무하고 바로 출산휴가를 신청하시더라고요. 거기까진 괜찮은데, 신청서 날짜를 보니 1학기 방학식 전날에 복직하고 2학기 개학식 후 다시 육아휴직을 신청할 예정으로 되어 있더라고요. 어이가 없었죠. 학기 중 고생은 고생대로 다 하고 방학 기간에는 월급도 못 받는 자리를 어떤 계약직 선생님이 오시겠어요? 교장·교감 선생님은 휴직 신청도 정규직 교사의 권리라고 하시던데, 그런 마인드로 대체 교사가 구해지지 않는다고 이야기하면 도둑놈 심보죠.

– 전남 해남에서 근무하는 30대 교사 X

전통적으로 공무원과 교사는 남성에 비해 여성의 선호도가 더 높은 직종이었습니다. 기대소득 수준이 비교적 낮더라도 근무지가 사무실이라 타 직업에 비해 안전하고 해고에 대한 걱정이 없는, 흔히 말하는 안정적인 직장이기 때문입니다. 경제 상황이 불안정했던 1990년대 후반부터 2000년대 초반에 공무원과 교사가 안정된 직장이라 선호 대상이었다면 최근에는 육아휴직과 출산휴가 사용이 비교적 자유롭다는 점에서 주목받고 있습니다. 교사의 경우 교육 전문가로서 아이를 잘 기를 것이라는 근거 없는 믿음(?)으로 인해 역시 가족을 중시하는 사람들 사이에서 높은 평가를 받아 왔습니다. 공무원이 대부분을 차지하는 세종특별자치시의 2022년 합계출산율은 1.12명으로, 2022년 대한민국 전체의 합계출산율 0.78명에 비해 높은 편인데요. 이는 공무원과 교사 등의 육아 조건이 상대적으로 양호하기 때문인 것으로 해석할 수 있습니다.

실제로 주변을 보면 출산휴가나 육아휴직 사용에 있어 교사나 공무원이 사기업에 비해 비교적 자유로운 모습을 보입니다. 다소 차이는 있지만, 출산휴가나 육아휴직 장려를 위해 적극적인 정책을 마련하는 경우도 있죠. 그럼에도 불구하고 학교처럼 '아이 키우기 좋은 직장'에서도 육아휴직이나 출산휴가 사용이 언제나 편한 것은 아닙니다. 지금부터의 이야기는 '학교도 육아휴직 사용이 힘들다'라기보다 '육아휴직 사용에 가장 관대한 학교의 상황마저 현실적 어려움이 많다면 민간 기업에서 육아휴직을 자유롭게 사용하는 것이 가능할까?'라는 시각으로 보면 좋을 것 같습니다.

육아휴직을 고려하는 교사들에게 첫 번째 난관은 '대체 인력 확보'입니다. 수도권이나 기타 지방 광역시 또는 대도시권의 경우 비교적 상황이 양호합니다. 하지만 타 직종에 비해 인사관리 시스템이 상당히 미흡한 학교 조직에서는 육아휴직자가 대체 근무자를 직접 구해 올 것을 요구하는 경우가 많습니다. 게다가 학교가 육아휴직 중인 교사들에게 휴직 중임에도 불구하고 행정 업무를 부탁하는 경우가 종종 있죠. 운이 좋아 휴직 예정자가 대체 인력을 구하더라도 인수인계를 명목으로 후임 선생님이 지속적으로 업무 연락을 이어 나가는 경우가 다반사입니다.

대체 인력을 구할 수 있다면 그나마 다행입니다. 학교에서 대체 인력을 구하기 힘든 시기는 대체로 2학기인 9~11월 사이입니다. 이 시기에는 예비 대체 인력들 대부분이 대학 졸업 후 임용시험을 준비하는 수험생인 경우가 많은데요. 임용시험이 11월에 이루어지기 때문에 9~11월에는 대체 인력을 찾는 것 자체가 힘들 수밖에 없습니다. 대체 인력을 구하지 못할 경우 휴직을 희망하는 선생님들은 여러모로 난처한 상황에 빠지는데요. 이 과정에서 교육청의 인사 담당자나 각 학교의 교장·교감 등 관리자가 책임지고 일에 관여하는 경우는 사실상 찾기 힘듭니다. 일부 유능한 관리자들은 육아휴직에 방해가 되지 않도록 최대한 노력해 주기도 하지만, 구조적·제도적으로 반드시 그렇게 해야 하는 것은 아니거든요.

출산휴가는 「근로기준법」상 강행규정[24]이므로 직장 입장에서는 출산 예정일이 결정될 경우 반드시 근로자에게 출산휴가를 부여해야 합니다. 만약 대체 인력을 구하지 못한 상황이라 해도 출산휴가 대상인 근로자는 반드시 휴가에 들어가야 하죠. 이 경우 모든 부담은 휴가 전까지 함께 근무했던 교사들이 분담해서 짊어질 수밖에 없습니다.

대체 인력을 구하지 못했을 때 만약 함께 근무한 교사들이 해당 업무를 분담한다면 그에 대한 인사·경제적 보상은 존재할까요? 누구나 예상하듯이 그 어떤 보상도 존재하지 않습니다. 제도적으로는 출산장려정책을 펼치겠다는 정부이지만, 실제 부담은 현장 사람들에게 모두 떠넘기는 구조인 거죠. 공립학교의 경우 인사 순환이 있어서 비교적 눈치(?)를 덜 볼 수 있지만, 사립학교에서는 출산 후 복직한 교사에게 따가운 눈총을 보내는 동료들을 심심찮게 볼 수 있는데요. 사회적으로 출산이 축복과 축하의 대상이 되어야 함에도 동료의 육아휴직을 마음껏 축하할 수 없는 구조가 형성된 겁니다.

---

24 강행규정은 당사자의 의사에 관계없이 강제적으로 적용되는 법을 말한다. 「근로기준법」은 출산 전후 휴가, 모성 보호 규정, 유산 및 사산 휴가 등 출산한 여성을 보호하는 규정을 마련해 두고 있다.

제도상으로 보장된 육아휴직을 실제로 사용하기 어렵다는 점은 대부분 직장에서 공통적으로 관찰이 되는데요. 특히 사기업 가운데서도 규모가 작은 기업일 경우 문제가 더욱 심각합니다. 근로자가 육아휴직을 신청할 경우 법으로 정해진 각종 수당 지급이 이루어져야 하는데, 사정이 어려운 기업들은 수당 지원이 어렵다 보니 육아휴직 자체를 꺼리는 모습을 쉽게 찾아볼 수 있죠. 이외에도 육아를 위한 휴직을 사실상 권고사직의 요건으로 이해하는 경우마저 쉽게 찾아볼 수 있습니다.

최근 여군이 급증하고 있는 군 역시 과거부터 유사한 문제에 봉착해 있었습니다. 육군사관학교 출신 여군 법무장교인 강유미^(당시 중령, 육군 법무실 고등검찰부 기획고등군검사)는 2018년 열린 육군여성인력간담회에서 "임신과 출산에 대해 조직원들이 진심으로 축하하도록 만들기 위해서는 여군에게 혜택을 주는 방향으로 나아가면 남녀 갈등만 조장할 뿐이며, 여군이 빠지는 자리를 대신하는 남군에게 어떤 혜택을 줄 수 있을지를 고민해야 한다"라고 발언했는데요. 제도적으로 육아휴직이 보장되더라도 실제로는 눈치가 보여 사용할 수 없는 현실을 꿰뚫은 발언으로 주목을 받았습니다.

동료들에게 피해를 줄까 봐 제도적으로 보장된 출산휴가나 육아휴직을 제대로 사용하지 못하는 사례가 있는 반면, 반대로 출산휴가와 육아휴직을 전략적으로 악용하는 사례도 쉽게 찾아볼 수 있습니다. 특히 이런 문제는 공무원 사회에서 더욱 빈번하게 나타나는데요. 공무원 연봉 중 비교적 액수가 큰 상여금 지급 시기를 악용하여 대체 인력 없이 상여금 지급 시기를 악용하는 경우죠. 이런 자리에 대체 인력이 오길 바라면서 일할 사람이 없어 휴직계를 못 낸다고 투덜대거나 무책임하게 휴직 신청 서류만 제출한 후 근무 부담을 동료 교사들에게 일방적으로 떠넘기고 도망가다시피 사라지는 근무자를 보면 분노가 차오르기도 합니다.

반대로 육아휴직 등으로 인해 고용된 대체 인력 기간제 공무원의 경우 계약서에 근무일이 명시되어 있더라도 전임자가 복직을 결정한 경우 그 즉시 근로 계약이 종료됩니다. 방학 전날 계약 종료, 개학일 재계약 등의 형태처럼 이른바 쪼개기 기간제 교사 계약이 많은 것 역시 전임자가 복직을 원할 경우 거절할 수 없다는 점을 악용한 것이죠. 교육부나 교육청에서 쪼개기 계약을 실시하지 말도록 권고 지침을 하달하기도 했지만, 말 그대로 '권고'일 뿐이죠. 대부분 학교에서는 쪼개기 계약을 배제하는 문화가 자리 잡았지만, 아직도 일부 학교에서는 쪼개기 계약을 종용하면서 이것이 마치 정규직 교사에게 주어진 일종의 '권리'라고 주장하는 추태를 보이고 있습니다. 이런 꼼수가 계속되다 보니 최근에는 육아휴직과 출산휴가를 신청하는 교사는 학교를 힘들게 하는 사람이라며 따가운 눈총을 보내는 경우도 심심찮게 볼 수 있죠.

대체 인력이 확보되지 못했을 경우 동료의 출산을 축하해야 할 인간적인 도리와 출산휴가를 낸 근무자의 업무를 떠맡는 것이 부당한 것은 아닌지 고민이 발생하는 경우도 심심찮게 발생합니다. 물론 이 경우에도 동료의 출산을 위해 기꺼이 자신을 희생한 사람들에게 주어지는 보상은 하나도 없죠.

약 10여 년 전 대학병원에서 근무할 때 선배 간호사들이 휴직 시기에 대해 이야기하는 것을 듣고 놀란 적이 있어요. 휴가 가는 것도 순서를 정하는구나 싶었거든요. 나중에 알고 보니 그 휴가가 출산 이야기더라고요. 지금은 대기업 의무실에서 근무 중이라 육아 시간 사용에 큰 어려움이 없지만, 대학병원 간호사 사이에서는 지금도 육아와 관련해 많은 불문율이 남아 있는 것으로 알고 있어요. 엄마가 되는 것도 직장 선배들의 허락을 받아야 가능한 거죠.

– 근무처 공개를 거부한 30대 간호사 Y

자유로운 육아휴직과 출산휴가는 직장인 맞벌이 부부가 대부분인 현대 사회에서 출산·육아 장려를 위해 꼭 필요한 핵심 제도입니다. 육아휴직과 출산휴가 사용이 비교적 자유로운 학교에서도 이런 폐단이 나타나는데 민간 기업에서 휴직에 대한 시각이 어떨지 머릿속이 캄캄해지곤 합니다. 우리 사회에서 출산과 육아를 위한 휴직을 조금이라도 더 자유롭게 쓰는 문화가 만들어지려면 휴직자의 동료나 대체 근무자의 노고를 제도적으로 보상하고 감사할 수 있는 조건이 우선되어야 합니다. 다시 말해 작은 부분에서 변화가 이루어져야 현재의 저출산 현상을 해결할 수 있는 구체적 방안을 찾아낼 수 있겠죠.

경력 단절 여성의 단절 사유[25]

육아	결혼	임신과 출산	가족 돌봄	자녀교육
59만 7천여 명	36만 8천여 명	31만 8천여 명	6만 4천 명	5만 명

자녀 연령별 경력 단절 여성의 비율과 취업자의 주간 평균 취업 시간[26]

자녀 연령	6세 이하	7~12세	13~17세
경력 단절 여성의 비율	37.0%	22.0%	12.0%
취업자의 주간 평균 취업 시간	33.4시간	36.2시간	37.4시간

---

25 "경력단절여성 등의 경제활동실태조사", 통계청, 2017.08.28. 재구성.
26 위의 출처.

죄책감과 불안감, 출산 포기

과거 20대 후반을 결혼·출산 적령기라 평가했던 것과 달리 현재는 30대 중반을 결혼·출산의 적령기라고 평가합니다. 현재의 30대에 대한 사회적 시각과 과거의 20대에 대한 사회적 시각이 비슷하다면 인생 사이클상 새로운 가정을 만드는 기쁨을 느끼는 세대는 이제 30대라고 평가해도 될 겁니다. 그만큼 사회가 '늙은' 거죠.

하지만 결혼 적령기에 들어선 청년들이 실제로 결혼할 준비를 마쳤는지는 미지수입니다. 오히려 결혼 적령기에 접어든 연령대의 절반 이상이 결혼하지 않는 세상이 되었죠. 통계청의 '2022년 기준 인구 동태 코호트 DB'에 따르면 결혼 적령기에 들어선 1988년생 59만 명 중 남성의 약 40%, 여성의 약 60%만이 결혼한 것으로 확인되었습니다. 적령기 인구 중 절반이 아직 결혼하지 않은 거죠. 현재의 30대가 걸어온 과정을 살펴보면 그 마음이 이해가 가지 않는 것도 아닙니다. 초등학교 시절 외환 위기를 겪으면서 가정이 경제적으로 붕괴하는 모습을 보았고, 대학교 시절 서브프라임 모기지 사태를 겪으며 극도로 좁아진 취업 시장 앞에서 좌절했으며, 겨우 취업에 성공하고 나니 자산 가격의 벽에 부딪혔죠. '육각형 이론' '수저계급론' 등의 중심에 서 있던 30대 입장에서 미래는 보장된 장밋빛 세상이 아닙니다. 당장 내년에 자신이 생존할 수 있을지, 해고당하지 않고 직장을 계속 다닐 수 있을지 모르는 상황에서 새로운 가정을 꾸린다는 결정이 쉬울 리 없죠.

가정을 꾸리려고 해도 "옆집 누구는 몇 억짜리 아파트에서 신혼생활 한다더라" "앞집 누구는 첫째 사교육비로 얼마를 쓴다더라" 등의 이야기를 듣다 보면 가정을 꾸릴 수 있을지조차 두려워지는 것이 현실입니다. 비교를 통해 자신의 위치를 확인하고 평균에 속해야만 안도하는 한국인들의 문화를 생각하면 30대들이 결혼을 회피하는 것은 충분히 예측 가능한 현상입니다.

현재의 30대는 10대 시절부터 엄청난 경쟁과 사교육을 경험해 왔고 대부분은 형제자매가 둘이거나 외동인 가정에서 자란, 소위 말해 '가정의 자원을 몰빵' 받으면서 성장한 세대입니다. 그만큼 가정의 엄청난 기대와 높은 비용의 사교육을 받으면서 매일 밤늦게까지 공부하는 것을 당연시했던 세대입니다. 또 어렵게 대학에 입학한 후에도 생존 경쟁을 계속해 온 세대이기도 하죠. 성장기부터 사회에 나가기까지 계속해서 경쟁의 중심에 있었고, 또 경쟁을 강요받아 온 세대이기도 합니다. 그리고 현재는 경쟁의 결과로 자신의 생존 가능성마저 끊임없이 의심하는 자조적인 세대가 되었죠. 성별 갈등, 세대 간 갈등, 지역 간 갈등에 끼인 세대이면서 직장에서는 실무자로서 능력을 인정받기 위해 에너지를 쏟아야만 하는 세대입니다. 그래서 너무나도 다른 20대와 4~50대 사이에 끼여 어찌하지 못하는 샌드위치 세대이기도 합니다.

30대는 언제나 생존 가능성을 걱정해 왔습니다. '쉬어가도 좋다'라는 주제의 힐링 서적이 30대를 중심으로 유행했던 것은 그들이 '쉬어간다'라는 낭만적인 선택을 하기 어려운 세대였음을 보여줍니다. 이들에게는 현재의 힘듦보다 미래의 불확실성이 공포의 대상이 되는 경우가 많습니다. 해고에 대한 불안, 내가 보유하지 않은 자산의 가격 상승에 대한 불안, 미래 사회 보장 제도 붕괴에 대한 불안, 부모 세대에 대한 부양 불안, 건강에 대한 불안, 미래 가정 형성에 대한 불안 등 다양한 불안이 공포로 다가오는 세대인 거죠. 미래에 대한 공포는 '내 후손이 살아갈 세상은 내가 살고 있는 이 세상보다 행복할 수 있을까?'라는 질문으로 이어집니다. 물론 그에 대한 대답은 모두가 예상하다시피 긍정적일 수 없죠.

'죽창론' '전쟁초기화론' 등의 신조어를 통해 현재의 불합리한 사회 구조가 뒤집혀야 한다고 말하는 30대들은 미래를 장밋빛이 아닌 잿빛으로 인식하는 경우가 많습니다. 미래에 대한 평가가 불확실하니 다음 세대 생산에 대한 긍정적인 시각을 가지기도 어렵습니다. '힘든 것은 나까지만'을 곱씹으며 아이 낳기를 포기하는 거죠. 주변 30대 청년들은 종종 "우리 부모님 세대가 우리에게 했던 것과 동일한 희생을 할 자신이 없다" "다음 세대는 우리보다 더 살기 힘든 세상을 살 것 같다"라는 이야기를 자주 하곤 합니다. 다음 세대가 살아갈 세상에 대한 확신이 없고 자신의 능력과 미래에 대한 확신도 없으니 생명체가 가지는 기쁨이자 본능인 재생산을 포기할 수밖에 없는 거죠.

더 알아보기

냉소적이고 부정적인 30대의 세계관[27]

- 한국의 8090세대, 현재의 30대는 태어날 때부터 지금까지 줄곧 엄청난 수준의 세대 내 경쟁을 강요받은 세대이다. 이들의 세계관을 상징하는 '흙수저론' '죽창론' '전쟁초기화론' 등에는 아무리 노력해도 현재 상황에서 돌파구를 만들 수 없다는 비관과 포기, 냉소 등이 섞여 있다.
- 또한 8090세대는 윗세대에 비해 경제력이 나쁘고 인구도 적으며, 경쟁에 익숙해져 있다 보니 정치적 결집을 이루지도 못한다. 기성세대 위주의 정치·문화·사회 구도가 형성되는 과정에서 이들은 '끼인 세대'로 평가받고 있다.
- 어려운 취업, 사회·문화적 배제, 정치 권력 획득 실패 등 한국의 8090세대와 유사한 세대 특성을 보이는 것이 일본의 1970년대생인 단카이세대(團塊世代)다. 이들은 일본 내에서 '잃어버린(loss) 세대' '빙하기 세대'라 불리기도 하는데, 종신 고용 폐지와 비정규직 증가 등 한국의 30대와 유사한 상황에 놓였었다.
- '니트족' '히키코모리(引きこもり)' '초식(草食)' 등 신조어를 만들어 낸 단카이세대의 모습이 낯설지 않은 이유는 한국의 8090세대 역시 취업·결혼·출산을 포기하고 있기 때문이다. 생존이 어려운 상황에서 결혼·출산을 기대하는 것은 비합리적이며, 남녀 간 갈등이 확산되는 구도가 형성되는 것 역시 당연하다고 할 수 있다.

---

27 "90년대생은 '버려진 세대'가 될 것이다 | 30대 세대도태론", 유튜브 채널 「마이너 리뷰 갤러리」, 2023. 11. 12.; www.youtube.com/watch?v=Nv0uMIRJiuI

30대의 결혼과 출산 기피 현상은 생각보다 복잡하면서도 현실에서 뿌리 깊게 자리 잡은 사회 문제입니다. 다음 세대를 만들어 낼 당사자이면서도 0.7의 합계출산율을 만들어 낸 장본인 세대이기도 하죠. 이들이 출산을 기피하고 결혼을 거부하는 모습에는 다양한 원인이 영향을 끼쳤습니다. 단기적인 의미에서 저출산·고령화 현상의 해결책을 쥔 30대가 결혼과 출산에 대한 새로운 트렌드를 만들도록 하기 위해서는 이 세대에 대한 이해와 정책적 개선이 이루어져야 합니다. 하지만 30대 당사자인 필자의 생각에도 과연 그것이 가능할지 의문이 드는 게 사실입니다. 지금까지 제시되었던 그 어떤 저출산·고령화 정책도 30대를 배려한다는 느낌이 전혀 없었거든요.

맘충과 노키즈존, 출산 장벽

육아와 관련하여 2010년대 이후 등장한 신조어 중 하나로 '맘충'이 있습니다. 사회적으로 많은 문제를 야기하던 집단에게 벌레를 뜻하는 '충(蟲)'을 붙이던 당시 트렌드가 반영된 단어인데요. 맘충은 모 배달 어플에서 파생된 '낭낭한 군만두 서비스'를 요구하는 무분별한 글, 연예인이 등장하는 온오프라인 행사라면 어김없이 등장하는 "우리 아이 이름을 불러 주세요"라는 낯 뜨거운 요구, 우리 아이에게 무엇인들 해 줄 수만 있다면 어떤 고난과 역경도 불사하겠다는 자연스러운 파렴치함 등이 모여 만든 신조어입니다. 1990년대 이후 1가구 1자녀가 보편화되면서 '온 마을이 함께 키운다'라는 기존의 육아 개념이 사라지고 1980년대 이후 출생자들이 새로운 부모 세대로 형성되는 과정에서 육아 시스템 전반에 대한 변화가 일어나게 됩니다. 핵가족이 가족 형태의 기본값이 되면서 예의범절을 배울 수 있는 대가족 중심의 사회적 상호작용이 사라졌죠.

사회 단위 양육 시스템이 빠른 속도로 개인·부모 단위 양육 시스템으로 변화하는 과정에서 아이 하나에게 집안의 모든 자원을 투자하면서 정서적 안정을 강조하는 문화가 보편화되었습니다. 부모는 이 모든 것을 완벽히 해내야 자녀를 성공적으로 기른다고 평가받게 되었죠. 새로운 부모 세대 사이에서 육아는 '힘든 것' '주변으로부터 충분히 보호받고 양보받아야 하는 것' '아이는 항상 보호받고 배려받아야 하는 존재'로 해석되는 반면, 육아를 경험하지 않은 세대는 이에 대해 전혀 공감할 수 없었습니다. 한쪽은 사회 전체에게 육아에 대한 인정과 양보, 보호를 요구하는데, 다른 한쪽에서는 육아에 대한 배려 자체가 새로운 특혜라고 생각하게 된 거죠. 육아 경험이 없는 대부분 청년에게 육아는 여전히 남의 이야기일 뿐이었습니다. 또 육아를 사회 전체의 숙제로 생각하던 과거의 양육 시스템이 붕괴된 상황에서 육아와 관련 없는 청년들은 육아에 대한 무조건적인 희생과 양보를 강요하는 사람들에게 적대감을 드러내기 시작했습니다. 그 결과로 등장한 것이 '맘충'이라는 신조어였죠.

맘충 신드롬은 출산을 계획하거나 갓 출산을 경험한 신혼부부들에게 끊임없이 자신을 검열하도록 만들었습니다. 조금이라도 주변에 피해를 주었을 때 받는 맘충이라는 비난을 피하기 위해 자신이 맘충처럼 행동한 것은 아닌지, 밖에 나가서도 행여나 주변에 피해를 끼치지 않았는지 조심해야만 하는 사회적 강요를 경험했죠. 과거에는 '주변에 아기 울음소리가 들리지 않는다'라는 표현이 저출산을 비유하는 표현이었다면 지금은 점차 '아이를 데리고 외출하는 것이 어려워서' 발생하는 현상이 되고 있습니다. 맘충은 '노키즈존(no kids zone)'을 만들었고, 사회는 아이들의 행위에 대한 평가 기준을 점차 성인에 가깝게 설정하면서 조용하지 않은 아이들에 대한 양육과 관리 책임을 오롯이 부모에게 전가하고 있죠. 이런 분위기가 지속될수록 부모에 대한 자기검열 압박은 점차 심해질 것이고, 이는 결혼한 부모들에게 출산에 대한 부정적 평가를 확산시키는 계기가 되고 있습니다.

합계출산율 0.7, 저출산의 덫에서 벗어나기

한국의 합계출산율 0.7명은 이제 초저출산 문제를 상징하는 대명사가 되었습니다. 과거 100만 명 수준이었던 연령별 출생자 수가 60만 명으로, 다시 40만 명으로, 그리고 2020년대 들어서서 20만 명대로 떨어진 것은 합계출산율 하락이 전체 인구에 얼마나 큰 충격을 가져다줄 것인지 단적으로 보여주었죠.

하나의 문화 현상에는 다양한 사회 현상이 복합적으로 영향을 끼치기 마련입니다. 저출산에 대한 대책을 만들기 위해서는 저출산 역시 일종의 문화로 자리 잡은 상황이라는 점을 잊지 말아야 합니다. 현재의 출산 주체인 30대가 아이를 낳지 않는 이유를 30대의 관점에서 이해하려는 노력이 필요한 것이죠. 30대는 출산과 경제생활을 동시에 수행해야만 향후 생존이 가능한 세대입니다. 동시에 사회 진출과 사회인으로서의 활동에 대한 욕심도 강하고, 사회적 의미에서 남녀평등을 받아들인 첫 세대이기에 여성이 양육 부담을 오롯이 지는 것에 대해 무조건반사에 가까운 거부감을 표현하는 세대이기도 합니다.

30대가 출산을 기피하는 이유는 그리 단순하지 않습니다. 자신을 위해 모든 것을 희생하고 포기하던 부모님의 모습을 보면서 존경심과 두려움이라는 감정으로부터 벗어나지 못한 세대이기 때문입니다. 또 비교가 당연시된 문화 속에서 아이에게 최선의 성장 조건을 제공할 수 없다면 키울 수 없으리라는 걱정 속에서 살아가는 세대이기도 합니다. 무엇보다도 지금의 30대에게는 '생존만으로도 충분히 어려운 상황' '출산은 기피 대상'이라는 생각이 보편화되어 있죠. 앞으로도 합계출산율 0.7명을 만들어 낸 다양한 연결고리들을 끊어내는 것은 생각보다 매우 어려울 가능성이 큽니다. 우리는 지금도 문화를 바꾼다는 것이 얼마나 어려운 일인지 뼈저리게 느끼고 있는 것은 아닐까 하는 생각이 듭니다.

4. 부양과 소진의 40~50대

- 짊어질 것이 많아 미래를 준비하지 못하는 세대

40~50대가 마주하고 있는 인구 구조의 문제

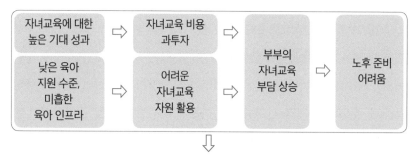

자녀교육에 대한 높은 기대 성과 ⇨ 자녀교육 비용 과투자 ⇨

낮은 육아 지원 수준, 미흡한 육아 인프라 ⇨ 어려운 자녀교육 자원 활용 ⇨ 부부의 자녀교육 부담 상승 ⇨ 노후 준비 어려움

⇩

개인적 노후 준비 미흡에 따른 미래 생존 문제 발생
사회적 20~30대에 비해 많은 인구에 따른 복지 부담 증가 문제 발생

한국의 부모상, 가시고기

초등학생인 두 아이를 키우고 있습니다. 군 생활에 집중하느라 지금까지 자녀교육에 크게 관심을 가질 수 없었습니다. 아이들을 볼 때마다 너무 미안해서 교육 직종에 근무하는 후배들로부터 많이 배우고 있습니다. 이제는 아이들을 위해서라면 무엇이든지 아끼지 않고 다 해 줄 생각이지만, 임무 수행을 이유로 장기간 집을 비울 때마다 아이들에게 죄짓는 느낌이에요.

– 이천시 육군특수전사령부에서 근무 중인 육군 중령 Z

조창인 작가의 『가시고기』는 부성애를 상징하는 대표적인 장편 소설입니다. 새끼가 부화할 때까지 알을 보호하고 새끼가 부화하는 시점에서는 생명력을 다해 숨을 거두면서도 스스로 새끼들의 먹이가 되어 주는 가시고기의 모습을 한국 아버지들의 모습에 빗대 큰 주목을 받았죠. 이 작품의 주인공은 무뚝뚝한 아버지입니다. 자식에 대한 사랑을 드러나게 표현하지는 않지만, 자기 몸을 불태워 가면서 양보하고 희생하며 자식을 키워 내는 아버지의 모습을 보여주고 있죠. 동서고금을 막론하고 자식에 대한 부모의 사랑을 주제로 한 소설이나 연극 같은 예술 작품은 쉽게 찾아볼 수 있는데요. '인간을 포함한 모든 생명체의 존재 목적은 후손을 남기기 위해서이다'라는 생물학적 명제 정도로는 설명하기 어려울 정도로 부모의 자식에 대한 내리사랑은 눈물 없이 볼 수 없는 다양한 이야깃거리를 만들어 내곤 합니다.

특히 한국의 부모들이 보여주는 사랑은 엄청납니다. 자식이 조금이라도 더 안정적이고 위험 없이 세상으로 나아가길 바라는 부모들은 자신이 가진 모든 것을 쏟아부어서 자식에게 작은 것 하나라도 남겨 주고 싶어 합니다. 물려 주지 못한 것에 대해 자신이 무능하기 때문이라고 자책하기도 하고 자식에게 무엇인가를 줄 수만 있다면 합법과 불법의 아슬아슬한 경계

위에서 줄타기하는 것도 마다하지 않죠. '맹모삼천지교(孟母三遷之敎)'라는 이
야기가 보여주듯 자식을 위해서라면 어떤 어려움도 마다하지 않는 것 또
한 한국 부모들의 일반적인 모습입니다. 괜히 전 세계적으로 한국의 부성
애·모성애가 위대하다고 평가받는 게 아닌 거죠.

새로운 비극의 씨앗, '내 아이만큼은'

초등학생 두 아이를 키우고 있습니다. 학교에서는 '과도한 사교육은 아
이들 교육에 좋지 않다' '부모가 너무 많은 관심을 가지면 아이 교육에 좋지 않다'
등의 이야기를 다른 선생님들과 나누긴 하지만, 학원을 네다섯 개씩 보내는 또래
학부모들과 이야기할 땐 저도 이유 없는 불안감이 생기더라고요. 학교에서 업무
를 하다 보면 퇴근 시간이 늦어질 때가 많아서 학원에 의지할 수밖에 없기도 하
고요. 결국 제 마음이 편해지기 위해서라도 사교육을 포기할 수 없어요.
- 전남 무안군 소재 중학교에서 근무하는 40대 영어 교사 a

격동의 현대사를 겪으면서도 유례없는 발전을 거쳐 선진국 반열에 올
라설 수 있도록 만든 대한민국의 경쟁력은 뭐니 뭐니 해도 엄청난 수준의
인적 자본에서 나왔습니다. 여기에는 동아시아권 국가, 특히 한국, 중국,
일본, 베트남 등 유교 문화권에 속한 국가들에서 공통으로 찾아볼 수 있는
높은 교육열과 가족을 부양하기 위해 열심히 일해야 한다는 책임감이 함
께 영향을 끼쳤죠.

특히 현재의 40~50대-좀 더 나아가 60대까지-는 성장 과정에서 '노력
하면 성공을 얻을 수 있다'라는 명제를 학습한 세대입니다. 이 세대의 노
력은 '명문대-넓게는 명문 중고등학교를 포함하여- 진학'에 성공하였는

지로 평가받았죠. 학벌을 위해 각종 사교육을 마다하지 않았던, 현대판 학벌주의의 중심에 있는 세대입니다. 이들은 성장 과정에서 사교육비 급증을 겪은 세대이며, 부모가 된 후에도 계속해서 사교육 시장을 성장시켜 온 세대이기도 합니다. 이들의 학벌주의는 상대평가 시스템이 무한경쟁 문화나 거대한 사교육 시장과 융합될 경우 어떤 처참한 결과가 빚어질 수 있는지를 보여주기도 했습니다. 1960년대의 무즙 파동, 1970년대의 사교육 금

학벌, 교육과 관련한 여러 사건들

무즙 파동	1965학년도 서울 시내 전기 중학교 입학고사 자연 과목 18번 문항: (엿을 만드는 과정에서) 엿기름 대신 넣어도 좋은 것은 무엇인가? ① 디아스타제 ② 꿀 ③ 녹말 ④ 무즙 공동출제위원회는 자연 과목 18번 문항의 정답으로 ①번 디아스타제를 제시했으나 초등학교(당시 국민학교) 자연 교과서에는 침, 무즙 등에도 디아스타제 성분이 들어 있다는 서술이 포함되어 있었다. 　정답 발표 후 응시생들과 학부모들은 ④번의 복수정답 인정을 요구했다. 당시 서울시 교육감이 "만약 무즙으로 엿이 된다면 자연 18번 때문에 떨어진 수험생은 구제하겠다"라고 언약했다고 주장하는 일부 학부모들은 직접 무즙으로 엿을 만들어 교육청에 가져와 항의할 정도였다. 결국 ①번 디아스타제와 ④번 무즙 모두 복수정답으로 인정되었고, 이후 중학교 입학고사는 입시 경쟁 과열 비판을 받은 끝에 폐지되었다.
과외 금지	- 1970년대까지만 해도 대학생과 현직 교사 등을 중심으로 한 과외 시장이 활성화되어 있었는데, 쿠데타로 정권을 잡은 전두환 신군부는 과도한 과외 열풍을 잠재우고 젊은 학부모 지지층을 확보하기 위해 과외금지정책을 추진했다. - 과외금지정책이 시행된 후 가정에서 청취할 수 있는 교육방송(EBS)이 편성되었다. 하지만 서민층의 정치적 지지를 의식한 신군부의 과외금지정책은 비밀 고액 과외가 성행하게 만들었고, 결과적으로 과외금지정책은 실패한 정책이 되고 말았다.
대치동 신드롬	강남 개발 정책에 의거해 강북에 있던 중동고, 경기고, 휘문고 등 명문 고등학교들이 강남구 대치동으로 옮겨졌다. 이후 대치동은 사교육의 중심지가 되었고, 메가스터디, 종로학원, 대성학원 등 초대형 학원들이 성행하게 되었다. 　2000년대 이후 초대형 학원들이 앞다투어 스타 강사들을 영입함에 따라 대치동은 '양질의 사교육'을 대표하는 지역이 되었다. 특히 '아빠의 경제력과 엄마의 정보력이 아이를 명문대에 보낸다'라는 문장으로 대표되는 대치동 신드롬은 약 20년간 이어진 한국의 입시 시장을 압축하여 보여주고 있다.

지 정책, 2000년대의 대치동 신드롬 등은 모두 경쟁과 사교육, 학벌 등을 키워드로 한 사건들이었습니다.

사교육 시장의 과열은 중고등학생을 키우는 40~50대 부모들에게 엄청난 부담이 될 수밖에 없는데요. 상대평가를 적용하고 있는 대한민국에서 학생들이 교육으로 성공하기 위해서는 옆에 있는 친구보다 한 문제라도 더 맞춰서 높은 성적을 받아야만 하기 때문입니다. 자녀가 더 좋은 성적을 받을 수 있도록 사교육에 많은 돈을 쏟아부을 수밖에 없는 거죠. 교육에 꽤 열정적인 학부모들은 150~200만 원 정도 비용이 발생하는 영어유치원 등록쯤은 당연하게 여기고, 각종 사교육에도 과감한 지출을 아끼지 않습니다.

학원 밀집 지역을 관장하는 강남서초교육지원청에서는 매년 '학원 및 교습비 조정 기준'을 발표하여 사교육 비용이 지나치게 높아지지 않도록 관리하고 있는데요. 이에 따르면 입시종합학원은 월 약 124만 원, 진학 상담은 10분에 5만 원 수준의 가격을 벗어나지 않아야 합니다.[28] 행정기관에서 매년 가격 기준을 고시한다는 것은 바꿔 말하면 고시한 가격보다 높은 수준에서 사교육이 이루어지고 있다고 상상해 볼 수 있죠.

급증하는 양육 비용, 죄수의 딜레마

한 명의 자녀를 키우는데 맞벌이 부부의 총수입이 600만 원인 가정이 있다고 가정해 봅시다. 만약 아이가 초등학생이고 100만 원 수준의 기초

---

28 "학원 및 교습비 조정 기준", 강남서초교육지원청, 2022. 07. 01. 기준. ; gnscedu. sen. go. kr/
   CMS/civilapp/civilapp0a/civilapp0a03/civilapp0a0301/1324963_4489. html

생활비, 주택 구입 원리금 상환액 100만 원, 50만 원 수준의 공과금, 50만 원 수준의 교통비와 통신비 등을 고정적으로 지출한다고 가정하면 이 가정에서 실제로 가용한 소득은 300만 원 정도입니다. 여기에 100만 원의 사교육비 지출이 발생한다면 실제 가용한 소득 수준은 200만 원으로 떨어지죠. 이자율이 상승할수록 원리금 상환액은 더 늘어날 수 있다는 점과 주택 구입에 들어간 원금의 크기가 클수록 상환액이 더 커질 수 있다는 점을 고려해 보면 부모가 고정적으로 지는 경제적 부담은 이미 상당한 수준에 이릅니다. 만약 맞벌이가 아닌 외벌이거나 소득 수준이 300만 원보다 낮다면 사교육이 가져오는 경제적 부담은 더욱 상당하죠. 사교육 지출액이 늘어나면 늘어날수록 가정의 여유자금은 줄어들 수밖에 없고, 이것은 부부의 노후 준비에 악영향을 끼치게 됩니다.

무서운 것은 다른 비용과 달리 사교육비는 치킨게임(chicken game)이나 죄수의 딜레마(prisoner's dilemma)의 성격이 강하다는 점입니다. 남을 이겨야 내가 원하는 것을 얻을 수 있는 상대평가 시스템에서 사교육비는 상대방보다 1점이라도 더 높은 점수를 얻기 위해 투입하는 소모성 자원입니다. 상대방이 지출하지 않을 것이라는 확신이 들어야만 나의 지출을 중단할지 고려해 볼 수 있게 되죠. 물론 그 고려가 실제 사교육비 지출 중단으로 이어진다는 보장도 없습니다. 그러다 보니 사교육비의 경우 '지출이 이루어져야 본전'을 찾는 흉악한 양육 비용 그 이상도 그 이하도 아닙니다. 40~50대 부모들은 자녀를 학업 경쟁에서 승리하도록 이끌어야 행복한 미래를 안겨 줄 수 있다고 믿기 때문에 사교육 시장의 규모는 계속해서 빠르게 성장해 왔습니다. 사교육 시장이 치킨게임의 성격을 띠면서 사교육 비용 역시 기하급수적으로 높아지게 되었죠.

경제학적 게임 이론 - 치킨게임과 죄수의 딜레마로 살펴본 사교육 시장

치킨 게임	B＼A	학원 다니기	학원 포기
	학원 다니기	A 비용 지출 / B 비용 지출 (승패를 가릴 수 없음)	A 비용 없음/ B 비용 지출 (B 승자 독식)
	학원 포기	A 비용 지출 / B 비용 없음 (A 승자 독식)	A 비용 없음 / B 비용 없음 (승패를 가릴 수 없음)

- 치킨게임이란 어느 한쪽이 양보하지 않을 경우 양쪽 모두 파국으로 치닫게 되지만, 한쪽이 양보할 경우 상대방이 모든 이익을 독식하는 상황을 설명하는 경제학적 게임 모델이다.
- A, B 두 학생이 있다고 가정하자. 상대평가를 적용하고 있는 대한민국 교육 시장에서 A, B 중 한 명만 사교육을 받게 될 경우 대학 입시에서의 승자는 사교육을 받은 자다. 만약 A, B 모두 사교육을 받을 경우 승자는 정해지지 않으며 사교육비만 지출하게 된다.
- 치킨게임 모형에 따르면 합리적인 방법은 모두가 사교육을 받지 않고 공교육에 의존해 경쟁하는 것이지만, 승자 독식형 구조에서는 경쟁에서의 승리를 위해 모두가 사교육을 선택할 수밖에 없고 사교육 비용은 필연적으로 발생한다.

죄수의 딜레마	B＼A	학원 O	학원 X
	학원 O	A 성적 상승 / B 성적 상승	A 성적 하락 / B 성적 상승
	학원 X	A 성적 상승 / B 성적 하락	A 성적 하락 / B 성적 하락

- 죄수의 딜레마란 양측이 협력할 경우 모두에게 이익이 됨에도 불구하고 자신의 이익만 고려한 결과, 자신과 상대방 모두에게 나쁜 결과를 발생시키는 상황을 설명하는 경제학적 게임 모델이다. A, B 모두 학원을 다니지 않기로 약속할 경우 사교육 비용은 발생하지 않으나 어느 한쪽이 약속을 어길 경우 배반한 쪽만 성적이 오르게 된다. 그 결과, 배반한 쪽이 입시에서 유리한 위치를 차지할 수 있다.
- 상대평가를 적용 중인 대한민국 교육 시장에 치킨게임과 마찬가지로 죄수의 딜레마 모델을 적용해도 사교육 비용은 필연적으로 발생한다는 결론을 도출할 수 있다.

아이의 학년 수준이 높아질수록 사교육의 목적은 '아이 돌봄'에서 '아이의 경쟁력 강화'로 옮겨가게 됩니다. 경쟁 구도에서 이기기 위해서라면 부모들은 사교육 부담도 마다하지 않는데요. 이는 대학 진학을 희망하는 모든 자녀에게 동일하게 적용되죠. 부모의 머릿속에는 자녀가 길면 중고등학교 6년, 짧으면 고등학교 3년 정도의 경쟁을 견뎌낸 후 승리할 수만 있다면 이후 50년을 보장받을 수 있으리라는 믿음이 깊게 자리 잡고 있습니다. 고학력이 성공을 보장한다는 패러다임 속에 살아온 40대와 50대 부모들은 자녀들이 사교육을 통해서라도 경쟁에서 이겨 최종적으로 성공해야 한다는 믿음을 떨쳐 내지 못하는 겁니다.

일반적으로 사교육비에 대한 부담은 자녀의 학년이 올라갈수록 커지는데요. 이는 학년이 높아질수록 사교육의 목적이 점차 경쟁에서의 승리로 변하기 때문입니다. 저학년 수준에서 지출되는 사교육비는 예체능 활동이 대부분인 경우가 많죠. 맞벌이 부부의 경우 어린이집, 유치원, 초등학교 등의 교육 활동 종료와 직장 퇴근 사이의 시간차를 메우기 위해 학원을 이용하는 경우가 많습니다. 학원이 제2의 보육원 또는 양육기관이 되는 셈인데요. '사교육비는 스스로 선택한 결과로 지출되는 것이다'라는 세간의 인식과 달리 부모 입장에서 볼 때 사교육 프로그램 중 대다수는 어쩔 수 없이 지출해야 하거나 반드시 지출할 수밖에 없는 필수재 성격이 강합니다. 공교육 시스템이 법령을 통해 교육을 강제로 이수하도록 만들었다면 사교육 시스템은 사회 구조가 만들어 놓은 필수 선택 대상이라는 점에서 차이가 있겠네요.

하지만 어린 자녀에게 들어가는 사교육비도 마냥 저렴한 것은 아닙니다. 대표적인 것이 태권도학원, 미술학원, 음악학원의 3종 세트인데요. 영유아 교육기관(유치원, 어린이집) 및 초등 교육기관은 시스템 한계상 종일 육아

서비스를 제공하기 어려운 것이 현실입니다. 교육부에서는 누리과정(영유아 대상)과 늘봄학교(2024년 현재 초등학교 1학년 대상) 등의 프로그램을 만들었지만, 아직까진 한계점이 뚜렷하죠. 사정이 이렇다 보니 유치원이나 초등학교에 자녀를 보내고 있는 학부모 입장에서는 육아 서비스의 대안으로 예체능(태권도, 음악, 미술 등) 학원을 선택할 수밖에 없습니다. 사교육이 성적 향상을 위해서라는 세간의 인식과 다르게 어린 자녀를 둔 부모들에게 사교육은 대리 양육기관의 성격을 띤다는 점에서 필수재에 가깝습니다.

학원을 다니는 과정에서 만들어지는 아이들의 커뮤니티도 무시할 수 없는 요소입니다. 부부 맞벌이가 보편화되다 보니 아이들은 꽤 긴 시간 학원에서 생활할 수밖에 없는데요. 사정이 이렇다 보니 아이들은 학교 외에 학원에서도 자신들의 커뮤니티를 이어 나가게 됩니다. 어른들은 학교에서 만드는 친구 관계만으로도 충분하지 않냐고 이야기들 하지만, 또래 집단이 그 무엇보다 중요한 성장기 아이들에게 친구들이 나만 두고 자기들끼리 가깝게 지낸다는 것은 꽤 참기 어려운 부분이죠.

맞벌이가 보편화된 지금의 부모 세대에게 양육의 일부를 사교육기관에 위탁하는 것이 일상화되었습니다. 그래서 사교육 시장이 새로운 커뮤니티를 만들게 되고 아이들 역시 사교육을 필수재로 인식하는 것은 마찬가지입니다. 사회적으로 양육 시스템을 체계화하지 못한 결과로 인해 양육은 사교육 시장으로 외주화되었고, 승자 독식 체제가 단단히 뿌리박는 상황에서 승리를 위한 사교육은 점차 당연한 것이 되었습니다. 부모 입장에서 자녀가 어릴 땐 양육을 위해, 충분히 성장한 이후에는 경쟁에서 이기도록 만들기 위해 끊임없이 사교육을 제공해야 하는 상황에 빠지게 되었습니다. 그 결과로 부담은 오롯이 부모에게 전가되었고, 양육 비용은 감당하기 어려운 수준으로 치솟고 있는 겁니다.

비참한 항등식, '소득-주거 비용-양육 비용=0'

40~50대는 인간의 생애 가운데 소득 수준이 가장 높은 시기입니다. 생물학적으로는 황혼기이지만 경제적으로는 전성기를 맞이하는 나이죠. 개인의 일생에서 보았을 땐 이 시기부터 소득 수준이 본격적으로 소비 수준을 넘어서야 합니다. '소득-소비=저축'이라는 계산식에 의해 소비 수준을 제외한 부분이 저축의 대상이 되고, 이 부분이 개인의 생애에서는 미래 노후를 대비할 수 있는 자금이 되는 거죠.

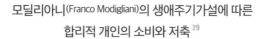

모딜리아니(Franco Modigliani)의 생애주기가설에 따른
합리적 개인의 소비와 저축[29]

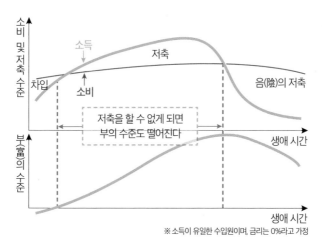

40대의 소비 지출은 크게 생활비와 양육비로 구분되며, 이 중 양육비의 상당 부분은 사교육비가 차지합니다. 일반적으로 40~50대 가정의 사교육

---

29 "[김광석의 아는 것이 돈이다] 이혼당하지 않으려면 집 마련해라", 이코노믹 리뷰, 2013.01.24.

비는 월 100만 원 내외로 알려져 있는데요. 이 금액은 맞벌이 가정의 평균 소득의 20~25%로 상당히 큰 규모입니다. 단순하게 계산해도 1년 중 최소 2개월 이상은 사교육비 지출 때문에 무보수로 일하는 것과 동일한 효과가 발생하는 셈입니다.

생활비에는 생활 필수 지출분 외에 각종 보험료, 여가생활을 위해 필요한 비용, 비정기적으로 지출되는 경조사비 등 각종 비용이 추가로 들어갑니다. 소득에 비해 주거 비용이 높은 우리나라에서는 주택 구입 대출 상환 비용도 나름 큰 부담입니다. 보통 초장기(20~30년 수준) 주택담보대출을 통해 부동산을 마련하는 현대인의 인생사를 보았을 때 40~50대에게도 현실적으로 가장 부담스러운 비용은 주거 비용입니다. 주거 비용과 사교육 비용을 합하면 소득 대비 고정 지출액의 비중이 더욱 늘어나게 됩니다. 우리나라 40~50대는 사교육비와 주거비라는 두 가지 족쇄를 찬 상태에서 노후 준비에 필요한 별도의 저축을 할 수 없는 상황에 처해 있는 겁니다.

연금과 부동산, 장담할 수 없는 미래

노후 준비를 위한 저축이 불가능한 상황을 국가의 사회안전망과 연계해 좀 더 살펴보도록 하겠습니다. 지금까지 우리나라의 노후 복지 제도는 '시간이 지날수록 노후 보장을 더 받을 수 있는' 구조를 추구해 왔습니다. 특히 현재의 복지 제도에서 주요 수혜 대상인 노년층의 경우 소득이 발생하지 않기 때문에 생활비 마련 과정에서 연금에 대한 의존도가 높을 수밖에 없는데요. 공무원연금, 군인연금, 사학연금 등 직역연금 가입자나 국민연금 도입 초기부터 꾸준히 연금액을 납입해 온 사람들의 경우 연금의 소

득대체율이 70% 내외로 충분히 기본적인 생활이 가능한 상황입니다.[30]

국민연금 보험료율·소득대체율 추이

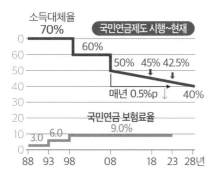

자료: 국회 연금개혁특별위원회 소속 민간자문위원회

하지만 2007년에 실시된 연금 개혁 이후 국민연금과 직역연금이 '더 내고 덜 받는다'라는 기조로 선회함에 따라 연금의 소득대체율은 종전의 70%에서 40% 수준까지 낮아지게 되었습니다. 연금 수령액이 부족해진다면 그 부분은 개인의 저축이나 퇴직연금, 개인연금 등으로 보완해야 할 텐데 사교육비와 주거비 지출이 상당한 가계 경제에서는 그마저도 쉽지 않죠. 과거에는 부동산 가격 상승이 일관성 있게 지속되었으므로 부동산을 통한 노후 대비를 할 수 있었지만, 최근 부동산 가격 상승이 둔화되고 앞으로 인구 구조 변화로 인해 가격 상승을 기대할 수 없게 되면서 그 선택 역시 어렵게 되었습니다. 부동산 가격이 꾸준히 소득 증가(혹은 물가 상승) 수

---

30 "[그래픽] 국민연금 보험료율·소득대체율 추이", 연합뉴스, 2023. 01. 30.

준 이상으로 상승해 준다면 보유한 부동산을 활용한 노후 대비 방안을 고민해 볼 수도 있죠. 실제로 주택연금 제도 등 부동산을 활용한 노후 대비 방안이 꾸준히 논의되고 있습니다.

그러나 향후 부동산 가격이 하락 국면으로 접어들게 된다면 이야기는 달라집니다. 이자율 상승으로 인해 부동산에 대한 투기 수요가 예전만큼 형성되지 않고 인구마저 감소세로 접어든다면 부동산을 매력적인 투자처나 노후 대비를 위한 자산으로 인식하지 않게 됩니다. 과거 부동산 가격 상승을 주도한 가장 중요한 요소인 투자 수요가 줄고 거주 목적의 수요 위주로 형성된다면 부동산 가격 하락 가능성도 배제할 순 없죠. 전체 인구 가운데 신규 부동산 수요자라 할 수 있는 청년층의 인구 감소는 눈에 띌 정도로 빨라질 예정이니까요.

한국 사람들이 부동산을 안전 자산에 가까울 정도로 신뢰하는 이유는 부동산 가격이 떨어지지 않는 '부동산 불패 신화'가 지금까지 유지되어 왔기 때문입니다. 지금 발을 딛고 있는 내 집이 미래에도 나를 책임질 것이라 믿을 수 있었던 거죠. 그 믿음이 깨지는 순간 엄청난 혼란이 발생할 것은 자명합니다. 인구 감소는 예정되어 있는 데다 그것이 부동산 가격을 떨어뜨릴 수 있다고 시장은 경고하지만, 현재 상황에서 부동산 가격에 대한 위험 신호를 피부로 느끼지 못할 뿐입니다.

40~50대의 전체 소득에서 주거 비용과 사교육비 등 고정 지출은 지속적으로 증가하는 반면, 미래 노후 준비를 위한 비용이 감소하고 있다면 이는 당연하게도 40~50대의 미래를 불투명하게 만들 수밖에 없습니다. 그러나 40대와 50대는 아직 이처럼 위험한 레이스를 포기할 이유도, 포기할 의지도 없는 것 같습니다. 사교육비와 주거비라는 거대한 두 개의 족쇄를 걷어내지 않는 한 미래의 위험 요소는 사라지지 않겠죠. 과거 40~50대의

학창 시절, 그들의 부모 세대는 대학 진학이 가족 모두의 미래를 보장할 것이라고 믿으면서 농사에 꼭 필요한 소까지 팔아 가며 자식을 대학에 보냈다던 '우골탑(牛骨塔) 이야기'가 통용되던 시대를 살아왔습니다. 하지만 자녀가 부모를 책임질 것이라는 기대는 지금 시점에서 헛된 상상일 뿐입니다.

많은 사람이 인식하는 것처럼 부동산 가격은 앞으로 하락할 가능성이 높고 자녀는 부모의 노후를 책임질 수 없는 세상이 올 것은 분명합니다. 그러나 현재의 40~50대는 세상의 인식과 관계없이 오늘도 아이들을 위해 사교육 시장에 거액을 쏟아붓고, 부동산 가격 상승 가능성을 믿으면서 주택담보대출 원리금을 상환하고 있습니다. 노후를 스스로 해결해야 하는 것이 정해진 미래임에도 불구하고 고정 지출을 줄일 수 없는, 오히려 줄이지 않고 있는 것이죠. 사실상 '소득-주거비-생활비-양육비=0'의 항등식이 성립하는 삶을 사는 겁니다.

뒤이어 살펴보겠지만 현재의 40~50대는 자녀 세대인 현재의 10대가 경제생활을 시작하는 20년 뒤에 은퇴가 예정된 세대입니다. 이들이 노후를 준비하지 않을 경우 노후 보장을 둘러싸고 부모와 자식이 대립하는 슬픈 상황이 발생할 겁니다. 정해진 비극은 성큼성큼 우리 앞으로 다가오고 있지만, 이에 대한 준비가 어느 수준까지 되어 있는지 심각하게 고민해야 할 때입니다.

불확실한 연금, 불안한 사회복지 시스템

생애 소득의 전성기를 구가하는 40~50대가 사교육과 주거 비용 부담으로 인해 저축을 못하게 될 경우 이들의 생존은 향후 큰 사회적 문제가 됩니다. 정확하게는 부양에 필요한 사회적 비용이 상당해지겠죠. 여느 사회 문제가 그렇듯 모든 문제는 예방하는 것이 비용을 줄일 수 있는 최선의 방법이고, 문제 발생 후 수습하는 데에는 생각보다 많은 비용이 들게 마련입니다. 40대와 50대의 노후 빈곤이 예정된 사실이라면 현시점에서 이들의 노후 대비를 위한 제도 정비가 필요하다는 점도 충분히 공감할 수 있습니다. 주된 정비 대상은 무엇보다 연금과 같은 사회복지제도들이겠죠. 그러나 우리나라의 현행 연금 제도는 사실상 40~50대의 생존을 보장할 수 없는 구조로 바뀌어 가고 있습니다.

가장 큰 어려움은 연금의 소득대체율이 지속적으로 하락하고 있다는 점입니다. 이러한 현상이 발생하는 이유를 알기 위해서는 '더 내고 덜 받아야' 연금 제도가 무너지지 않는 구조적 특성을 살펴봐야 합니다. 연금 수령자의 수령 전 소득 대비 연금 수령액의 크기가 어느 정도인지를 보여주는 지표인 소득대체율을 살펴보면 연금으로만 생존이 가능할지 예측할 수 있죠. 우리나라는 최초 사회보험 설계 시 연금의 소득대체율을 증가시키는 방향으로 제도를 고민하였으나, 이후 인구 구조 변화로 인해 연금 시스템이 흔들리기 시작하면서 소득대체율을 끌어올리지 못했습니다. 군인연금, 사학연금, 공무원연금 등의 직역연금은 소득대체율이 좀 더 높긴 합니다. 하지만 전체 인구 대비 직역연금 수령자 비율이 낮고, 장기적으로는 직역연금 역시 국민연금과 비슷한 소득대체율로 낮아지거나 국민연금으로 모든 연금이 통폐합될 가능성이 높기 때문에 직역연금 가입자들 역시 연금만으로 노후를 해결할 수 있을 것으로 기대하면 안 되는 상황입니다. 노후의 일부를 자신이 직접 책임져야 함에도 40~50대들은 노후를 준비할 수 없는 상황이고 보유한 자산의 가격이 지속적으로 하락할 가능성이 높다면 이들이 경제 활동에서 은퇴해야 할 10~20년 후에는 얼마나 잔인한 불확실성의 늪에 빠지게 될지 아무도 모를 일입니다.

유럽을 비롯한 선진국을 중심으로 20세기에 자리 잡은 사회복지제도는 근 한 세기 동안 빈부 격차가 필연적으로 발생할 수밖에 없는 고도 자본주의 국가를 지탱해 온 하나의 기둥이었습니다. 그러나 지금의 대한민국은 유래를 찾아볼 수 없는 인구 구조 변화로 인해 사회복지제도의 붕괴가 예정된 상황이고, 이를 먼저 맞이할 40~50대에게는 앞으로 어떤 힘든 상황이 펼쳐질지 아무도 모릅니다. 다만 사회복지제도가 붕괴될 경우 사회 전체의 지속력이 약해질 것은 분명하죠. 그리고 이 위험에는 사교육과 부동산이라는 두 가지 딜레마가 자리 잡고 있습니다.

더 알아보기

캥거루족, 등록금 부담, 노후 준비 불가

- 캥거루족이란 부모와 함께 살면서 부모에게 전적으로 자신의 생계를 의존하는 사람을 의미한다. 국무조정실이 발표한 '2022년 청년 삶 실태조사'에서 부모와 함께 사는 만 19~34세 청년은 57.5%였는데, 이들 중 독립하지 못한 이유에 대해 '경제적 여건을 갖추지 못했기 때문'이라고 응답한 비율이 56.6%로 가장 컸다.
- 양질의 일자리를 구하지 못해 아르바이트로 생계를 이어 나가는 청년은 계속 증가 추세에 있다. 이들 중 상당수는 사실상 경제적 독립에 실패하여 30대 이후에도 부모와 함께 생활하는데, 이 과정에서 부모는 자녀 생활비 지출 부담에 따른 노후 설계의 어려움에 빠지게 된다. 자녀 역시 경제적 독립 실패로 인해 사실상 미래 준비가 불가능한 상황에 처한 것은 매한가지다.
- 20대 초반 자녀의 대학 등록금 부담이 노후 부담을 키우는 첫 번째 원인이라면 양질의 일자리 부족에 따른 캥거루족의 등장은 노후 준비를 어렵게 만드는 두 번째 원인이라 할 수 있다. 캥거루족이 증가하는 현재 추세는 부모가 노년기에 접어들더라도 자녀 부양 부담이 사라지지 않을 것임을 경고하고 있다.

5. 상실과 소외의 60대

- 버림받은 세대, 극단주의 세대

60대가 마주하고 있는 인구 구조 문제

과거	현재	
자녀교육 과투자, 부모 부양 부담	**저소득층** 노후 준비 불가능, 현금 흐름 없음, 부동산 없음 **고소득층** 노후 준비 어려움, 현금 흐름 없음, 높은 가격의 자산(부동산) 보유	**현금 흐름 없음, 저소득층** 노인 빈곤 증가 **노후 준비 관련한 노년층 전체** 노인 대상 복지 비용 지출 증가

사회적 차원 노년층 대상 사회복지제도 증가/노년층 중심 사회 시스템 확산
경제적 차원 노년층의 경제 활동 감소, 복지 비용 부담을 청년층에 전가

청년층 노인 대상 혐오 문화의 확산
노년층 청년층과 분리된 노인만의 문화 형성(극우 노인층 중심의 집단주의)

정치적 차원 극우 정치인 중심으로 노년층의 정치적 결집 → 사회 갈등 심화

영화 「친구」는 부산 부둣가의 조폭 문화 그 자체죠. 예전의 부산과 마산이 정말 그랬어요. 사상, 서면, 해운대 등의 중심가는 항상 젊은이들로 가득했고, 돈도 잘 벌고 잘 쓰다 보니 유흥 및 조폭 문화도 잘 굴러갔죠. '갱즈오브부산'이라는 표현이 맞아요. 그런데 지금은 바깥을 나가 보면 어르신들밖에 안 보여요. 젊은 사람 없는 '노인과 바다'가 된 거죠.

– 부산에서 근무하는 40대 고등학교 교사 b

지하철, 가성비를 대표하는 노인의 문화생활

노인 문화를 상징하는 랜드마크 중 하나가 서울 종로에 위치한 탑골공원입니다. 탑골공원에서 시작해 과거 음악인들의 성지였던 낙원상가까지의 짧은 거리에는 붕어빵, 호떡, 어묵, 막걸리 잔술 등 저렴한 음식을 쉽게 찾아볼 수 있죠. 이곳에서는 서울의 중심지라는 걸 믿기 어려울 정도로 가성비 좋은 가게를 쉽게 찾아볼 수 있습니다. 저렴한 가게를 찾는 이들이 많다는 건 그만큼 이곳을 찾는 노인들의 지갑이 얇다는 뜻이기도 하죠.

노인 문화를 상징하는 랜드마크가 탑골공원이라면 노인 문화를 대변하는 교통수단은 지하철입니다. 특히 서울 지하철 1호선은 타 노선에 비해 노인 승객 비중이 높은 편인데요. 각종 SNS를 주름잡은 독특한 노인 캐릭터들이 만들어진 노선이다 보니 지하철 1호선은 인터넷에서 마계(魔界)로 통하기도 합니다. 천안과 인천 등 서울 근교 대도시들을 이어 주는 대중교통망이면서 '1'이라는 숫자가 의미하듯 서울 지하철의 역사를 상징하는 종로-광화문-시청-서울역-용산역 구간은 서울의 과거와 현재와 미래를 담고 있습니다.

1호선 주요 구간은 다른 노선들에 비해 노인들을 찾기가 더욱 쉽습니다. 동묘앞-동대문-종로5가-종로3가-종각-시청-서울역 구간은 노인의 일상 그 자체를 상징하는 탑골공원, 청계광장, 광화문광장, 서울역광장 등이 위치하기 때문에 매일 엄청난 수의 노인 유동인구를 볼 수 있습니다.

노인 유동인구가 많은 지역에는 공통적인 특징이 있습니다. 첫째는 과거부터 노인들이 모여 왔던 랜드마크라는 점이고, 다음으로 역과 가까워서 누구나 쉽게 찾아갈 수 있는 곳이라는 점입니다. 상대적으로 접근성이 떨어지더라도 초행길도 곧잘 찾아가는 청년층에 비해 노년층은 익숙한 곳을 생활 공간으로 선정하는 경향이 강하기 때문에 역에서 가까운 곳에 노인 유동인구가 집중되기 마련입니다. 동묘나 탑골공원, 최근 정치적으로 주목받고 있는 광화문광장 등을 보면 공통으로 대중교통 접근성이 상당히 양호하죠.

인터넷 공간에서는 지하철 1호선의 아침 출근 풍경을 묘사한 청년들의 글을 쉽게 찾아볼 수 있습니다. 이런 글에는 노인에 대한 비난과 혐오 표현이 포함된 경우가 많은데요. 동묘나 종로3가 등 노인을 상징하는 지하철 1호선의 일부 구간에 대한 조롱과 비난은 이제 청년층에게 있어 하나의 문화로 자리 잡은 상황입니다. 이런 갈등을 수면 위로 끌어 올린 이슈 가운데에는 지하철을 비롯한 대중교통에 대한 경로우대권의 적절성 논쟁이 있었습니다.

경로우대권 폐지?
- 지하철 노인 무임승차 폐지 공약을 둘러싼 세대 간 갈등[31]

- 김호일 대한노인회장은 22일 '지하철 노인 무임승차' 폐지 공약을 발표한 개혁신당의 이준석 대표를 향해 "결혼도 안 하고, 애도 키워보지 않고, 가정 살림도 안 해 보고, 정치판에서 무위도식하니 세상 물정을 한참 모르는 헛소리를 남발한다"라고 일갈했다.

- 김 회장은 노인들이 한국 경제 발전에 공헌한 보상으로 지하철 무임승차 혜택을 받아야 한다고 주장했다. 그는 한국전쟁, 서독 광부·간호사 파견, 중동 건설 현장 외화벌이, 월남전 참전, 경부고속도로·포항제철 건설, 한강의 기적 등을 언급하면서 "이 나라를 잘 사는 나라로 만든 1등 유공자가 노인"이라고 했다.

- 지하철 노인 무임승차는 '행복권'이라고도 했다. 김 회장은 "노인 한 사람이 1만 원을 가지면 별것 아니지만, 5명이 춘천까지 지하철 무임으로 막국수나 닭갈비를 먹으러 가면 그 집에서 봉고차를 보내 모셔 준다"라며 "5만 원을 가지고 닭갈비 막국수 먹고 반주도 한 잔 하고 호반의 도시에서 정경도 즐기는 행복감을 누리고 있다"라고 말했다. 온양온천이나 소요산을 가기도 한다고 말했다.

- 앞서 개혁신당은 지난 18일 총선 5호 공약으로 65세 이상 노인들에게 적용되는 지하철 무임승차제도를 없애고, 대신 매달 1만 원씩 충전되는 선불교통카드를 모두에게 지급하겠다는 정책을 발표했다. 또 1만 원을 다 쓰면 버스·지하철을 40% 할인된 가격에 이용할 수 있도록 하겠다고 했다. 공약 발표 당일 이에 대해 노인회는 김 회장 명의로 성명을 내고 '패륜아 정당' '망나니 짓거리'라고 반발했다.

지하철 무임승차, 이제는 세대 갈등의 씨앗

경로우대권에 대한 논쟁은 지하철에 대한 청년층과 노인층의 인식 차이를 극명하게 드러냈습니다. 청년층에게 지하철은 생업을 위해 반드시 타야만 하는 교통수단입니다. 지하철에 들어서는 순간부터가 생존을 위한 치열한 경쟁의 시작인 거죠. 특히 지방에서 유입된 청년들의 경우 지나치게 높은 서울 중심부의 집값을 감당하지 못해 강북, 강서, 강동 등 서울 외곽을 거주지로 선택하는 경우가 많아 편도 40분 이상의 긴 시간을 지하철

---

31 "노인회장, '무임승차 폐지' 이준석에 "결혼 안 하고 애 안 키워봐서"", 조선비즈, 2024. 01. 22.

에서 보내는 경우가 빈번합니다. 이들에게 지하철은 '앉아서 출근할 수 있는 교통수단'이고 앉아서 이동할 수 있는 기회가 주어지는 날은 축복받은 날입니다. 출근길 지하철은 사람이 너무 많아 언제나 앉을 자리가 부족한 지옥철 그 자체니까요.

반면 노년층은 지하철을 돈 들이지 않고 여가를 보낼 수 있는 공간으로 생각합니다. 유동인구가 많은 역 중 무임승차자 비율이 비교적 높은 동묘앞역, 소요산역, 도봉산역, 온양온천역, 경마공원역, 가락시장역 등은 소위 '지하철 공짜 여행'이 가능해 노인들로부터 인기가 많은 지역이죠. 과거부터 우리 사회에는 대한민국 특유의 경로우대 사상과 대중교통 이용 예절이 맞물려 대중교통의 좌석은 노인에게 우선 양보해야 한다는 문화가 존재해 왔는데요. 노년층을 위한 경로우대석이 상시 확보되어 있고, 일반 좌석에서도 노년층에게 자리를 양보하는 문화가 자리 잡혀 있다는 점 역시 노년층의 지하철 이용을 증가시키는 요인이었습니다. 청년층과 달리 노년층 입장에서는 지하철 이용에 불편함을 느낄 만한 부분이 비교적 적었던 거죠.

2023년 서울 지하철의 승하차자 대비 무임 승하차자 비율 상위 역[32]

(단위: 명, %)

구분(호선)		1호선	1호선	1호선	1호선	3호선	4호선
역명		소요산	제기동	동묘앞	종로3가	가락시장	경마공원
승하차자	유임	69만7천	540만4천	344만8천	1,100만	429만7천	253만7천
	무임	127만4천	678만3천	369만8천	691만3천	188만5천	178만9천
무임승차 비율		64.62	55.66	51.75	38.59	30.49	41.35

---

32 서울 열린데이터광장, 인천교통공사, 교통카드 빅데이터 통합정보시스템 등에서 제공한 수도권 지하철 노선별 무임승차자 자료를 디시인사이드 철도 갤러리(gall.dcinside.com/board/lists/?id=train)에서 재구성.

도시철도의 노인 무임승차 비용(국회 예산처)

(단위: 원)

구분	2018년	2019년	2020년	2021년	2022년
총비용	5,492억	6,063억	6,694억	7,390억	8,159억

노년층의 대중교통 문화에 대한 청년층의 비판은 크게 세 유형으로 나뉘었는데요. 첫 번째는 경로우대석이 있는 상황에서 왜 젊은 사람들에게 일반석 자리 양보를 강요하느냐는 경로우대 문화에 대한 비판, 두 번째는 아침에 출근할 필요도 없으면서 왜 굳이 사람들이 북적대는 아침 시간에 지하철을 이용해 출근길을 복잡하게 만드느냐는 노인들의 생활 양식에 대한 비판, 그리고 세 번째는 노령층 경로우대정책 자체가 지나치게 많은 예산을 소모해 다른 정책의 시행을 방해하고 청년들이 납부한 세금을 낭비한다는 경제 구조적 차원에서의 비판이었습니다. 청년층의 비난은 공통으로 '노년층의 지하철 기반 사회생활'이 청년층의 사회생활에 불편함을 준다는 인식을 바탕으로 하고 있습니다.

「뉴욕타임즈」는 "대한민국의 노인들에게 지하철 탑승은 나들이 같은 즐거움을 선사한다. 만 65세 이상 노인들에겐 지하철 요금이 무료이기 때문에 은퇴한 사람 중 일부는 열차를 타고 종점에서 종점까지 이동하면서 하루를 보낸다"라며 수도권 거주 노인들에게 지하철이 대중교통 이상의 의미를 가진다라고 소개하기도 했는데요. 노인 대상 복지 시스템이 마땅찮은 현 상황에서 지하철 경로우대정책이 의도치 않은 복지 프로그램 역할을 수행한 셈입니다.

앞에서 살펴본 것처럼 경로우대정책에 대한 청년층의 불만 섞인 반응에도 불구하고 현실을 살펴보면 노년층의 지하철 탑승 문화가 왜 비난의 대상이 되어야 하는지 의문이 생깁니다. 우리 사회에서 생활 공간, 복지,

커뮤니티 등 그 어떤 부분을 보아도 노년을 위해 다듬어져 있는 곳은 없거든요. 사람들은 탑골을 노년의 상징처럼 생각하고 종로나 온양온천을 수차례 오가는 노년층을 '하는 일 없이 시간이나 때우는 대상'으로 정의하고 비난합니다. 그러나 노년층을 할 일 없는 집단으로만 평가하기에는 어려운 점이 있습니다. 우리 사회는 꽤 오래전부터 노년층의 생산 활동을 방해하는 구조를 취해 왔기 때문이지요.

이러한 의미에서 2024년 1월 개혁신당의 이준석 대표가 제시한 노년층에 대한 경로우대 폐지와 연 12만 원 한도 대중교통비 지원 공약은 노년층의 지하철 탑승에 대한 청년과 노년의 시각차를 표면화한 대표적인 사례입니다. 이준석 대표의 정치적 기반이 청년층이라는 점을 생각하면 경로우대 폐지를 원하는 것은 청년들의 시각이라고 해석할 수 있죠.

청년들의 시각과 반대로 노년층은 이러한 움직임을 노인들 전체에 대한 공격으로 해석하고 있습니다. 이러한 상황이다 보니 청년과 노년 간 갈등은 극에 달하고 있습니다. 그리고 이 세대 간 갈등은 앞으로 지역 갈등, 성별 갈등만큼이나 대한민국 사회를 흔들어댈 엄청난 사회 문제가 될 것은 자명합니다.

더 알아보기

- 대한민국 국민의 기대 수명은 1965년 54.9세(세계 91개국 중 71위)에서 2015년 81.4세(세계 12위)로 무려 30년 정도 수명이 연장될 만큼 상승했다. 인간이 꿈꿔 온 '무병장수의 꿈'이 이뤄진 것이다.
- 그러나 급격한 기대 수명 연장은 대부분 노인에게 축복이 아닌 재앙이 되고 있다. 산업화를 거친 노년 세대는 전쟁 여파와 절대 빈곤, 정치적 민주화 등 굴곡진 삶을 살아왔지만, 현재는 가족과 건강, 경제적 안정과 사회적 관계를 모두 잃은 '상실의 세대'가 되고 말았다. 이런 상실은 근본적으로 경제적 상실로부터 출발한다.[33]

자본소득 > 노동소득, 장수사회가 준 세대 격차라는 병

현재 대한민국의 노년층은 타 세대보다 복지 제도에 대한 의존도가 심하게 높을 수밖에 없는 세대입니다. 소득이 발생하지 않으니까요. 그러면서 동시에 프리미엄 실버산업으로 대표되는 소비 주체로서 주목받고 있기도 합니다. 이러한 모순적인 특성은 과거 급변하는 대한민국 경제 발전사의 처음부터 끝을 모두 경험한 세대인 탓이 큽니다.

대한민국은 1950년 한국전쟁 이후 현재까지 급속한 산업화를 통해 선진국 반열에 접어든 특별한 국가입니다. 그리고 현대에는 정보화사회의 필수품인 반도체 생산의 중심지이자 고도의 기술이 필요한 자동차·조선·철강업 등을 선도하는 제조업 중심지 역할을 담당하고 있죠. 급속한 산업화 과정에서 국가 경제 규모도 함께 성장해 온 결과, 무엇보다 빠르게 증가한 것이 자산의 가치입니다. 특히 주식과 부동산으로 대표되는 자산의 상승 폭이 가장 컸죠. 자산 배분이 특정 계층을 중심으로 편중된 것 또한 사회적 불평등을 심화시키고 있습니다.

자산 배분의 불평등은 일본에서 먼저 나타났는데요. 일본은 부동산과 주식을 비롯한 금융 자산의 70% 이상을 70대 이상의 고령층이 보유하고 있습니다. 이는 일본이 경제적 황금기를 구가하던 시절을 보낸 현재의 70대가 과거 경제 활동 과정에서 자산을 취득했기 때문인데요.

반면 일본의 청년층은 잃어버린 30년으로 표현되는 장기 디플레이션으로 인해 금융 자산을 축적하지 못하고 그 달 벌어 그 달 쓰는 생존 방식을

---

33 최샛별, 『한국의 세대 연대기: 문화사회학으로 바라본』(서울: 이화여자대학교출판문화원, 2018). 7장의 일부를 요약.

택했습니다. 실질적인 저축이 0에 가깝다 보니 저축과 투자가 이루어지기 어려웠고, 경제 성장이 없으니 청년층의 도전도 어려웠던 거죠. 노동소득에 비해 자산의 크기가 크다 보니 풍족한 연금을 보장받고 넉넉한 금융 자산을 보유한 70대가 청년층보다 더 여유로운 삶을 살게 되었고, 이로 인해 세대 간 갈등 구조가 일상화되었습니다.

일본에서 나타난 세대 간 자산 배분의 불평등 및 청년층과 노년층 간 갈등 구조는 현재 우리나라에서도 점차 선명해지고 있습니다. 우리나라의 경제 성장을 주도해 온 60대의 주식과 부동산 보유 수준도 일본과 유사하게 꽤 높은 편인데요. 60대의 경우 언뜻 생각해 보았을 땐 경제적으로 은퇴를 시작하는 시기라는 점에서 자산이 증가하기 어려울 것으로 보이기도 합니다. 그러나 노동 임금에 비해 자산 가격이 빠르게 증가하고 있는 우리 사회에서 알짜배기 자산을 보유하고 있다면 임금 노동자에 비해 경제력이 더 빠르게 증가할 수도 있는 것이죠.

자산을 보유한 60대는 과거부터 취득하고 관리해 온 부동산을 지속적으로 확장시키면서도 과거와 달리 자신들의 부를 자녀들에게 물려주지 않는 모습을 보입니다. 과거 자녀들이 부모의 노후를 책임지던 세상이 끝나고, 자녀에 대한 증여세가 증가하는 상황에서 재산을 넘겨주기보다 '리치 올드'를 선택한 노년들의 수가 늘어나는 추세에 있죠. 노년층을 대상으로 한 프리미엄 사업은 대개 이런 사람들을 대상으로 소구하는 경우가 많습니다. 일본처럼 청년층보다 부유한 노년층이 증가하는 상황이 우리나라에서도 나타나기 시작한 것입니다.

노인 빈곤율 1위, 대한민국의 민낯

이와는 반대로 노년층의 빈곤율 또한 급속히 증가하고 있습니다. 이는 노인 세대 내 자산 보유 불평등과 연결되는데요. 부동산 혹은 금융 자산을 보유한 60대의 경우 지속적인 자산 가격 상승 추세를 바탕으로 충분한 수준의 경제적 여유를 확보할 수 있었으나 자산을 보유하지 못한 60대의 경우 경제적 빈곤에 놓일 수밖에 없었습니다. 노후 준비가 전혀 되지 않은 상태에서 노년층에 대한 재고용이 사실상 불가능한 경제 구조가 자리 잡다 보니 말 그대로 준비 없이 세상에 던져진 존재가 되어 버린 거죠. 60대 빈곤층의 증가, 일해야만 살아갈 수 있는 60대의 증가는 이러한 사회상을 단적으로 보여주는 사례이기도 합니다.

한국은 OECD 회원국 중 노인 빈곤율 1위(2015년 기준 49.6%), 노인 자살률 1위 등 노인 생존 관련 지표가 상당히 취약한데요.[34] 유사한 인구 구조의 일본과 비교해 볼 때 일본 노년층은 소득이 없는 대신 주식과 부동산 등 다양한 자산을 골고루 보유한 반면, 한국 노년층은 소득이 없으면서 대부분 자산이 부동산으로 형성되어 있는 기형적 구조를 취합니다.

한국외대 이창민 교수는 현금화가 어려운 부동산 임대 수익에 노후 자금을 의존하는 한국의 경제 구조로 인해 향후 노인 생존 문제가 심각해질 수 있다고 지적했는데요.[35] 부동산 가격이 폭락할 경우 노년층의 노후 자금이 증발할 수 있기 때문에 청년층의 부동산 구입 부담이 심각하지만 부

34 "Social and Welfare Statistics", OECD, 2023. 09. 01. ; doi. org/10. 1787/socwel-data-en

35 "[지식뉴스] "치고 빠지는 데 성공한 고령층".. 일본 '잃어버린 30년'이 만든 진짜 '위기' ① (ft. 이창민 한국외대 일본학과 교수) / 교양이를 부탁해 EP.12 / 비디오머그", 유튜브 비디오머그-VIDEOMUG; youtube. com/watch?v=SYBoKB6YglI

동산 가격 안정화 정책을 섣불리 선택할 수 없다고 지적했습니다. "아랫돌 빼서 윗돌 괸다"라는 속담처럼 부동산 가격 안정화 정책을 통한 경제 구조 개선이 노인 복지 문제와 자산 가격 붕괴 등 예상치 못한 문제를 만들 것이라는 거죠. 게다가 노년층의 생존을 위해 자산 처분 없이 세금 형태의 복지 지출을 늘릴 경우 청년층과의 세대 간 갈등은 피할 수 없게 됩니다.

인구 구조 측면에서 노년층의 상황을 살펴보겠습니다. 현재의 노년층 가운데 특히 60대는 출생아 수가 가장 많은 전후 베이비 붐 세대입니다.

더 알아보기

간병 살인으로 본 노년층의 생존 문제[36]

- 2019년 7월 거동이 불편한 아내를 살해한 혐의로 80대 남성 A 씨가 재판에 넘겨졌다. 60년간 아버지로서, 남편으로서 가족들을 부양한 그는 20년 넘게 투병하던 아내를 홀로 간호했다. 그러나 아내가 담낭암 말기 시한부 선고를 받자 A 씨는 고통받는 배우자를 위해, 또 자식들의 부담을 덜어주려고 아내를 죽음에 이르게 했다.
- 부산지법은 그해 살인 혐의로 기소된 A 씨에게 징역 3년, 집행유예 5년형을 내렸다. 판결문에는 "피해자가 고통받는 모습을 보다 못해 간병 살인에 이르렀고, 자식들은 아버지의 불안과 슬픔을 말하면서 부모님을 돌보지 못한 자신들을 탓하라고 호소하고 있다"라고 썼다. 목숨을 앗아간 죄는 중하나 그럴 만한 사정을 이해한다는 것이다.
- 최근 오랜 간병의 어려움으로 인한 범죄가 빠르게 늘고 있다. 가장 극단적 형태가 '간병 살인'이다. 하지만 법의 잣대는 가혹하지 않았다. '돌봄'의 모든 책임을 가족이 떠안아야 하는, 고장 난 사회 시스템의 변화를 촉구하고 있다. 가해자들이 겪은 간병 부담은 법원이 온정을 베풀게 된 가장 큰 이유다.
- 실제 42건의 살인 혐의 가해자의 면면을 보면 남편(12건), 아들(9건), 아내(8건), 어머니(5건), 형제(4건), 딸(2건), 아버지(1건) 등 대다수가 직계가족이었다. 피해자의 절대다수(69%)를 60대 이상의 노인이 차지해 급속한 고령화와 함께 간병 살인도 늘고 있다는 사실이 확인됐다.
- 결국 돌봄의 사회적 역할, 정확히는 간병을 전담하는 가족에 대한 지원 확대가 절실하다는 결론에 이르게 된다. 석재은 한림대 사회복지학과 교수는 "간병 기간이 길어질수록 가족은 단순한 스트레스를 넘어 경제적·사회적으로 고립돼 사회와 단절될 수밖에 없다"라며 "가족 돌봄자 휴식 제도처럼 이들에게 휴식과 상담을 제공하는 서비스가 필요한 상황"이라고 지적했다.

20~50대는 현재 경제 활동을 이어가고 있다는 점에서 미래 인구 문제의 중심이 될 세대이지만, 60대는 은퇴한 상황인데다 생산 활동에서 배제되었기에 '현재' 인구 구조상 문제를 만들어 내는 세대입니다. 게다가 과거 우리 사회를 위해 여러 노력과 희생 그리고 포기를 강요받았던 세대이지만, 지금은 우리 사회로부터 문화적·사회적으로 버림받고 소외 받는 것도 모자라 경제적으로 짐짝 취급을 당하기도 합니다. 청년 시절에는 '자식이 부모를 책임지는 것이 당연하다'라는 세계관 아래 자식 교육과 부모 부양을 도맡았는데, 경제적으로 은퇴하게 된 현재는 자식들도 생존하기 어려운 세상이라 차마 경제적 지원 요청도 못하고 있죠. 결국 사회적으로 고립된 60대 저소득층은 공적연금을 통한 경제적 생존을 기대하기 어렵고, 공공부조나 사회복지 정책의 형태로 국가가 직접 부양해야 할 필요성이 커졌습니다.

여성 노인의 생존 문제는 더욱 처참합니다. 노년에 찾아오는 빈곤의 늪은 여성에게 더 치명적일 수밖에 없는데요. 청년기 시절 육아와 가사노동으로 인해 경력 단절을 겪었던 이들은 경제생활에 필요한 전문 기술을 개발하지 못한 경우가 대다수입니다. 경제생활에 참여하지 않다 보니 여성 노인들은 국민연금 같은 사회보장제도에서도 소외되었죠. 상당수는 경력 단절로 인해 국민연금 최소 가입 기간인 10년도 채우지 못한 결과, 2021년 기준 만 65세 이상의 국민연금 수급자 비율은 남성이 83.4%, 여성이 35.2%로 차이가 큽니다.

결국 노년층이 마주하는 인구 구조 문제는 '경제력이 없는 세대의 생존을 어떻게 실현시킬 것인가?'라는 질문으로 이어집니다. 이 질문 뒤에는

---

36 조선일보 "[2022 다시 쓰는 젠더 리포트] 여성 노인이 빈곤 더 취약⋯일자리 적고, 연금가입률 낮아", 조선일보, 2022. 05. 26.

지원이 없어도 생존 가능한 부유한 노년층과 지원 없이는 생존 불가능한 빈곤 노년층 간의 불평등 문제가 자리 잡고 있죠. 빈곤 노년층에 대한 국가적 지원은 사회보험을 통해 이루어질 수밖에 없고 재원은 청년층의 세금을 통해 마련됩니다. 결국 사회보험을 통한 노년층 부양은 노년층에 대한 사회적 혐오를 낳게 됩니다. 혐오의 주체는 당연히 현재 재원을 부담해야 할 생산 연령대인 청년층이 되겠죠. 노년층은 과거 자신들이 강요받았던 사회적 희생에 대해 인정받지 못하는 세상에서 목소리도 내지 못한 채 음지에 숨어서 자신들의 슬픔을 곱씹을 수밖에 없습니다.[37]

부양의 의무, 세대 간 갈등과 동행

젊은 친구들이 먼저 말 걸어 주는 것만으로도 감사하죠. 사실 젊은이들과 이야기하다 보면 무슨 말을 꺼내야 할지 잘 모르겠어요. 예전에는 어제 TV에서 본 시청률 높은 드라마, 개그 프로그램 이야기만으로도 다양한 사람들과 대화를 이어갈 수 있었는데, 요즘은 공통의 관심사랄 게 없잖아요? 젊은이들에게 먼저 말을 걸려고 해도 꼰대 소리 들을까 봐 조심스러워요.
– 광주에서 근무하는 60대 고등학교 국어 교사 d

여러 게임이나 판타지 소설에 고정적으로 등장하는 인물 중 하나로 현자(賢者) 캐릭터가 있습니다. 이들은 대개 주인공보다 훨씬 나이가 많고 풍부한 과거 경험을 자랑하죠. 주인공들이 무언가 벽에 부딪혔을 때 어디선가 등장한 고령의 현자 캐릭터들은 문제 해결의 실마리를 툭 던져 주고 다

---

37 ""간병 살인 국가도 책임"… 36%는 집행유예 판결", 한국일보, 2022.06.16.

시 사라지곤 합니다. 문제 해결의 중심에 서지는 않지만, 주인공들이 갈 길을 인도해 준다는 점에서 사실상 '없으면 안 되는 중요한 존재'라고 평가할 수 있죠.

더 알아보기

미디어 속 노인 현자 캐릭터로 살펴보는 노인에 대한 시선

캐릭터명	등장 작품	캐릭터의 성격(속성)
요다	스타워즈	깊은 지혜와 예지력으로 수많은 제다이들에게 막대한 영향을 주었고, 사후에도 깊은 경배를 받는다.
간달프	반지의 제왕	작중 가장 지혜로운 인물로 인간, 엘프, 호빗족 등 주인공들의 미래를 이끌어 준다.
덤블도어	해리포터	'볼드모트(어둠의 마왕)'라는 매우 강력한 어둠의 마법사를 상대했다. 주인공인 해리포터와 동료들을 도와주고 보호하는 역할을 수행한다.
스플린터 사부	거북이 특공대	돌연변이가 된 주인공 거북이들을 어렸을 때부터 입양하여 키우고 닌자 기술을 가르쳐 준 캐릭터이다.

육체노동이 중심이었던 과거 농경사회에서 노동력으로서 노인의 가치는 지식산업이 중심인 현대 사회보다 더 낮을 수 있습니다. 노인의 육체적 능력은 빠른 속도로 퇴화할 수밖에 없으니까요. 그러나 그들은 삶의 발자취에서 얻은 풍부한 지혜를 공동체에 제공해 주는 '현자'와 같은 존재였습니다. 공동체는 과거의 실수를 반복하지 않고 과거의 성공을 재현하기 위해 노인을 보호하고 공경해야 했죠. 노인들은 공동체가 생존할 수 있도록 반드시 필요한 지혜를 어른의 위치에서 아낌없이 나누어 주었고, 공동체는 숱한 풍파 속에서 살아남은 노인들에게 각종 칭호를 붙여 가며 대우했습니다. 장로(長老) 같은 직책 외에도 환갑, 회갑 등 노인을 지식인으로 대하

고 장수한 노인에게 사회적으로 축하하거나 축복하는 의례를 여러 문화권에서 쉽게 찾아볼 수 있죠.

과거 농경사회에서 노인들은 대우받고 존중받았습니다. 윤리·도덕적인 이유 외에도 오랫동안 사회가 급격하게 변하지 않았기 때문에 노인의 경험은 상당히 큰 가치를 가졌고, 공동체를 중심으로 운영되는 농경 중심 사회가 붕괴되지 않기 위해서는 약자를 보호해야 한다는 점이 복합적으로 작용했기 때문이기도 합니다. 하지만 이처럼 노인을 공경하고 대우하는 문화는 산업화 이후 빠르게 사라지기 시작했죠. 도시화와 산업화 과정에서 이촌향도 현상이 진전되자 오랜 시간 형성되고 유지되었던 농촌 공동체가 빠른 속도로 해체됩니다. 이후 농촌에서 현자 역할을 하던 노인의 사회적 지위는 점차 희미해졌죠. 여기에다 청년에 비해 새로운 것을 습득하기 어렵고 과거를 좇을 수밖에 없는 노인의 세대적 특성으로 인해 노인을 사회 구성원으로 바라보기보다 일방적으로 보호하고 챙겨야 할 존재로 인식하게 되었습니다.

게다가 노동력에 비해 도시 내 일자리가 부족한 상황이 만성적으로 지속되면서 사회는 은퇴 연령을 공식화하고 생산 가능 연령과 은퇴 연령을 무 자르듯 구분하기 시작합니다. 이제 노인 인구는 구조적·제도적으로 은퇴 연령 이후에 경제생활을 하는 것 자체가 금지되었죠. 물론 최근에는 부족한 노동 인구를 대체할 수단으로서, 평균 수명 증가에 따른 제2의 인생을 설계할 주체로서, 그리고 은퇴 후에도 경제 활동을 이어 나가는 능동적 소비 주체로서 노인상이 자리 잡는 추세입니다. 하지만 아직도 노인이 일자리를 갖는 것은 청년 일자리를 빼앗아 가는 행위로 인식하고 비판적으로 평가하는 경우를 종종 보게 됩니다.

노인의 경제 활동 참여, 생애소득가설을 적용하여 해석하기

- 생애사적 관점에서 유소년과 노년층은 소득보다 소비가 많을 수밖에 없는 시기입니다. 2024년 현재 법적 정년퇴직이 65세 전후로 정해진 상황에서 노인들이 주로 종사하던 단순노동을 대체할 해외 노동력이 지속적으로 유입될 경우 노년층이 은퇴 후 재취업을 통해 소득을 발생시키기란 상당히 어려운 일이죠.
- 노후 경제 활동 설계의 핵심인 연금의 소득대체율이 상당히 낮은 40% 수준으로 유지될 경우 연금에 의존한 노년층의 생존 전략이 무의미해질 수밖에 없습니다. 인구 구조상 생산가능인구의 급감이 확정된 상황에서 정년 연장 등을 통해 노년층의 경제 활동 참여를 연장하고, 그 시기의 소득을 연금 제도와 연동시킨다면 노년층의 자립 생존 가능성을 높일 수 있을 겁니다.
- 지금까지 노인 경제 활동은 대부분 정부 주도의 공공형 일자리를 중심으로 이뤄졌는데요. 앞으로는 공공형 일자리 외에 민간 일자리에도 노인의 진출이 확대되어야 할 필요가 있습니다. 다만 이 경우 청년층의 경제생활을 노년층이 방해하는 형태가 될 수 있으므로 치밀한 준비가 선행되어야 하겠죠.

노인 인구 비율이 증가함에 따라 노년층의 능동성이 점차 강조되고 있지만, 그럼에도 사실상 노인을 '부양의 대상'으로 인식하는 것은 전 세계 공통으로 나타나는 일반적인 현상입니다. 그리고 이 부양의 주체 역시 복지의 탈상품화 기조에 맞춰 선진국을 중심으로 '국가'가 부양을 전담하는 시스템이 보편화되고 있죠.

'틀니'를 혐오하는 청년, '틀니'를 혐오하는 사회

한국과 일본처럼 고령화가 급속히 진전되는 국가에서는 과거에 없던 노인 혐오 현상이 나타나고 있습니다. 동아시아 국가들이 예의를 중요시하는 유교 문화권임을 생각해 볼 때 이는 상당히 이질적인 현상으로 느껴

더 알아보기

탈상품화와 복지 제도[38]

- 탈상품화(decommodification)란 "시민들이 자유롭게, 그리고 직업, 수입, 일반적 복지를 상실할 위험이 없는 상태에서 그들 자신이 필요하다고 생각될 때 노동에서 손을 뗄 수 있게 되는 것"을 의미한다. 노동자가 본인의 노동력을 시장에 상품으로 내놓지 않더라도(탈상품화) 국가가 복지 제도를 통해 일정 수준 이상의 급여를 제공해 준다면 그 국가는 복지 수준이 높다고 평가받을 수 있다.

- 에스핑-앤더슨(Esping-Andersen)은 탈상품화의 정도를 기준으로 복지국가를 세 가지 유형으로 나누었다.

구분	자유주의 복지국가	조합주의 복지국가	사회민주주의 복지국가
특징	엄격한 선별주의 복지, 낮은 탈상품화 수준, 다원화/불평등 필연, 대립적 계층 관계 형성	전통 가족 기능 중심 복지 (여성의 가사 노동에 높은 가치 부여), 계층 및 직업 간 차별 인정	평등 중심의 복지 제도, 높은 탈상품화 수준, 소득에 무관한 보편 복지, 가장 낮은 계층화 수준
대표국	미국, 영국, 호주 등	독일, 프랑스 등	스웨덴, 덴마크, 핀란드 등

- 일반적으로 탈상품화의 수준이 높을수록 복지 수준 역시 높다고 평가받는데, 탈상품화 측정에는 다음과 같은 지수들이 사용된다.

- 평균 임금 대비 최저 임금액의 크기(비율)
- 전체 재원 중 수급자 부담액의 비중
- 평균 임금 대비 평균 연금급여액의 비율(소득대체율)
- 전체 인구 중 실제 수급자의 비중
- 급여 수급을 위해 요구받는 가입 기간

질 수 있죠. 하지만 노인 혐오 문화는 분명 현재진행형이며, 그 정도 또한 점차 심각해지고 있습니다.

---

38 박진화, 『사회복지역사(제3판)』(파주: 정민사, 2024). "복지국가 시대"의 일부 발췌.

최근 우리 사회에서 노인을 상징하는 단어로 통용되는 것에는 '틀니'가 있습니다. 자연치아가 결손되었을 때 의치로 보충하기 위해 사용하는 틀니는 노년층이 대부분 사용하기 때문에 빠른 속도로 상징적 단어로 자리 잡았는데요. 청년층은 노인들에 대해 '틀딱(틀니 딱딱대는 소리)'으로 표현하면서 혐오와 비난을 숨기지 않죠. 청년층이 노년층을 혐오하는 이유는 복합적입니다. 소통 불가능, 세금을 부담하지 않고 쓰기만 하는 계층, 청년들에 대한 고압적인 태도 등이 주로 언급되죠. 특히 노년층과 청년층 간 소통의 단절은 꽤나 심각한 문제인데요. 가족과 친척 커뮤니티가 붕괴되기 전에는 청년과 노인을 아우를 수 있는 공통의 관심사가 형성되기 쉬웠던 반면, 인터넷이 보급된 후 오프라인 커뮤니티가 붕괴하고 있는 최근에는 청년과 노인 간 공통의 관심사를 찾기 점차 어려워지고 있습니다.

사회구조적 관점에서 노인은 사회 적응을 위해 투입해야 할 비용이 크지만, 사회 적응 시 발생하는 효과는 적은 집단으로 정의됩니다. 신체 능력 저하 등으로 인해 스스로 무엇을 배우고 실천하기가 워낙 힘들어 주변에서 알려 주어야만 새로운 것을 겨우 받아들일 수 있는 경우가 대부분이니까요. 여기에다 청년층은 자신이 낸 세금이 노년층이 받는 각종 복지 제도 유지에 투입된다는 점에 분노합니다. 이는 노년층 전체에 대한 분노와 혐오로 이어지고요.

노인은 신체적·경제적으로 은퇴 시기에 접어든 약자라는 점에서 공개·비공개 장소에서 린치의 대상이 되는 경우도 빈번합니다. 노년층은 홀로 서기가 불가능해질수록 사회와의 대화를 포기한 채 자신들만의 커뮤니티를 공고히 하고 그들끼리만 소통을 이어 나갈 수밖에 없습니다. 청년층은 여기에 대해 또다시 공격과 비난을 일삼게 되고 노년층과 청년층은 서로를 이해할 수 없는 엄청난 간극을 느끼게 되죠. 광화문, 탑골공원, 종로3

가, 종로5가, 서울역 등으로 대표되는 노인 문화가 타 문화에 비해 지나치게 폐쇄적인 것도, 청년들이 노인들에게 일방적으로 비난과 공격을 일삼는 것도 모두 이것의 연장선상에 있습니다.

사실 청년층과 노년층의 대립은 인간의 유구한 역사에서 항상 있었던 일입니다. 그런데 왜 최근에야 엄청난 사회 문제로 주목받고 있을까요? 이는 청년층과 노년층이 서로 섞일 일 없는 상황이 고착화되면서 서로에 대한 원색적인 비난과 공격만 남게 된 사회 구조의 탓이 큽니다. 경제적으로는 복지 부담 증가에 대한 청년층의 불만이 커졌고, 사회적으로는 서로의 생각을 일상적으로 공유할 수 있는 커뮤니티가 파편화되었으며, 정치적으로는 거대 이익 집단화된 노년층의 연대에 대한 청년층의 반발을 들 수 있겠네요.

집단주의와 전체주의, 정치 논리에 매몰된 극우 노년층

현재의 노년층은 꽤나 극적인 인생사를 겪어 왔습니다. 우선 어린 시절 한국전쟁으로 인해 붕괴한 사회를 몸소 느끼며 자라왔고, 경제적 상황이 워낙 어렵다 보니 평균 학력 수준이 이후 세대보다 눈에 띄게 낮은 세대이기도 합니다. 또한 반공을 국시(國是)로 한 사회 속에서 자라면서 반공에 대한 의지가 명확했고, 엄혹한 군사 독재와 어려운 경제 부흥기를 겪으면서 순응과 순종에 길들여진 세대이기도 하죠.

노년층은 타 세대보다 집단주의적 성향이 강합니다. 특히 가족이나 친족들에 대한 희생과 양보를 미덕으로 여겨 왔고, 전후 베이비 붐 세대로서 어느 상황에서나 집단·단체 생활을 늘 당연시하던 세대이기도 하죠. 지역

사회를 중심으로 운영되는 농경사회 및 공동체 해체와 개인주의를 중심으로 이루어지는 자본주의·산업화 사회를 동시에 보낸 세대입니다.

1950년대 이후 세대 중 현재의 60대를 제외하고 다른 사람을 위한 희생-강제적으로든 자발적으로든-을 감내해 온 세대는 거의 없습니다. 오직 1950~60년대 출생자들만이 그 길을 걸었죠. 영화 「국제시장」에서 주인공인 윤덕수^(황정민 분)의 인생사가 말해 주듯 이 세대는 미래 세대를 위해 자신의 것을 양보하는 것을 당연하다고 여겼습니다.

그러나 60대 이상 노년층의 과거 노력은 현 사회에서 제대로 인정받고 대우받지 못하고 있습니다. 오히려 틀딱이라는 청년층의 비하 표현이 말해 주듯 혐오와 조롱, 비난의 대상이 되고 있죠. 노인 세대 입장에서는 자신들이 일궈 온 대한민국 사회에서 배신당했다는 생각과 함께 이 사회가 옳지 않은 방향으로 흘러간다고 인식할 수밖에 없는 상황이 연출되고 있습니다. 특히 이들 중 일부는 반공주의와 집단주의를 화학적으로 결합시켜 새로운 사상으로 만들고 실천하려고도 합니다. 박근혜 전 대통령의 탄핵 정국을 기점으로 얼굴을 드러내고 활동하는 극우 노인 보수층인데요.

과거에도 반공과 집단주의를 외치려고 했지만, 저물어 가는 세대라는 이유로 자신들의 목소리를 제대로 내지 못했습니다. 그런데 스마트폰 사용이 일반화되고 SNS의 접근성이 좋아짐에 따라 과거와 달리 IT가 청년층의 전유물에서 벗어나 전 국민에게 보편화되었습니다. 아이러니하게도 SNS를 공격적으로 사용하기 시작한 전국의 극우 노인 보수층은 가상공간 커뮤니티를 활용해 전국 단위의 소통망을 구축할 수 있게 되었습니다.

이해관계가 확실한 집단은 언제나 정치인들에게는 매력적인 대상입니다. 자신들만의 정치적 시각을 공고히 유지하는 집단 전체를 지지층으로 만들 수 있다면 자신의 정치적 생명을 연장해 나갈 수 있으니까요. 특히 정치인이나 정당의 이념이 그 집단의 이념과 일치한다면 효과는 더욱 공고해집니다. 과거에도 그랬고 현재도 우리나라 정당들은 이념 중심의 구도를 벗어나지 못하는데요. 이 상황에서 극우 보수 성향을 지닌 노년층이 집단적으로 결집하게 되면서 정치적으로 강한 파괴력을 보유하게 되었습니다. '1인1표주의'와 평등 선거를 시행하는 대한민국에서 노년 인구의 지속적인 증가는 이들의 정치적 파괴력이 계속 강해질 것임을 보여주죠.

특히 극단적 성향을 가진 사람들의 경우 뚜렷한 결집력을 보여주는 한편, 자신의 사상에 대한 충성도나 몰입도가 중도 성향에 비해 매우 강한 모습을 보입니다. 최근 새로운 사회 문제로 대두되는 정치 분야에서의 극우 노년층 등장 역시 노년층의 사상과 정치인의 이해관계가 맞아떨어진 결과로 일어난 현상이며, 시간이 지날수록 극우 노년층의 활동 범위는 점점 넓어지고 있죠.

두려운 것은, 노년층의 극단주의가 강해지는 현상이 앞으로 우리 사회에 어떤 영향을 끼칠지 예측하기가 쉽지 않다는 점입니다. 사회 내 갈등 구조를 더 심화시킬 것은 분명하지만, 그 결과가 어느 정도로 나타날지는 가늠이 되지 않죠. 극단주의에 기댄 극우 정당의 출현 또한 사회 통합을 가로막을 가능성이 높습니다. 무엇보다 '반공과 빨갱이'만 울부짖는 노년층의 극단적 주장에 청년들이 얼마나 동조할지 의문입니다. 극우 노년층을 사회의 일원으로 인정할 수 있을지부터가 부정적이죠. 청년층과 노년층이 화합할 가능성은 이미 낮은 상황이었는데, 앞으로도 사회 내 이념적 대립이 세대 간 갈등을 심화시킬 수 있다는 점에서 미래가 밝아 보이지는 않습니다.

노년층을 빠르게 흡수한 극우 커뮤니티-일베와 극우 노년층의 화학적 결합

- 디시인사이드(www.dcinside.com)는 유선 인터넷이 보급되던 2000년대 초반부터 활성화되기 시작한 대표적인 온라인 커뮤니티입니다. 다양한 소규모 주제를 바탕으로 구성된 갤러리와 익명성 중심의 운영 시스템 등은 2000년대 후반 이후 인터넷 대표 커뮤니티 중 하나로 자리 잡도록 만들었습니다.

- 익명성은 언제나 인간의 본성을 극한으로 끌어올리는데요. 개인 간 상호작용이 일상화된 오프라인 세계와 달리 익명성이 보장되는 인터넷 공간은 자신의 극단적인 생각을 거리낌 없이 드러낼 수 있는 공간입니다. 야갤(야구 갤러리), 해축갤(해외 축구 갤러리), 막갤(막장 갤러리), 주갤(주식 갤러리), 코갤(코미디 프로그램 갤러리) 등 과거 디시인사이드를 대표했던 갤러리들은 익명성을 바탕으로 여러 사회적 문제를 만들어 냈죠.

- 초기 온라인 커뮤니티의 극단화는 정치와 그리 밀접한 연관성을 보이지 않았습니다. 그러나 2010년대 초반 정치적으로 중도·진보 성향이 강했던 노무현 대통령의 정치적 실책을 두고 합성을 통해 조롱하는 현상이 디시인사이드를 중심으로 일종의 밈(meme)으로 자리 잡으면서 양상이 점차 변하기 시작했습니다. 이들 중 일부는 반진보주의와 극단적 익명성을 바탕으로 자신들의 의견을 교환할 수 있는 더욱 급진적인 커뮤니티를 만듭니다. 이곳이 바로 일간베스트저장소(www.ilbe.com), 속칭 '일베'이죠.

- 초기 일간베스트저장소 이용자의 대부분은 10대부터 30대 초반 사이의 남성이었습니다. 이들이 커뮤니티를 이용한 이유는 단 하나, '재밌기' 때문이었죠. 2010년대 초반만 하더라도 온라인 커뮤니티에 대한 중장년층의 접근성이 낮았고, 온라인 커뮤니티는 20~30대 청년층의 전유물로 여겨졌습니다.

- 그러나 국정 농단 사태로 인해 박근혜 전 대통령에 대한 탄핵 결정이 이루어진 뒤에는 상황이 급변하기 시작합니다. 진보적 색채를 띠던 청년 위주의 온라인 커뮤니티는 활성화되어 있었지만, 노년층을 위한 온라인 커뮤니티는 사실상 전무했습니다. 그런데 빠른 속도로 스마트폰이 보급되는 과정에서 노년층의 인터넷 접근성이 확대되었고, 이들은 자신들의 생각을 공유할 수 있는 커뮤니티를 찾기 시작했습니다. 극우적 색채를 띠던 일간베스트저장소는 여러 의미에서 보수 정치 성향의 노년층에게 주목받는 공간이었죠.

- 박근혜 대통령 탄핵 정국을 계기로 일베는 '극우'라는 정치적 성향을 대변하는 커뮤니티로 바뀌기 시작했습니다. 일베는 늘 극우적 정치 성향이 강한 모습을 보였는데요. 이제 일베는 민주화 과정을 조롱하고 군부 독재를 정당화하는 것도 모자라 장애인 등 소수자에 대한 무차별적인 비난과 혐오도 서슴지 않는 극우 커뮤니티가 되었습니다.

- 일베가 극단적인 사람들 중심의 커뮤니티라는 것은 널리 알려진 사실이지만, 일베 이용자 중 정치적 성향이 강한 사람들 대부분이 노년층이라는 것은 대부분 잘 알지 못합니다. 일베의 고령화는 앞으로 극우 노년층이 증가할 수 있다는 위험을 단적으로 보여주는 사례라 할 수 있겠네요.

- 최근에는 네이버 뉴스(news.naver.com) 정치 부문의 댓글 이용자 고령화에서도 이러한 변화를 찾아볼 수 있습니다. 네이버 뉴스 정치 부문의 이용자 대부분은 50대 이상인데요. 댓글 상당수가 극단주의·우경화·고령층 친화적인 의견이라는 점에서 커뮤니티를 중심으로 사회적 의견 대립을 극명하게 보여준다고 할 수 있겠습니다.

극우주의 정치, 이상한 세대 간 동거

전통적으로 광장은 비정치인인 시민이 자신의 의견을 표현할 수 있는 장소였습니다. 온라인이든 오프라인이든 사람들은 '광장'에 모여 자신의 의견을 표현하곤 했죠. 정치적으로 다수인 경우에는 광장으로 이동하기보다 권력을 활용해 자신의 의견을 전달하는 방법을 선택합니다. 대의민주주의 사회에서는 다수 집단이 권력을 보유할 수 있기 때문이죠. 권력을 두고 다양한 집단들이 경쟁하는 과정에서 자연히 광장은 기존 정치 권력에 반대하는 세력이나 사회적 소수가 모여 자신의 의견을 표현하는 장소가 되기 마련입니다. 대한민국의 전통적인 광장 정치는 노동, 성, 환경 문제 등 소수의 이야기를 중심으로 형성되었죠.

그러나 박근혜 전 대통령의 탄핵 정국 이후 광장에서는 새로운 기류가 형성되기 시작했습니다. 이 중심에는 '탄핵 무효'를 주장하던 노인 세대가 있었는데요. 박근혜 전 대통령의 아버지인 박정희 전 대통령이 주도한 산업화를 겪으면서 성장했던 노인 세대는 박근혜 대통령에 대한 강력한 지지를 보낸 집단이었습니다. 탄핵 정국 당시 박 전 대통령에 대한 지지가 급속도로 떨어지면서 사회적으로 소수가 된 이들은 광화문을 중심으로 거리 정치를 시작했습니다.

정치적으로 외로운 극우였던 이들을 대표하는 키워드는 반공주의였습니다. 반공주의는 현재 노인 세대들의 젊은 시절을 관통하는 단어였죠. 반공주의를 내세웠던 박정희 전 대통령의 딸은 그들에게 있어 '반공주의' 자체를 상징하는 아이콘이었습니다. 이들은 자연스럽게 박 전 대통령을 탄핵한 정치인과 시민들을 종북주의 세력으로 정의하게 되었죠. 이후 반공을 대표하는 또 하나의 키워드인 한미동맹과 연결되면서 광장에 모인 극우 성향의 노인들은 박 전 대통령 탄핵 무효, 한미동맹 지지, 반공주의 강화라는 연결 짓기 어려운 세 키워드를 조립하기 시작했고, 이후 태극기와 성조기가 이들을 대표하는 상징이 되었습니다.

반노무현주의, 반김대중주의, 반전라도주의가 득세하던 일베, 반공주의와 박 전 대통령 탄핵 반대를 외치던 극우 노년층 간의 화학적 결합은 어쩌면 당연한 결과였습니다. 오프라인에서 정치적 소수였던 일부 청년과 노년층은 온라인 광장과 오프라인 광장을 통해 결집하게 된 것이죠. 일간베스트저장소와 태극기부대, 20대와 60대라는 어울리지 않는 세대 간 동거는 정치권에 꽤나 신선한 변화로 와닿았습니다. 트럼프, 아베, 시진핑으로 대표되던 극단적 민족주의와 보수주의가 우리나라에도 뿌리를 내릴 조건이 만들어진 거죠. 그리고 이러한 변화는 지금까지도 이어지고 있습니다.

일베를 중심으로 형성된 극단적 우익 사상이 우리 사회에 심각한 문제를 가져온 것은 사실입니다. 다만 본서에서는 그 문제 자체보다 그것이 앞으로 어떤 형태로 변형되거나 심화될 수 있을지 이야기해 보고자 합니다. 인구 구조가 가져온 세대 간 갈등과 대립이 정치적으로 어떤 구도로 나타나게 될지를 살펴보는 것 또한 굉장히 중요하거든요.

정치권, 세대 갈등과 분열 이용하기

선거를 통해 운영되는 민주 국가에서는 누가 한 표라도 더 얻어서 궁극적으로 선거에서 이기는지에 따라 권력의 향방이 결정되는 구조입니다. 정치와 스포츠가 '승자 독식'이라는 점에서 다를 바 없는 셈인데요. 노르웨이의 정치학자 스테인 로칸(Stein Rokkan)과 미국의 정치학자 시모어 마틴 립

셋(Seymour Martin Lipset)은 사람들이 절대 섞이거나 타협할 수 없는 일정한 갈등의 선을 바탕으로 사람들이 정치적 분화를 이룬다고 보았고, 이를 표현하는 '균열(cleavage)'이라는 개념을 만들어 냈습니다. 근대 유럽의 정치 구도를 연구했던 립셋과 로칸은 균열의 요소로 종교, 재산 보유 정도, 지역 등을 제시했는데요. 아마도 당시 유럽에서는 이 세 가지가 중요한 요소였던 것 같습니다.

그렇다면 우리나라를 지배하는 균열은 무엇일까요? 2000년대까지만 하더라도 우리나라의 중요한 균열은 세대와 이념 그리고 지역으로 평가할 수 있습니다. 한국전쟁을 겪은 우리나라는 반공을 국가 시책으로 삼았습니다. 일제의 식민 통치에 이어 큰 전쟁이 이어지면서 극심한 가난을 겪어야 했던 극한의 생존 상황은 전후 1세대에게 성공의 의무와 공산주의·사회주의·북한에 대한 혐오감을 만들기에 충분했죠. 무엇이든 좋으니 가난만은 떨쳐 내자는 생각이 1950~60년대 사이에 태어난 사람들에게는 너무나 당연한 논리였습니다.

국민들의 노력과 강력한 정치적 리더십, 그리고 우리나라에 유리했던 대외 교역 여건 등은 빠른 속도로 산업화를 달성할 수 있도록 만들어 주었습니다. 흔히 말하는 '한강의 기적'이 일어난 거죠. 하지만 이 과정에서 모두가 웃을 수 있었던 건 아니었는데요. 도시 노동자들은 '선 발전 후 분배'를 이유로 저임금을 강요받았고, 도시 노동자들의 생존을 위해 농촌은 낮은 쌀값을 감내해야 했죠. 대한민국은 이런 어려운 상황 속에서도 1950~60년대생의 노력과 희생을 바탕으로 엄청난 발전을 이룰 수 있었습니다. 대한민국의 발전상을 설명하는 대표적인 이론에 월트 로스토(Walt Whitman Rostow)의 경제 발전 5단계설이 있는데요. 진화론에 토대를 둔 로스토의 경제 발전 5단계설은 경제 발전이 시간에 따라 일정한 단계를 거치며 이루어진다고 설명합니다.

월트 로스토의 경제 발전 5단계

1단계(전통 사회)	2단계(도약 준비)	3단계(도약 단계)	4단계(성숙기)	5단계(대량 소비)
대부분 농업 인구, 생산성 매우 낮음	공업화로 이행하기 위한 단계의 과도기	급속한 공업화, 농업 기술 혁신, 농업의 상업화	기술 혁신, 산업 고도화, 도약기로부터 60년이 경과	소비재산업과 서비스산업에 주력, 도시 팽창 및 복지 국가 등장

　로스토의 이론에 따르면 경제 발전에서 가장 중요한 시기는 2단계와 3단계인데요. 과도기 시기에 적절한 자본 형성과 기술 혁신이 이루어질 경우 산업화가 가능하기 때문입니다. 현재의 노년층은 2~3단계를 성공적으로 보내기 위해 청춘을 바친 세대였죠. 영화 「국제시장」을 보며 많은 노년층 관람객들이 눈물을 흘린 이유는 어쩌면 이들의 기억 속에서 영화가 다시 청춘을 꺼내 주었기 때문일지도 모르겠습니다. 이들은 지금의 대한민국을 만들어 낸 세대라 자부하고 있고, 또 과거의 희생에 대해 지금 보상받는 것을 당연하게 여기는 세대일 수도 있죠.

　반면 산업화가 완료된 뒤에 태어난 이후 세대는 이전 세대와 조금 다른 것을 느낍니다. 부모 세대의 희생으로 국가가 성장하는 것은 분명하지만, 부모 세대의 희생만큼 평범한 사람들의 삶의 수준이 나아지고 있는지에 대해 의구심이 생기기 시작했던 것이죠. 이들은 '공부하고 성공하면 집안과 지역을 먹여 살릴 수 있다'라는 주변의 기대를 등에 업고 대학에 입학했지만, 금방 현실의 문제를 깨닫고 앞다투어 사회 운동에 투신한 세대입니다. 1960~70년대생으로서 8○학번으로 대표되는 민주화 운동 세대가 이들이죠. 이들은 현재 청년층인 8090세대와 또 다른 세대적 특성을 보입니다.

이처럼 우리나라의 세대 특성이 각기 다르다 보니 최근 우리 사회에서는 세대가 일종의 균열로 자리 잡기 시작하고 있습니다. 세대 간 갈등이 심화되는 과정에서 과거의 지역과 이념 중심의 균열이 빠르게 세대 중심으로 재편되었고, 청년과 노인이 반목하는 현상도 일반화되고 있습니다.

청년과 노인의 반목 과정에서 정치인들은 세대 간 반목을 적절히 이용하고 있습니다. 특히 노년층에 대한 전략은 꽤 체계적인데요. 노년층 대부분이 어려서부터 반공 교육을 꾸준히 받아 왔다는 점과 그들의 성장 시기에 가족이나 사회가 노후를 보장해 주었던 과거의 문화들을 주재료로 사용하고 있죠. 현재 공산권 국가 대부분은 붕괴했고, 북한은 사실상 정상 국가로서의 취급도 받지 못하고 있습니다. 게다가 학생운동마저 완전히 사라진 오늘날 반공, 운동권 심판, 종북세력과 주체사상파 척결처럼 30년 전에나 의미 있을지 모를 철 지난 메시지가 여전히 유령처럼 우리 사회에서 떠돌고 있는 것은 정치인들의 전략과 무관하지 않습니다. 실제로 종북세력, 주체사상파, 운동권이 존재하느냐는 중요한 게 아니죠. 그들이 그렇다고 정의를 내리고 믿는 이상 그것은 분명 '존재하는 현상'이니까요.

경제적 측면에서도 세대 간 반목을 이용한 접근 방식은 유용합니다. 특히 노년층 대상 사회복지제도는 이를 적나라하게 보여주고 있죠. 전체 인구 중 노인 비중이 꽤 높다 보니 정치인들은 노인 대상 복지를 선거 공약에서 쉽게 빼지 못합니다. 사회적으로 연금을 비롯한 복지 제도에 대한 재검토가 필요한 상황에서도 어느 정치인이든 선뜻 먼저 공론화시키기가 어렵습니다. 모든 국민이 동등하게 한 표를 행사하는 1인1표주의 시스템에서는 노년층을 적대시할 수 있는 정치인들이 사실상 없기 때문이죠. 한 표라도 더 얻어야 하니까요.

고려장 정치인이 되고 싶지 않은 엘리트들

사회복지는 현대 국가에서 매우 중요한 주제입니다. 농경사회의 공동체가 붕괴된 상태에서 언제든 생존의 어려움을 겪을 수 있는 도시 생활의 불확실성을 줄여줄 수 있는 확실한 시스템 중 하나이니까요. 특히 소득이 없는 노년층의 경우 복지에 대한 의존이 더욱 클 수밖에 없습니다. 그러나 안타깝게도 우리나라의 인구 구조가 급속히 고령화되는 과정에서 가장 위협받고 있는 사회 시스템 중 하나가 바로 국민연금입니다. 특히 유소년층이 급감하는 가운데 20~30대 청년들은 현재의 복지 제도를 폰지(Ponzi) 사기라고 비난할 정도입니다. 신뢰가 사라진 사회 시스템은 엄청난 부작용을 낳기 마련인데, 이미 신뢰를 잃은 복지 시스템이 언제까지 안정적으로 유지될 수 있을지 걱정이 앞서는 상황입니다.

복지 제도가 붕괴되지 않고 생명을 이어가기 위해서는 앞으로 복지 수혜자가 될 사람들이 빨리 큰 결단을 내려야 합니다. 일반적으로 이야기하는 복지 제도 개혁 방안인 '더 내고 덜 받기' '더 내고 더 받기' '덜 내고 덜 받기' 등의 셈법이 그것이죠. 방향성은 제각기 다르지만, 복지 지출 기금보다 복지 기금을 더 크게 만들어 복지 제도의 생존성을 강화하겠다는 기본 전략은 동일합니다.

사회 전체로 보면 복지 제도의 생존성을 늘리는 것은 타당합니다. 그러나 노년층의 경우 복지 제도 축소가 달가울 리 없죠. 오히려 확대를 요구할 가능성이 큽니다. 가뜩이나 복지 제도가 제대로 갖춰지지 않고 노년층 내에서도 소득 격차도 상당히 벌어져 있어서 복지가 축소될 경우 이에 대한 대다수의 반발은 필연적으로 발생합니다. 이를 해결하는 데 들어가는 사회적 비용도 상당해지겠죠. 정치인 입장에서는 노인 복지 축소가 장기적으로 필요하지만, 선뜻 먼저 공론화하기가 어렵습니다. 표를 얻으려면 오히려 복지 확대를 주장해야죠. 지난 20대 대선에서 후보자들의 공약을 살펴보면 공통적으로 노인 복지 분야가 꽤 튼실(?)한 것을 볼 수 있습니다. 유권자들의 비판이 두려워서 사회보장제도 시스템에 대한 근본적인 검토를 몇 년째 미루고 있는 정치인들을 보면 참 아이러니한 부분이죠.

제20대 대통령 선거 후보자의 주요 노인 복지 관련 공약

후보자	정책
윤석열 (국민의힘)	기초연금 월 10만 원 인상(30만 원 ⇨ 40만 원) 100세 사회 건강·주거·문화 서비스 기반 조성 시니어 친화형 스포츠 인프라 확대 노인 요양 시설에 미세먼지와 바이러스 제거용 정화기 설치
이재명 (더불어민주당)	기초연금의 형평성 있는 지급 일자리 확대(임기 말까지 80만 ⇨ 140만) 경로당의 안정적 운영을 위한 지원
심상정 (정의당)	공공 실버 아파트, 실버 원룸, 실버 자가로 맞춤형 노인 주거 어르신에게 필요한 사회 참여 활동 및 일자리 개발 연금 개혁(국민연금 보험료율 인상, 기초연금 인상 등)
안철수 (국민의당)	매월 20만 원 손주 돌봄 수당 신설 양질의 노인 일자리 확대 스마트 밴드 보급 확대로 어르신 건강 안심

노인 인구가 지속적으로 증가하는 상황에서 그 어떤 정치인도 노인 복지 축소를 이야기하기란 현실적으로 어렵습니다. 애초에 정치인 대다수가 고령층에 편중된 상황에서 그들이 노년층을 대표하고 있는 것도 현실이죠. 노년층이 증가하고 청년층은 상대적으로 줄어들 것이 예정된 상황에서 이러한 구도는 더욱 심해질 것입니다.

급속히 진행되고 있는 저출산·고령화와 각종 인구 구조 지표들은 복지 제도에 대한 전면 재검토가 필요하다고 울부짖고 있습니다. 하지만 다음

선거에서 당선되어야 정치 생명을 이어갈 수 있는 정치인들 입장에서는 인구의 상당수를 차지하는 노년층을 적으로 돌릴 수 없습니다. 노년층을 내다 버린 '고려장 정치인'이 되지 않기 위해서라도 노인 복지를 오히려 확대할 가능성이 큽니다. 복지에 필요한 세금을 실제로 부담해야 할 청년층 입장에서는 이러한 변화가 곱게 보일 리 없습니다. '희소한 자원을 권위적으로 분배'하고 '갈등을 합리적으로 조절'하는 것이 정치의 역할이라고 가르치고 있는 현직 사회 교사의 입장에서는 정치인들의 이러한 행보가 오히려 갈등을 키우고 사회를 분열시키는 움직임으로 보입니다. 하지만 정치인들 역시 생존을 위해서는 이러한 방향을 유지하는 것이 합리적일 수 있으니 어떤 것이 실현 가능한 대안인지 판단하는 것도 쉽지 않습니다.

저성장과 불확실성, 미래 세대의 변화

경남도청에서 30여 년간 운전직 공무원으로 근무한 후 정년퇴직한 지 1년쯤 됐어요. 연금을 받고 있지만, 이것만으로는 생활하는 게 어렵겠더라고요. 퇴직금에 비상금을 좀 보태서 개인택시 자격을 구입했어요. 체력 문제로 하루에 여섯 시간 정도만 영업하고 있는데, 그래도 일할 땐 살아 있다는 걸 느끼게 되더라고요.

　　　　　　　　　　　　　　　　　　－ 창원에서 택시 영업을 하는 60대 남성 e

자식들 다 키우고 나니 가족들이 '매달 용돈 드릴 테니까 장사 그만하라'
고 해요. 관절도 안 좋고 작년부터 백내장 증상까지 나타났지만, 그래도 일을 그
만두고 싶진 않아요. 내 손으로 생선 썰어 돈 벌고 손주들 용돈 쥐어 주는 낙으로
살고 있어요.
                        – 창원시 마산어시장에서 횟집을 운영하는 60대 여성 f

노년층이 증가함에 따라 변화하는 인구 구조는 앞으로 다양한 사회 문
제를 만들어 낼 예정입니다. 이 문제의 중심에는 생존하고 있으나 생산하
기 어려운 노인 인구 급증이 자리 잡고 있죠. 생애사적 측면에서 모든 인
간은 반드시 늙습니다. 늙음은 신체 기능의 쇠퇴를 동반하고 결국은 죽음
으로 이어집니다. 현재의 청년들 역시 미래의 노년이므로 우리 사회가 노
년층을 무시하거나 하찮게 대하는 것은 결코 옳지 않습니다. 무엇보다 노
년층은 현재의 우리와 우리 사회를 만들어준 존재들입니다. 사회가 이들
의 마지막을 지키는 것은 우리가 처음 이 세상에 태어났을 때 사회가 우리
를 보호해 줄 의무만큼이나 중요한 책무이죠. 그럼에도 노년 인구 증가는
사회 전체적으로 꽤 부담스러운 현상입니다. 경제적 셈법은 차치하고라도
현재 진행 중인 노년층과 청년층 간 봉합하기 어려운 세대 갈등, 불확실한
노후를 둘러싼 사회적 신뢰의 감소 등 해결하기 어려운 문제들도 뒤따르
고 있죠.

의학에서 진단과 예방을 중시하는 이유는 예방이 치료에 비해 훨씬 빠
른 효과와 적은 비용 그리고 안전성을 보장하기 때문입니다. 저출산의 종
착역이 사회의 고령화인 것은 분명하지만, 우리가 걸어야 할 초고령 사회
로 향하는 길은 그 어떤 국가도 걸어 보지 않은 새로운 길입니다. 문제가
발생할 것을 예측하는 것만큼이나 문제를 해결하거나 예방하기 위한 치밀

한 준비가 필요한데 과연 우리 사회가 그 준비를 할 수 있는지, 또는 하고 있는지 평가하는 것은 쉽지 않습니다. 서로를 보호하고 이해하며 양보하는 자세가 필요한 때이지만, 이미 너무 멀리 온 것은 아닌지 심히 걱정스러운 상황입니다.

Reduced Society

3장
인구 구조 변화가 가져올
미래 사회 문제

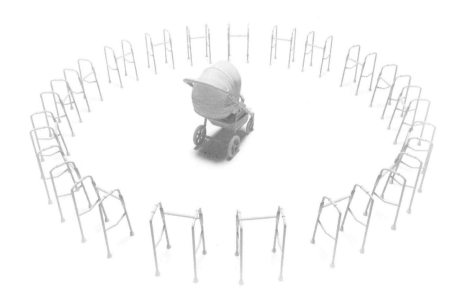

1. 이민 증가와 문화 갈등

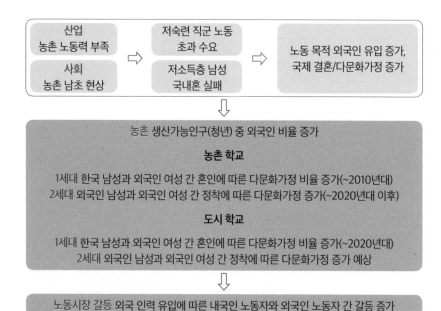

이민자 유입, 달라지는 지방

최근 몇 년 새 지방과 수도권 외곽 지역을 중심으로 아시아마트의 수가 급격히 증가하고 있습니다. 아시아마트는 베트남, 태국, 말레이시아 등 동남아시아에서 주로 사용하는 식자재 외에 우즈베키스탄, 몽골, 키르기스스탄 등 중앙아시아에서 사용하는 식자재도 많이 취급하고 있는데요. 아시아마트를 찾는 대부분의 손님은 외국인 이주민들입니다. 내국인 입장에서 대형 마트나 인터넷을 통해 제3세계 식자재를 구입하는 것이 더 편하다 보니 굳이 시간을 내어 아시아마트를 방문할 이유는 없거든요. 대신 아시아마트는 한국에서 일하는 외국인 노동자들의 사랑방이 되는 경우가 많습니다. 선불형 핸드폰 개통, 병원 소개, 일자리 알선 등 아시아마트가 담당하는 생활 범위는 상당히 광범위합니다.

아시아마트 증가 추세와 함께 최근 늘어난 생활상 중 하나가 지역 내 초중고교나 공설운동장 등지에서 공을 차거나 지역 중심가에서 쇼핑하면서 주말을 보내는 이주노동자들의 모습입니다. 각국의 현지 음식을 판매하는 식당에서는 주말이나 평일 저녁에 영업을 조기 종료하고 손님을 받지 않는 모습을 종종 보게 되는데요. 대부분 지역의 외국인 노동자들이 식당을 통째로 빌려 자국 사람들과 함께 식사나 파티 장소로 활용하기 때문입니다. 장기간 외국에서 일하며 향수병을 느낄 만한 상황에 놓인 이주노동자들은 주말만 되면 고향 사람들과 함께 시간을 보내면서 지친 마음을 달래곤 하죠. 지역 상인 입장에서는 이주노동자들의 주말 소비 활동이 가뭄의 단비처럼 고마운 상황입니다. 하늘에서 뚝 떨어진 청년 소비층이나 마찬가지인 셈이죠.

청년층의 수도권 유출로 인한 지역 산업의 위기를 돌파하기 위해 선택한 이주노동자 수용 정책은 이제 지역 입장에서는 반드시 지켜내야 할 정책이 된 지 오래입니다. 지역 이주노동자의 증가는 우리나라 경제 구조의 변화와 그 궤를 함께하고 있는데요. 1970년대부터 진행된 급속한 산업 구조 변화 과정에서 1차산업과 저숙련 2차산업에 대한 국내 청년들의 노동 공급이 빠르게 감소하는 현상이 나타났습니다. 저숙련 산업에 대한 청년 노동력의 공급 감소에는 1970년대부터 급속하게 진행된 이촌향도 현상, 급속한 학력 수준 상승 등이 복합적으로 작용했습니다. 특히 현재의 1차산업과 저숙련 2차산업에 대한 노동자 공급 감소를 완성시킨 것은 정부

주도로 1970년대부터 진행된 저곡가정책(低穀價政策)이었습니다. 저곡가 정책은 육체노동의 시장 가격을 후려치는 결과를 가져왔습니다.

저곡가 정책과 임금 후려치기의 산물, 외국인 노동자 유입

산업화 초기에 도시 노동자의 임금 수준을 측정하는 경제학 이론 중 임금 생존비설(生存費說)이 있습니다. 임금 생존비설에 따르면 도시 노동자의 임금은 노동자 가족이 생활하는 데 필요한 최저 생활비 수준에서 결정되는데요. 쌀값을 낮출 수 있다면 이는 최저 생활비를 낮은 수준에 묶어둘 수 있고, 따라서 임금 수준도 낮게 설정할 수 있습니다. 산업화 초기였던 1960년대 저곡가 정책에 따라 농촌의 경제 상황이 악화되었고, 농촌 거주 청년들은 생존과 취업을 위해 앞다투어 도시로 향했습니다. 청년들이 도시로 향한 후에도 쌀값은 계속 낮은 수준에 머무르게 되는데요. 쌀값이 높아질 경우 도시 노동자들의 생활비가 높아지게 되고, 이것이 노동자들의 임금 상승 요구로 이어지기 때문입니다. 수출 주도형 산업의 성공을 위해 임금 수준을 낮춰야만 했던 당시 정부로서는 쌀 가격을 낮게 묶어 둠으로써 도시 노동자들의 불만을 잠재우고 수출 상품의 생산 단가도 유의미하게 낮출 수 있었습니다.

상품 생산비를 낮추기 위해서는 동일한 자원을 투자하더라도 더 많은 양의 상품을 만들어 내거나 투입되는 자원의 원가를 낮춰야 하죠. 자원이 없고 기술도 미흡한 당시 우리나라로서는 상대적으로 풍부한 노동력으로 시장 가격을 최대한 낮추어 가격 경쟁력을 확보하는 방법밖에 없었습니다. 이를 위해 생존에 필수적인 쌀 가격을 정책적으로 낮추는 선택을 했던 거죠.

1960~70년대 사이에 일어난 우리나라의 고도 경제 성장은 수입 대체 산업화-수출 주도 공업화로 이어지는 연결고리를 달성함으로써 이룰 수 있었습니다. 수입 대체 산업화의 핵심 성공 조건이 기술 향상을 통한 국내 산업의 성장이라면 수출 주도 공업화의 핵심 성공 조건은 수출 상품의 해외 시장 경쟁력 확보였습니다. 상품 경쟁력 확보를 위한 일반적인 조건에는 상품의 품질 개선과 생산비 절감 등이 있는데, 우리나라는 산업화 과정에서 상품 생산비를 낮춰 가격 경쟁력을 확보할 수 있었죠. 하지만 수출 주도 공업화 전략을 실행한 이후 농촌 경제는 빠르게 붕괴하기 시작했습니다. '농사를 지어도 돈이 되지 않는' 세상이 온 거죠. 고향을 지켜도 밥벌이를 할 수 없다는 것을 알게 된 청년들은 하나둘 도시로 향하기 시작했고, 자연히 노년기에 접어든 사람들만 농촌에 남아 농사를 짓는 구도가 형성되었습니다.

도시 역시 청년층이 지속적으로 유입된다고 해서 평균 임금이 높아지지 않았지만, 그래도 농촌보다는 금전적으로 나은 상황이었습니다. 수출 상품의 가격 경쟁력을 확보하기 위해 정부가 쌀 가격을 지속적으로 낮은 수준에 묶어 두자 농사만으로는 충분한 소득이 발생하지 않는 상황이 오랫동안 유지되었습니다. 게다가 쌀 대신 밀 등을 소비하는 식습관 변화로 인해 쌀을 비롯한 작물 농업이 더 이상 소득을 보장할 수 없게 되었죠. 나아가 쌀 수요의 지속적인 감소는 낮아진 쌀값을 계속해서 낮은 수준에 묶어 두게 됩니다.

농촌의 쌀값 하락과 도시의 저임금이 연결되는 사이클이 형성된 이후 농촌과 도시의 저숙련 노동 산업은 공통의 딜레마에 빠지게 됩니다. 고숙련 산업군에 지급할 정도의 고임금을 모든 노동자에게 지급할 경우 사업주의 생존이 위협받을 수밖에 없죠. 남는 돈이 없으니까요. 이는 노동을 경시하고 학벌을 숭상했던 당시 사회 풍토와 맞물려 육체노동의 가치를 인정하지 않고 저임금을 당연시하는 사회 분위기를 형성했습니다. 1980~90년대에 초중고교와 대학에서는 "농업이 미래다"라는 구호와 함께 우리 농산물 애용하기, 농촌 살리기 운동 등을 폭넓게 전개했는데요. 이미 농업은 사회적으로 천대받고 있던 상황에서 타 산업에 비해 임금 수준을 최대한 낮추어야만 유지가 가능한데다 노동자 입장에서는 육체적으로 고된 노동을 감수해야만 하는 사양 산업으로 인식되고 있었습니다. 힘든 노동을 선호하지 않는 청년층에게 농촌에 정착하고 농업에 종사할 것을 기대하는 것은 사실상 불가능했습니다.

2000년대 중반 필자도 대학교 소속 학생회·학회·단과대학 단위로 농촌을 방문해 일손을 거들고 밤에는 글을 잘 모르는 할머니, 할아버지께 한글을 가르쳐 드리는 교육 봉사활동에 참여했던 기억이 있는데요. 이미 고도로 고령화되어 있던 농촌의 상황을 보면서 앞으로 일할 사람이 부족해 농촌이 빠르게 무너지겠다라는 생각이 들었습니다.

물론 도시의 상황도 크게 다르지 않았습니다. 섬유나 조립 같은 경공업 중심의 마산과 부산, 기계공업 중심의 창원과 거제 등을 중심으로 급격한 인구 고령화 현상이 진행된 것은 마찬가지였는데요. 이들 산업 지역 역시 과거에는 농촌에서 넘어온 저렴한 노동력을 바탕으로 한때 우리나라 경제를 이끌던 핵심 산업 단지였지만, 1990년대를 기점으로 빠르게 쇠퇴하기 시작했습니다. 낮은 임금 수준을 감내하면서 공장에서 단순노동을 제공할 사람은 이미 사라지는 중이었고, 경제적으로 쇠퇴기에 들어선 낮은 부가가치 산업군 입장에서도 급속히 상승한 국내 노동자들의 임금 수준을 감당할 수 없는 상황이었으니까요.

뒤틀린 외국인 산업연수생제도

농촌과 저숙련 노동 산업군의 노동력 부족 문제를 해결하기 위해 정부가 마련한 대책은 '산업연수생제도'였습니다. 산업화가 진전되지 않았던 동남아시아 및 인도, 중국, 남미, 중앙아시아 등의 인력을 우리나라로 초청해 일정 기간 현장에서 산업 기술을 가르치는 대신, 비교적 낮은 수준의 임금을 지급하면서 인력 부족을 어느 정도 해결하겠다는 계산이었죠. 인력난에 빠져 있던 농촌과 지역 공업단지에서는 산업연수생제도를 적극적으로 이용하면서 외국인 인력을 현장에 투입하기 시작했습니다. 산업연수생제도는 지방에 집중적으로 산재해 있던 저숙련·저부가가치 산업에 숨을 쉴 수 있는 여지를 주었지만, 동시에 이전에 없던 많은 사회 문제를 만들어 냈습니다. 그중 가장 심각하면서도 현재까지 이어지는 문제가 불법 체류자 증가였습니다.

---

39 "이주노동자 존재 선언", 경향신문, 2023. 12. 03.

취업 비자를 갱신하지 않고 장기간 한국에 남아 근로를 제공하고 돈을 버는 외국인 불법 체류자의 증가 추세는 생각보다 꽤 오래전부터 이어져 왔습니다. 이는 산업 현장에서 보다 저렴한 노동력을 원하는 한국인 고용주와 본국에 비해 높은 임금을 보장받으려는 외국인 노동자 사이의 이해관계가 맞아떨어진 결과였습니다. 본국에 비해 높은 한국의 임금은 산업연수생제도를 통해 입국한 외국인 노동자들이 산업연수 기간 만료 후에도 수단과 방법을 가리지 않고 한국에 남아 있으려는 계기가 되었습니다.

노동자와 사용자 양측의 이해관계 일치가 불법 체류자 증가를 만들어 냈지만, 이해관계의 일치가 반드시 모두에게 해피 엔딩을 가져다주는 것은 아닙니다. 한국인 고용주는 불법 체류 노동자에 대해 갑의 위치에 있었고, 이는 고용주의 인권 유린을 비롯한 부정적인 사례를 만들어 냈죠. 외국인 노동자들이 불합리한 대우를 당한 사례는 디시인사이드 등 온라인 커뮤니티에서 '햣산' 캐릭터를 통해 널리 알려졌습니다. 현재 '햣산'은 과도한 노동을 강요당하는 노동자를 상징하는 포괄적인 용어로 사용되고 있죠. 내국인 저숙련 노동자 입장에서 외국인 노동자들은 혐오의 대상이자 취업 시장에서는 경쟁자의 위치에 있는 존재입니다. 구조적으로 외국인 노동자들에게 좋은 감정을 가질 수 없는 상황이죠.

불법 체류 외국인 노동자들에 대한 대우는 비정상적인 갑과 을의 관계, 기피 직종 종사자에 대한 무시, 유색 인종에 대한 차별 등이 다차원적으로 접목된 사회 문제입니다. 최근에는 차별의 정도가 개선되고 있다고는 하지만, 아직도 남아 있는 외국인 노동자에 대한 차별 구도는 1990년대 초반부터 이미 형성되어 있었던 거죠. 이러한 상황임에도 외국인 노동자의 입국은 현재까지 계속 이어지고 있고, 지금은 외국인 노동자들이 SNS를 이용해 커뮤니티를 구축하고 있죠. 그리고 이 커뮤니티는 매매혼 형태를

최지룡, 핫산 캐릭터를 통해 살펴보는 외국인노동자에 대한 일반적 혐오

- 온라인 커뮤니티에서는 뛰어난 능력으로 팬픽, 팬아트, 게임 공략, 작품 리뷰 등을 제공하는 사람들을 '핫산'이라고 부르곤 합니다. 특히 이 '핫산'들은 외국어 콘텐츠를 번역하거나 재창작하는 분야에서 활발히 활동하고 있죠. 하지만 이들은 콘텐츠 제작에 대한 경제적 대가를 받지 않고 자발적으로 활동하기 때문에 자신을 '자발적 노예'로 부르기도 합니다.
- 커뮤니티 이용자들도 이들의 콘텐츠에 감사하긴 하지만, 이들이 콘텐츠를 만들지 않을 땐 "일해라 핫산"이라고 부르며 하대하는 문화가 함께 자리 잡게 되었습니다. 이러한 이중적 문화를 이해하기 위해서는 핫산 캐릭터를 이해할 필요가 있는데요.
- 핫산은 만화가 최지룡의 작품 『여로』에 등장하는 외국인 노동자입니다. 핫산은 뉴델리대학 경제학과를 졸업한 인텔리임에도 불구하고 한국의 중소기업에서 각종 멸시와 차별, 폭행을 일상적으로 당하는데요. 이후 온라인 커뮤니티에서 핫산 캐릭터는 한국 중소기업 내 외국인 노동자를 상징하는 캐릭터로 자리 잡았습니다.
- 핫산 캐릭터를 자발적 노예로 치환해서 사용하는 온라인 커뮤니티의 반응은 외국인 노동자에 대한 한국 사회의 인식을 단적으로 보여주고 있습니다. 외국인 노동자는 때려도 되는 대상, 노예와 같은 존재라고 인식하는 일부 기업체 사장들의 그릇된 인식을 온라인 커뮤니티 이용자들도 알고 있는 거죠. 제3세계 출신 노동자에 대한 인종 혐오, 그들을 도구나 짐승처럼 취급하는 사례가 중소기업 문화로 확산되는 게 현실입니다.

띤 비대칭 국제결혼 추세와 맞물려 '여성 귀화 신부의 이혼 후 국제 재혼'이라는 특이한 사회 문제를 만들어 내고 있습니다. 이 과정에서 농촌의 가정이 붕괴되는 현상도 자주 나타나고 있고요.

농촌 고령화, 비대칭 국제결혼의 서막

노동 유입에 의한 다문화 진전은 대부분 선진국에서 공통으로 나타나는 현상입니다. 하지만 농촌 같은 저소득 지역을 중심으로 국제결혼에 의한 다문화가정의 급증은 다른 국가에서 찾아보기 어려운 특이한 현상입

외국인 여성 귀화 신부의 이혼 후 재혼, 어떻게 해석해야 할까?[40]

- 통계청의 "인구동향조사"에 따르면 2022년 한국 여성과 베트남 남성 간 혼인의 95%가 한국 여성의 재혼 사례로 나타났다. 2012년부터 2022년까지 최근 10년간 통계에서도 한국 여성의 재혼이 전체의 96%로 압도적으로 높게 나타났다.
- 이를 두고 일각에서는 베트남 남성과 결혼한 한국 여성이 실은 한국 남성과 결혼했다가 이혼한 베트남 출신 귀화 여성일 것으로 추측하고 있다. 귀화한 베트남 여성이 베트남 남성과 재혼하면 그도 자동으로 한국 국적을 갖게 되므로 국적 세탁을 시도한 것이 아니냐는 지적이다.
- 국적 세탁 지적에 대한 반론도 상당하다. 문화 차이와 가정 폭력 등 여러 이유로 한국 남성과 이혼한 베트남 여성이 다시 한국 남성과 재혼하기는 어렵다는 주장이다. 익명의 전문가는 애초부터 국적 세탁이라는 의도를 가지고 접근했다는 해석은 인종차별에 해당할 수 있다며, 조심스러운 해석이 필요하다고 강조했다.

니다. 우리나라의 국제결혼은 1990~2000년대 사이를 기점으로 급격하게 증가하기 시작했는데요. 이전에도 주한 미군과 한국 여성 간 국제결혼이 간간이 존재하긴 했지만, 그 수는 상당히 적었습니다. 또 지금에 비해 국제 교류가 많았던 시기도 아니었기 때문에 국제결혼 커플을 찾기란 쉬운 일이 아니었습니다.[40]

그러나 1990년대부터 항공기를 통한 국제 이동이 활성화되고 해외여행 자유화 조치, 냉전 종료에 따른 국가 간 교류 확대, 국제 사회에서 한국의 정치·경제적 위상 강화에 따른 여권 신뢰도 상승 등으로 인해 민간인의 해외 교류가 자유로워졌고 국제결혼도 급증하기 시작했습니다. 특히 국제결혼 증가의 중심에는 1970년대부터 지속된 농촌 사회의 저출산·고령화 현상과 극단적인 남초 현상이 자리 잡고 있었죠.

앞에서 살펴본 것처럼 농촌의 저출산·고령화 현상은 근본적으로 우리

---

40 "한국남성과 결혼, 국적 취득 후 이혼 뒤통수? 사실은… [이슈픽]", 서울신문, 2023. 03. 28.

나라의 산업 구조 변화, 농업 경시 풍토, 저곡가정책 등이 복합적으로 작용해 발생한 현상이었습니다. 농촌의 생활과 경제 여건이 도시에 비해 낙후되다 보니 남녀 불문하고 청년층을 중심으로 농촌을 떠나 도시로 향하는 현상이 보편화되었고, 농촌은 노인들만의 공간이 되었죠. 그나마 농촌에 남아 있던 청년들은 여러 이유로 도시에 진출하지 않은—혹은 도시로 진출하지 못한— 젊은 남성들이 대부분이었습니다. 육체노동 중심의 농촌의 산업 구조를 기피하려는 여성의 전통적 직업관, 농사는 반드시 남자가 지어야 한다는 고정적 성 역할관, 야외에서의 육체노동을 천대하는 사회적 관념 등이 맞물려 젊은 여성들은 대부분 도시로 빠져나갔죠. 농촌 청년들의 저임금·저소득뿐만 아니라 극단적인 남초 현상까지 함께 발생하니 결혼 못한 남자 청년들이 급증하는 것은 필연적이었습니다.

이러한 사회상 속에서 국제결혼 중개업체들이 급격하게 성장했습니다. 지금의 20~30대 이상이라면 시골을 오갈 때마다 '베트남 처녀와 결혼하세요'라는 문구를 한 번은 본 적 있을 텐데요. 이러한 결혼 주선 광고는 농촌 사회에서 국제결혼 중개업이 얼마나 성행했는지 보여주는 단적인 예입니다.

1990년대 초부터 이어진 외국인 노동자 유입이 외국인 남성을 증가시키는 요인이었다면 국제결혼은 초기 외국인 여성을 증가시키는 주요인이었습니다. 지금은 저숙련 단순노동 시장을 중심으로 농촌에서 외국인 남녀 노동 인구의 비중이 빠르게 상승하고 있습니다. 우리나라는 이미 단일민족이라는 허상이 깨어진 지 오래이죠. 특히 '외국인이 유입된다'라는 표현도 어색할 정도로 이미 외국인 커뮤니티가 농촌을 중심으로 단단히 구축된 상황입니다.

다문화 2세 가정, 그들과의 공존

방송에 관심이 많은 분은 아마 조나단(Yiombi Jonathan)과 파트리샤(Patricia Yiombi) 남매를 익히 아실 겁니다. 콩고민주공화국 출신인 두 남매는 지극히 현실적인 한국 남매의 모습을 보여주면서도 보고만 있어도 웃긴 여러 에피소드를 만들어 내면서 인터넷을 중심으로 최근 큰 인기를 끌고 있습니다. 조나단과 파트리샤 남매는 예전부터 광주에서 유명 인사였습니다. 2019년 필자가 광주에서 근무하던 시기에 조나단이 다녔던 동성고 학생들과 국제정치 수업을 한 학기 동안 진행하면서 조나단을 여러 번 만날 기회가 있었는데요. 요즘 방송에서 보여주는 이미지처럼 밝고 성실한 모습이었던 것으로 기억합니다. 학창 생활 중 논란거리를 만든 적이 없을 정도로 믿을 만한 학생이었죠.

파트리샤가 다녔던 서진여고에는 일주일에 2회 순회 교사로 방문했는데요. 매번 밝은 모습으로 인사하면서 친구들과 격의 없이 지내는 모습을 보고 자주 웃기도 했습니다. 1년간 두 학생을 보고 느낀 건 '한국 학생들과 다른 점'을 찾기 위해 노력했던 저의 생각이 낡은 사고방식이었다는 점이었습니다. 꽤 부끄러웠어요.

지금 생각해 보면 두 남매가 한국 학생들과 다를 것이라는 생각이 타 문화권 출신에 대한 근거 없는 편견에서 출발했다는 생각이 듭니다. 여튼 그때는 조나단과 파트리샤의 일상 속 모습에서 꽤 많은 감동을 받았습니다. 쉬는 시간마다 친구들과 소리 지르며 복도를 뛰어가는 모습에 웃음이 터진 적도 있었고, 친구들과 간식 내기에서 져 시무룩해진 모습을 보면서 저의 학창 시절과 다를 바 없다는 생각이 들었죠.

두 남매는 교우 관계가 좋아 학생회 활동에도 열심히 참여하여 친구들을 대표하는 등 상당히 모범적인 학생이었습니다. 미래 한국은 이처럼 다양한 인종의 친구들이 서로 어울려 지내는 모습이면 좋겠다고 생각했습니다. 언젠가 먼 훗날에는 인종이 사람을 평가하는 기준 자체가 되지 않는 자연스러운 세상이 오리라는 바람도 가졌고요.

이후 약 4년간 전남의 시골 학교에서 아이들과 공부하면서 느낀 것은 지금의 아이들은 머릿속에 다문화라는 개념 자체가 없다는 것이었습니다. 각자의 부모님 국적이 무엇이든 간에 아이들에게는 서로가 어릴 때부터 함께 자라 온 친구일 뿐이니까요. 부모님의 국적을 굳이 숨기지 않고 서로 궁금해하지도 않습니다. 그러려니 하는 거죠. 국적이 다르다는 개념이 없으니 다문화라는 개념도 자리 잡을 여지가 없습니다.

얼마 전 학교 행사에서 아이들과 함께 서로 집에서 가져온 반찬을 나눠 먹을 기회가 있었는데요. 한국인 아버지와 베트남 어머니를 둔 친구가 가져온 김치가 꽤 맛있었습니다. 아이들과 김치를 나눠 먹으며 감탄하던 중 김치를 베트남 출신인 어머니가 담그셨다는 이야기를 듣고 만감이 교차했어요. 출신 국적이 삶에서 큰 의미가 없어지는 순간이 곧 오겠다 싶더라고요.

지역 커뮤니티, 특히 학생들 중심으로 만들어진 커뮤니티에서는 빠른 속도로 출신 문화권의 구분이 사실상 모호해지거나 무의미해지고 있습니다. 하지만 아직 기성세대인 어른들은 문화권 구분이 모호해지는 현재의 변화에 적응하지 못하고 있습니다. 오히려 색안경을 끼고 사람을 바라보는 경우가 더 많죠. 매년 학기 초에는 소위 '다문화가정 현황'을 조사해서 교육청에 보고하는데요. 교사들은 행여 아이들이 마음의 상처를 받지 않을까 조심조심하면서 부모의 국적을 확인하곤 합니다. 혹시라도 부모의 출신 국적이 알려지면 왕따라도 당할까 봐, 또 국적을 확인하는 과정에서 아이들에게 의도치 않은 상처를 입힐까 봐 고민 또 고민하면서 접근하죠.

하지만 대부분 학생은 어른들의 그런 조심스러운 반응 자체를 불편해합니다. 약 4~5년 전만 해도 다문화와 관련한 이야기를 수업 시간에 꺼내는 것 자체가 일종의 금기로 여겨졌는데, 몇 년 새 다문화가정은 주변에서 흔히 볼 수 있는 가정 형태가 된 거죠. 어느 날 필리핀 국적 어머니를 둔 학생이 "필리핀에 있는 외갓집에 가려면 2주 이상 학교를 비우는 게 당연한데, 왜 그걸 숨기려고 노력하냐" "외갓집에 다녀오면서 본 외국 이야기를 수업 시간에 하는 것이 이상하냐"라는 질문을 하더라고요. 사회 환경이 빠르게 변한다는 사실이 피부에 와 닿는 순간이었습니다.

인종 차별과 혐오, 다문화 갈등

현재 우리 사회에서 나타나는 다문화 갈등의 대부분은 20~60대의 기존 거주민들이 이주민들에 대해 가지는 이중적 인식에서 출발합니다. 외국인이 우리 사회에 꼭 필요하다는 점에 대해서는 공감하면서도 체구가 작고 경제적으로 낙후된 국가 출신이라는 이유로 무시하고 남과 비교해 자신의 우월성을 확인하려는 한국인 특유의 문화가 갈등을 만들어 내는 거죠. 특히 기존 한국 거주민들의 이중적 인식은 대체로 동남아시아의 국가들은 가난하고 미개하지만, 한국은 부자이고 문화적으로 발달했다는 우월감에서 출발하는 경우가 많습니다.

실제로 선진국 반열에 올라 있는 한국과 일본 등 동아시아 국가들은 동남아시아 국가들에 비해 1인당 GDP와 법정 최저 임금 수준이 훨씬 높은 편인데요. 임금 수준이 그 국민의 가치를 결정짓는다는 천민자본주의적 시각이 외국인들을 대하는 태도에도 묻어나는 거죠.

동아시아 3국과 동남아 주요국의 GDP와 법정 최저 임금 비교(2022년 기준)

	GDP	1인당 GDP	법정 최저 임금(시간당)
한국	약 1.7조 달러	32,000달러	9,160원(약 6.9달러)
중국	약 16.3조 달러	11,800달러	25위안(약 3.9달러)
일본	6.1조 달러	48,000달러	902엔(약 8.2달러)
필리핀	약 4,000억 달러	3,500달러	64페소(약 0.2달러)
베트남	약 4,000억 달러	4,150달러	28,000동(약 1.1달러)
태국	약 5,000억 달러	6,900달러	90바트(약 2.5달러)

* 동남아 주요국(필리핀, 베트남, 태국)은 지역·직종별 최저 임금 수준이 상이하므로 수도권/제조업체를 기준한 추정치로 계산함.

기존 한국 거주민들이 유입되는 외국인들을 차별하고 있지만, 산업 현장에서는 외국인이 없으면 공장 운영 자체가 어렵다는 목소리가 점점 커지고 있습니다. 코로나19 팬데믹으로 인해 외국인 입국을 엄격하게 제한했던 2020년의 임금 수준 변화를 보면 상황의 심각성을 알 수 있는데요. 외국인 입국이 제한됨에 따라 국내에서 노동력 수급이 어렵게 되자 외국인 노동자 일급이 8~9만 원에서 15만 원 선까지 상승하기도 했습니다. 국내 외국인 노동자 수요는 대부분 단순노동 직종 위주인데요. 단순노동을 담당할 내국인이 줄어들다 보니 이 부분을 외국인 노동자로 채울 수밖에 없는 구조가 만들어진 거죠. 팬데믹 상황이 종료된 2022년 이후로 노동자 유입은 다시 급속도로 증가하는 추세입니다.

해외 유입 노동자 증가 추이(2020~2022년)[41]

(단위: 천 명)

연도/업종	제조업	건설업	농축산	서비스업	어업	합계
2020년	4,806	207	1,388	1	286	6,688
2021년	7,455	595	1,841	18	592	10,501
2022년	68,350	1,657	11,664	125	6,216	88,012

　몇 년 전 베트남 북부의 작은 관광도시인 닌 빈(Ninh Binh)을 방문한 적 있었는데요. 여행자 거리에 위치한 유명한 식당에서 밥을 먹다가 한국어를 사용하는 베트남 현지인을 만났습니다. 외국에서 듣기 어려운 한국어를 듣다 보니 꽤 반가운 마음이 들었는데요. 한국어를 쓰는 사람은 그 식당의 사장이었습니다. 식당 사장은 충남 서천에 위치한 벽돌 공장에서 6년간 일하면서 모은 돈으로 고향에서 식당을 차린 후 지금까지 잘살고 있다는 이야기를 들려주더라고요. 동남아시아 사람들에겐 한국과 일본이 고소득을 보장하는 국가이자 일하고 싶은 국가인 거죠. 코리안 드림이라고나 할까요?

　국제적으로 소수-사실상 한반도에서만-만 사용하는 한국어 문화권에서 영어에 능통한 숙련 노동자를 흡수하기란 어렵죠. 국제 공용어인 영어를 사용할 수 있는 숙련 외국인 노동자라면 한국 내 기업보다 다국적기업에 취업하는 것이 여러모로 유리하니까요. 앞으로도 우리나라는 고소득·고숙련 노동 직군은 기존 한국인이, 저소득·저숙련 노동 직군은 외국 유입 노동자들이 종사하는 산업 구조로 유지될 가능성이 높습니다.

　고소득 직종은 내국인이, 저소득 직종은 외국인에게 외주하는 산업 구

---

41 "해외 유입 노동자 직업 종사 구도", KOSIS, 2023년.

조는 우리나라뿐 아니라 대부분의 선진국에서 동일하게 나타나는 현상입니다. 동아시아도 예외는 아니죠. 홍콩·마카오·싱가폴 등 고소득 도시국가 외에도 최근에는 한국·중국·일본 등 경제 규모가 큰 국가에서도 외국인 노동자를 적극적으로 유치하는 상황입니다. 10여 년 전쯤 미국에서 라틴계 노동자들을 공격적으로 받아들일 수밖에 없었던 상황이 이제 우리에게도 다가온 거죠.

노동 제공을 위한 일시적 이민과 국제결혼 증가로 인해 우리 주변에서 외국인을 마주하는 것은 더 이상 낯설지 않습니다. 하지만 한국 특유의 순혈주의, 타인과 비교해 자신의 우월함을 확인하려는 문화는 기성세대를 중심으로 이주민에 대한 차별과 문화적 갈등을 계속 재생산하고 있는 게 현실이죠. '인구 구조' 상으로는 노동력 부족 때문에 한국 거주민들이 아쉬운 상황에 놓여 있음에도 여전히 이주민에 대한 멸시와 조롱을 일삼는 파괴적인 문화가 향후 어떤 사회적 문제를 일으킬지 공포감이 생깁니다. 정작 다문화를 직접 마주하는 아이들의 시각은 전혀 그렇지 않은데, 당사자도 아니면서 이유 없는 평가와 혐오만 일삼는 어른들의 편견 가득한 모습을 보면 과연 이것이 옳은 시대적 흐름인가 하는 걱정을 떨칠 수 없는 상황입니다.

남초 커뮤니티의 '베트남론'으로 살펴보는 성별 갈등과 다문화 간 연결 구조[42]

- 베트남론이란 베트남 여성과 한국 남성 간의 매매혼의 유용성을 정리한 것으로, 디시인사이드 주식갤러리를 중심으로 통용되는 남초 커뮤니티 내 신조어이다.
- 남초 커뮤니티를 중심으로 결혼 적령기 남성과 여성 간 연애와 결혼을 경제적 매매혼으로 정의하는 '설거지론'이 확산되는 과정에서 '어차피 경제적 조건으로 결혼한다면 돈이라도 덜 들 수 있는 동남아시아 출신 여성을 선택하겠다'라는 인식이 확산되었고, 동남아시아 국가 중 한국과의 교류가 가장 활발한 베트남이 동남아시아를 상징하는 대명사로 사용되기 시작했다.
- 결혼 이주 여성의 모국은 대부분 한국에 비해 경제 수준이 좋지 않다 보니 한국인 남성과 동남아시아 여성 간 결혼은 경제적 조건을 바탕으로 맺어지는 경우가 일반적이다. '베트남론'의 확산은 향후 혼인에 의한 다문화 확산이 더욱 증가할 것이라는 점과 함께 대한민국 사회 내 청년 남성과 여성 간 갈등 구조가 앞으로 더욱 심해질 수 있음을 시사하고 있다.

다문화 선진국 스웨덴, 위험에 빠지다

- 다문화 사회 통합 모델에는 크게 용광로 모델과 샐러드 그릇 모델이 있다. 용광로 모델은 소수 이주민 문화를 기존 주류 문화에 완전히 통합시키는 관점이다. 동화주의적 성격이 강한 용광로 모델은 1960년대 미국의 기존 주류 문화가 소수 이주민 문화에 비해 압도적으로 강하거나 사회 통합 요구가 강하게 나타나는 상황에서 큰 영향력을 끼치는 모델이다.
- 반면 샐러드 그릇 모델은 유입 문화와 기존 문화 모두가 대등함을 전제로, 모든 문화가 본연의 모습을 가질 것을 추구하는 관점이다. 다문화주의 또는 문화다원주의적 성격이 강한 샐러드 그릇 모델은 이주민들의 문화 정체성을 유지하기에 유리해 최근 주목받고 있으나 타협과 공존, 다양성에 대한 존중이 우선시되어야 한다는 점에서 실현에 많은 노력이 필요한 모델이다.

---

42 "90년대생 남성 25%는 국내 결혼을 할 수 없다 | 베트남론과 다문화", 유튜브 채널 "마이너 리뷰 갤러리", 2023. 11. 15. ; youtube.com/watch?v=J2B-axeiZbQ. 내용 일부를 재정리.

인구학적 관점에서 외국인 수용이 피할 수 없는 구조인 것은 사실입니다. 그리고 외국인 수용으로 인한 사회 구조 변화가 이전에 없던 새로운 사회 문제를 만들어 낼 것이란 점도 충분히 예측 가능한 부분이고요. 사회 문제에 미리 대비하기 위해 우리나라보다 먼저 외국인 노동자를 수용한 국가들의 사례를 살펴보는 것이 필요합니다. 다른 국가들이 앞서 겪었던 문제들을 살펴보면 향후 우리나라에서 발생할 수 있는 여러 문제에 대한 대응책을 미리 만들고 준비할 수 있을 테니까요. 전통적으로 이주 노동자를 적극적으로 받아들여 온 국가로는 미국, 프랑스 등이 있는데요. 특히 미국의 경우 자국 산업 활성화를 위해 멕시코를 비롯한 라틴계 노동자들을 공식적·암묵적으로 수용해 왔습니다. 최근에는 미국 취직을 위한 중국인의 밀입국이 새로운 사회적 문제로 떠오르고 있고요.

유럽의 스웨덴 역시 외국인 유입 이후 나타난 이민 2세대의 사회 갈등이 큰 문제가 되고 있습니다. 과거 스웨덴은 안정적으로 다문화 사회를 정착시킨 선도 국가로 알려져 있었는데요. 최근 스웨덴에서는 이민 2세를 중심으로 불법 폭력집단 문제가 심각해지고 있습니다. 특히 총기 살인이 빈번해졌다는 점에서 큰 사회적 공포를 낳고 있는데요. 학자들은 스웨덴이 이러한 어려움에 빠진 이유로 스웨덴의 이민자 수용과 통합 정책이 실패했다는 점을 지적합니다. 외국으로부터 꾸준히 노동 인구와 난민들을 수용해 왔던 스웨덴은 전체 인구의 약 20% 이상이 해외에서 태어나 스웨덴으로 들어온 '이민자 집단'일 정도로 다문화 진전이 빠른 국가인데요. 이주민들이 2세대를 출생한 이후 기존 스웨덴 정착민과 이주민 세대 간 보이지 않는 차별, 사회적 불평등, 경제적 소득 격차, 학력 격차 등이 지속적으로 나타났습니다. 그 결과, 이주민 2세대는 사회 진출을 점차 어려워하고 사회적으로 배제되고 있다는 것을 피부로 느끼게 되었습니다.

스웨덴 내 이주민 집단 거주지(취약 지구)는 경제력, 교육 수준, 일자리의 질 등에서 기존 정착민 사회와 큰 격차를 보이고 있습니다. 이는 다문화 통합 정책이 실패하면서 이주민 2세대가 폭력집단 결성을 통한 불법적인 경제 활동을 확산시켜 가고 있다는 점과 연결됩니다. 이주민 2세대는 법적으로 스웨덴 사람이지만 스웨덴으로부터 분리되고, 또 스웨덴을 증오하면서 스웨덴 내부에서 미래를 찾지 못하는 상황이 이어지고 있죠.

우리나라 역시 외국인들이 본격적으로 정착하기 시작한 지 약 40여 년의 시간이 지났습니다. 결혼 목적의 입국으로 형성된 다문화가정의 2세 자녀들은 이미 20~30대가 되었고, 이들은 한국 적응에 큰 문제를 가져오지 않았죠. 하지만 노동 목적의 입국으로 형성된 다문화가정은 한국인-외국인 가정 외에도 이주민-이주민 가정인 경우도 점차 늘고 있습니다. 이들이 낳은 2세대는 이제 초등학생이나 중학생 정도 나이이며, 학업 성취 수준에서 상당히 낮은 모습을 보이고 있죠. 학업 성취가 낮고 한국어에 서툴다 보니 이들은 성인이 된 후에도 한국 내에서 기존 정착민과 구분된 새로운 사회 집단을 형성할 가능성이 높습니다. 제노포비아(Xenophobia)[43] 등 사회적 차별이 일상화되고 학력 격차가 직업 격차, 경제적 격차 등으로 이어지고 있습니다. 또한 이주민 자녀들이 '한국은 우리를 받아들이지 않는다'라는 생각을 굳혀 갈수록 미래 우리 사회는 지금껏 경험하지 못한 사회 분열의 공포를 겪게 될지도 모릅니다. 모두가 함께 어울려 지낼 수 있는, 통합된 한국 사회를 만들 수 있는 방안이 필요한 상황입니다.

---

43 외국인이나 다른 국적, 인종, 문화, 출신 국가 등에 대한 편견이나 혐오를 가리키는 용어로, 이는 인종이나 국적에 기인한 차별이나 적대감을 상징하는 개념이다.

2. 불안한 국방, 대한민국 안보

대한민국의 지정학적 위험성

1950년 6월, 한반도에서 벌어진 한국전쟁은 공산 진영과 자유 진영 간 기나긴 냉전의 서막을 연 대규모 충돌이었습니다. 미국과 중국, 남한과 북한, 비공식적으로 영향력을 끼친 일본과 소련, 여기에 유엔 소속 다국적 지원군까지 참여한 말 그대로 작은 세계대전이었죠. 약 3년간 각국의 역량을 모두 쏟아부어 가면서 이어진 전쟁이 우리에게 준 교훈은 앞으로도 한반도가 국제 사회에서 중요한 지정학적 분쟁 장소가 될 것이라는 사실입니다.

한국전쟁 이후 해양과 대륙이 만나는 위치에 있는 한반도가 공교롭게도 공산 진영과 자유 진영 간 경쟁의 장으로 변했다면 냉전이 끝난 이후의 한반도는 좁게는 남한과 북한, 넓게는 남북 외에 미국, 중국, 러시아, 일본 등 강대 세력 간의 경쟁을 대리하는 장소가 되었습니다. 공산 진영이 붕괴하고 중국과 러시아가 자본주의 경제 시스템을 받아들이면서 서방과 교류를 시작한 이후에도 이 불안한 구도는 바뀌지 않았는데요. 미국이 패권국의 지위에 있던 2000년대 초반을 지나 중국이 새로운 강대국으로 부상한 이후에는 한반도가 미국과 중국이 충돌할 때마다 주목해야 할 핵심 지역이 되었습니다.

한반도가 주목받는 또 다른 이유가 있습니다. 정치·외교적으로 항시 불안감을 조성하는 북한의 특수성 때문인데요. 장기간 세습 독재를 이어온 북한은 핵무기·생화학무기 등 국제 사회에서 금지하고 있는 무기를 개발하는 한편, 외화를 벌어들이기 위해 해킹, 마약 판매, 인신매매 등의 범죄를 국가 차원에서 장려하고 있습니다. 9.11 테러 이후 악의 축으로 분류된 북한은 전 세계적으로 친밀한 국가가 거의 없을 정도로 국제 사회에서 배제당하고 있는데요. 이러한 북한이 군사적으로 어떤 행동을 할지 예측할 수 없다는 점 역시 정치·군사적으로 전 세계가 한반도를 주목하는 이유를 만들고 있죠.

더 알아보기

비대칭 전력-북한이 목숨 걸고 핵을 지키려는 이유와 상호 확증 파괴

- '상호 확증 파괴(Mutually Assured Destruction)'는 핵 전략의 개념이자 전략이면서 냉전을 상징하는 표현이었다. 핵무기를 보유하고 대립하는 두 국가가 있을 때 어느 한쪽이 상대방에게 선제 핵 공격을 받아도 상대방이 핵 전력을 보존시켜 핵무기로 보복할 수 있는 경우 핵무기의 선제적 사용이 쌍방 모두가 파괴되는 상호 파괴를 확증하는 상황이 된다. 따라서 이론적으로 상호 확증 파괴가 성립된 두 국가 간에는 핵전쟁이 발생하지 않게 되며, 수만 개의 핵무기로 무장한 미국과 소련은 상호 확증 파괴 개념에 따라 '나를 건들면 너도 죽는다'라는 역설적인 상황을 통해 평화를 유지한다.
- 경제력·군사력 측면에서 우리보다 열위에 있는 북한에게 있어 핵의 보유는 상호 확증 파괴를 통한 자국의 안전을 지키는 가장 효과적인 수단이 될 수 있다.

특히 북한은 우리에게 현실적인 위협국입니다. 시대 흐름에 따라 다소 온도 차는 있지만, 언제나 북한은 우리에게 분명한 적이었고 정치적 부담을 주는 주체 중 하나입니다. 현재도 북한은 우리와 군비 경쟁을 이어 나가고 있죠. 사실상 한반도 전역은 언제든 군사 분쟁 지역이 될 수도 있기 때문에 남북은 국가 규모에 비해 꽤 거대한 수준의 상비군을 유지하고 있습니다. 다소 지나친 경쟁으로 흘러갈 정도로 양국 간의 상비군 경쟁은 서로 큰 부담을 주고 있는데요. 역설적이지만 남북이 상호 간에 쉽게 전쟁을 선택하지 못하도록 하는 전쟁 억제 장치는 '상비군 운용'이 가져오는 힘의 균형 달성에 있습니다.

더 알아보기

전쟁을 바라보는 관점-현실주의와 자유주의로 살펴본 남북 관계

- 인간이 사회를 형성한 이후 전쟁은 끊임없이 인간의 생존을 위협해 왔고, 이를 설명하기 위해 학자들은 전쟁 발발 이유를 설명하는 다양한 이론 체계를 만들었다. 이 중 나름 설득력을 인정받는 이론 체계로는 현실주의와 자유주의가 있다.
- 현실주의는 국가가 합리적이고 이기적이라고 가정하는데, 국제사회가 사실상 무정부 상태라고 보고 국가는 생존을 위해 군사력을 확보해야만 한다고 주장한다. 현실주의에 따르면 전쟁은 국가가 군사력을 활용해 상대국과 경쟁하는 과정에서 발생한다.
- 현실주의 관점은 전쟁 발발을 막기 위해서 상대국과 비슷한, 혹은 상대국보다 강한 군사력을 확보해야 한다고 주장한다. 군사력이 강해져야 전쟁을 예방할 수 있다는 논리는 현실주의적 관점의 외교 전략을 보여주는 대표적인 사례다.
- 반면 자유주의 관점은 다양한 행위자 간의 협력이 언제든 가능하다고 본다. 자유주의 관점은 국제법, 국제 제도 등이 상호 간의 협력을 보장하므로 기본적으로 전쟁이 일어나진 않지만, 한 번씩 등장하는 비정상 국가의 존재가 전쟁 위험을 증가시킨다고 설명한다. 2차 세계대전의 나치 독일이나 일본 군국주의, 한국전쟁에서의 북한이 대표적인 사례인데, 이들을 막기 위해 국제 사회는 전쟁 예방을 위한 협력과 논의를 멈추지 말아야 한다고 강조한다.
- 현실주의 입장에서 남북 관계를 바라본다면 전쟁 예방을 위해서 한미 연합군의 군사력이 북한의 군사력보다 강한 수준을 유지해야 한다. 반면 자유주의 입장에서 전쟁을 예방하기 위해서는 남한과 북한 간 외교·경제 협력을 강화해야 한다. 우리나라의 대북 정책이 군사력 강화·경제 협력 강조 등을 동시에 추구하고 있는 것은 현실주의와 자유주의 관점을 모두 적용한 외교 정책을 펼치기 때문이다.

한반도 내부 사정을 살펴보면 한국전쟁 이후 눈부신 발전을 이룬 대한민국과 달리 북한은 보잘것없는 경제력을 가지고 있으며, 꾸준히 세습 독재 체제를 유지하면서 국제 사회에서 서서히 고립되고 있습니다. 그럼에도 불구하고 핵무기를 소유하고 경제력의 대부분을 군사 증강에 힘쓰는 등 이해할 수 없는 행보를 보이면서 우리나라를 포함한 전 세계에 부담을 주는 '비정상 국가'가 되었습니다. 내부의 독재 체제가 약 70년간 지속되는 과정에서 북한의 국가 신뢰도가 바닥에 떨어졌음은 물론, 평화적인 외교를 통해 군사적 불확실성을 해결할 수 있을지도 의문인 최악의 상황에 놓여 있죠.

한반도는 위치상 바다와 육지를 동시에 접하고 있다는 점에서 꽤 매력적인 부분이 있습니다. 하지만 동시에 해양으로는 미국과 일본, 육지로는 러시아와 중국에 맞닿아 있으면서 이들 나라의 한가운데 위치하기 때문에 군사 분쟁의 완충지대가 될 수밖에 없죠. 직접적 위협 요소인 북한 외에도 외교적으로 미묘한 관계인 중국과 러시아의 존재 역시 큰 부담입니다. 완충 지역의 특성상 주변 국가로부터 계속 군사적 도전과 위협을 받을 수밖에 없으므로 우리나라는 군사적으로 약하지 않다는 것을 계속 증명해야만 전쟁으로부터 자유로워질 수 있는 상당히 어려운 지리·정치학적 위치에 있는 거죠.

강대국 사이에 있는 국가는 일반적으로 중립국 전략을 취하는데요. 우리나라의 경우 꽤 오랫동안 미국과 가까운 관계를 맺어 왔습니다. 괜히 미국과 피로 맺어진 '혈맹' 관계라고 칭하는 것은 아니거든요. 그러나 최근 중국이 경제·군사 강국으로 급부상한 시점을 계기로 우리나라와 중국 간의 경제적 협력 관계가 끈끈해지면서 꽤 미묘한 기류가 형성되었습니다. 우리나라가 중국에 가까워진다면 미국이 외교적으로 불편함을 표현하고, 미국에 가까워진다면 중국이 경제적 압박을 가하는 상황인데요. 미·중 패권 경쟁이 본격화됨에 따라 우리나라가 중립국 전략을 취하기 점차 어려워지고 있습니다. 여기에 최근 중국과 대만 간 군사적 갈등이 극에 달함에 따라 우리나라의 외교적 딜레마는 경제적 교류 외에 군사 문제로 확산되는 상황인데요. 어떤 선택을 하더라도 손해 보기 쉬운 상황이라 어려움이 이만저만이 아닙니다. 강대국들 사이에 있는 대한민국의 지정학적 위치가 우리 스스로 풀어가기 상당히 어려운 여러 문제를 만들어 내는 거죠.

일부 이론가들은 동아시아가 타 지역에 비해 독재자가 많아서 전쟁 위험이 높다고 주장합니다. 이는 '민주주의를 채택한 국가 간에는 전쟁 가능성이 낮다'라는 국제 정치의 명제를 기반으로 하는데요. '민주평화론'이라고 불리는 이론 체계는 현대에 일어난 대부분의 전쟁이 독재자의 정치적 야망이나 욕심에 의해 일어났다는 점을 강조합니다. 전쟁이 일어날 경우 경제적 부담을 지게 되고, 심지어는 전쟁터에서 목숨을 잃을 수도 있는 국민들이 전쟁을 환영할 리가 만무하죠. 독재자가 독단적으로 전쟁을 일으킬 가능성이 높다는 평가를 전제로 한다면 동아시아는 다른 지역보다 전쟁 가능성이 높다고 볼 수 있습니다. 북한과 중국 등 독재자가 통치하는 국가들이 계속해서 군비 확장 정책을 펼치고 있으니까요. 동아시아는 앞으로도 전쟁의 위험 속에서 하루하루를 보낼 것 같습니다.

전운이 감도는 동아시아, 분쟁에 둘러싸인 세계

미국과 소련 간 군비 경쟁 치킨게임이 고르바초프의 페레스트로이카(개혁, перестройка)-글라스노스트(개방, гла́сность) 정책을 기점으로 사실상 미국의 판정승으로 끝난 후 약 30여 년간 러시아·중국과 미국의 갈등은 표면적으로 드러나지 않았습니다. 러시아는 소련 해체 후 내부 혼란을 정리하느라 정신없었고, 중국은 산업화에 접어들면서 경제 발전에만 집중했으니까요. 정치적으로 가장 강성한 시기에 들어선 미국을 중심으로 형성된 패권 구도는 전 세계에 영원한 평화를 가져다줄 것만 같았습니다.

그러나 이러한 믿음은 아이러니하게도 중국과 러시아의 국가 상황이 정상 궤도에 접어들면서 무너지기 시작했습니다. 2000년대 이후 산업화에 성공한 중국은 이제 미국에 도전하는 새로운 강대국이 되었죠. 동아시아 내에서 각종 분쟁의 중심에 언제나 미국과 중국이 있는 것은 결코 우연이 아닙니다. 중국은 외부적으로 이란·인도·파키스탄·몽골 등 주변국과의 분쟁을 회피하지 않고 정면으로 맞서며 대외 팽창 정책을 펼치는 모습을 보였는데요. G2라는 이름에 걸맞게 세계 전체 분쟁의 절반은 중국이 관여하고 있다고 해도 과언이 아닐 정도입니다.

팽창의 방향은 조금 다르지만, 러시아 역시 분쟁을 회피하지 않는 것은 마찬가지입니다. 러시아-우크라이나 전쟁을 통해 한동안은 러시아가 유럽에 집중할 것임을 보여주고 있지만, 여전히 러시아는 미국과 일본을 견제하면서 동아시아에서 자신의 영향력을 유지하려고 하죠. 독재자가 지배하는 국가의 전쟁 발발 확률은 민주주의 정치 체제를 유지하는 국가보다 높다는 것이 통설인데, 중국과 러시아는 모두 독재자가 지배하는 나라입니다. 군사적 불안감이 더 높아질 수밖에 없는 상황이죠.

바다를 맞대고 있는 동쪽의 일본도 다르진 않습니다. 과거 2차 세계대전 전범국이었던 일본은 미군정 하에서 군대를 가질 수 없는 이른바 「평화 헌법(일본국 헌법 제9조)」을 만들었는데요. 이후 일본의 숙원 사업은 과거 전범국이라는 이미지를 지우고 군대를 보유할 수 있는 정상 국가가 되는 것이었습니다. 최근 일본 정치권이 시도하는 수차례의 「평화 헌법」 개정 움직임, 위안부 문제와 강제 징용 문제에 대해 부정하려는 일방적인 움직임 등은 2차 세계대전에 대한 책임 소재를 지우고 군대를 가지겠다는 일본의 정치적 야망을 그대로 반영하고 있습니다. 미국 역시 동아시아에서 일본의 영향력을 키우려는 움직임을 보이는데요. 중국이 부상하는 상황에서 중국을 견제할 수 있는 강한 동맹국 중 하나가 일본이기 때문입니다.

중국과 대만의 양안 관계 악화 역시 빼놓을 수 없는 문제입니다. 홍콩에 대한 중국의 강제적인 개입 등 급진적인 정책들이 보여 준 것처럼 앞으로 중국은 대만에 대해서도 불관용주의 정책을 채택할 가능성이 있습니다. 이미 중국은 대만을 공식적 점령 대상으로 규정하고 이에 대한 공격과 압박을 이어가는 상황이죠. 한편 미국과 일본은 공식적으로 대만을 지원할 것임을 밝히고 있는데요. 이는 미국과 일본 그리고 중국이 동아시아 내에서 경쟁 구도를 이어가고 있기 때문입니다.

2차 세계대전 후 동아시아에서는 미국 중심의 외교 관계가 형성되어 왔습니다. 그러나 중국이 경제적으로 엄청나게 빠른 속도로 성장하는 과정에서 미국 중심의 외교 구도에 물음표가 붙기 시작했죠. 중국의 국력이 강해지면 강해질수록 반대급부로 아시아 내 미국의 지위가 위협받을 수밖에 없습니다. 현실주의 외교 이론 중 하나인 세력전이이론(勢力轉移理論)에 따르면 특정 지역 내에 패권국이 존재하는 상황에서 새로운 강대국이 등장할 경우 국력이 계속 강해진다면 패권국과 새로운 강대국 간 전쟁 발발 가능성이 높아진다고 보는데요. 이에 따르면 동아시아에서 새로이 등장한 강대국인 중국이 미국과 경쟁에 적극적으로 참여한다면 앞으로 전쟁 가능성은 계속 높아질 것입니다. 미국과 일본이 사실상 하나의 외교 공동체이면서 동시에 중국과 대립하는 상황에서 대만이나 한반도 또는 제3의 지역에서 미국과 중국의 충돌은 언제든 발생할 수 있는 거죠.

또 대한민국 입장에서는 언제 어떤 문제를 일으킬지 알 수 없는 비정상 국가인 북한의 움직임 역시 부담스럽습니다. 매년 바뀌는 북한의 대남·대미 전략을 보면 과연 이들이 진정으로 원하는 정치·외교적 결과물이 무엇인지 의구심이 들 때가 많죠. 중국·러시아와 마찬가지로 독재자가 통치하고 있다는 점 역시 외교적 불안 요소입니다. 도처에 화약고가 몇 개씩 산재해 있는 불안한 위치가 바로 대한민국이죠.

영토를 둘러싼 동아시아 주변 국가 간 분쟁 역시 불안 요소입니다. 독도가 자신들의 영토라며 몇십 년째 일방적으로 주장을 이어 나가는 일본의 사례 외에도 센카쿠 열도[尖閣, 중국명 댜오위다오(釣魚島)], 쿠릴 열도 등 태평양 지역 곳곳에는 영토 분쟁 지역이 있죠. 좀 더 넓게 보면 동중국해를 둔 중국과 베트남, 필리핀 등과의 분쟁 역시 동아시아 내 전쟁 가능성을 높이는 불안 요소입니다. 과거 경제적 협력이 전쟁을 줄일 것이라는 사람들의 낙관적인 기대와 다르게 동아시아권은 경제적으로 밀접하게 협력하는 듯하나 전쟁 위험성도 계속 높아지는 아이러니한 상황이 연출되고 있죠. 물론 그 중심에는 항상 대한민국을 포함한 한반도가 자리 잡고 있습니다.

동아시아 내 주요 영토 분쟁 지역

갈등 국가	분쟁 지역	분쟁 내용
러시아, 일본	쿠릴 열도 (북방 영토)	러시아 영토에 편입된 쿠릴 열도에 대한 일본의 반환 요구
중국, 일본	센카쿠 열도 (댜오위다오)	일본이 실효 지배 중인 섬에 대한 중국 영유권 주장
중국, 베트남	시사 군도 (파라셀 제도)	중국이 실효 지배 중인 섬에 대한 베트남의 영유권 주장
중국, 대만, 필리핀, 말레이시아, 브루나이	난사 군도 (스프래틀리 군도)	6개국의 섬에 대한 영유권 주장

너무 빠른 인구 감소, 급해진 안보 공백

동아시아가 군사적으로 불안정했던 것이 어제오늘 일은 아닙니다. 하지만 한반도의 경우 근 80여 년간 직접적인 전쟁의 위험성을 계속 안고 왔다는 점에서 타 지역에 비해 더 불안정한 상황이라고 할 수 있죠. 지구상 유일한 분단 지역이라는 타이틀이 보여주듯 휴전선을 두고 대치 중인 남한과 북한 간 군사적 긴장감은 2000년대 이후에도 언제든 군사적 충돌의 위험성을 경고하고 있습니다. 실제로 1·2차 연평해전, 연평도 포격 도발, 천안함 폭침, 동해상 미사일 발사 도발, 지속적인 핵실험 등을 통해 북한은 언제든지 무력 충돌을 일으킬 수 있다는 메시지를 국제 사회에 보내고 있고요.

정치적으로도 휴전 상태를 70여 년간 유지하고 있는 모습이 보여주듯 양측은 서로를 주적으로 인식하면서 언제든 전쟁을 일으킬 수 있음을 숨기지 않고 있죠. 군사적 긴장 관계가 유지되고 있는 현 상황을 직관적으로 보여주는 것이 남북한 상비군 규모입니다.

남한과 북한은 상비군과 예비 병력을 상대의 수준에 맞춰 유지하고 운영하기 위해 전력을 기울이고 있습니다. 그 결과, 우리나라는 국가 규모 대비 꽤 거대한 상비군을 보유하고 있죠. 통일만 이루어져도 국방비의 상당 부분을 줄일 수 있다는 말은 이후 군을 운용하지 않아도 된다는 전제 아래 마냥 틀린 말도 아닙니다. 상비군의 규모가 거대할수록 상비군 운영이 가져오는 경제적 부담도 함께 커지기 마련입니다. 이에 따라 병력을 줄이고 과학기술이나 첨단 장비로 대체하자는 주장도 있는데요. 현실적으로 쉽지 않습니다. 전쟁이 일어날 경우 전투 현장이 될 한반도 지형이 대부분 산지 중심이기 때문입니다. 산악 지형은 그 특성상 일정 규모 이상의 병력이 필요합니다.

남북한 상비군 규모 비교[44]

	남한	북한
육군(상비군)	36.5만 명	110만여 명
해군(상비군)	해군 4만 명, 해병대 3만 명	6만여 명
공군	6.5만 명	11만여 명
전차	2,200여 대	4,300여 대
장갑차	3,100여 대	2,600여 대
야포	5,600여 문	8,800여 문
전투함정	90여 척	420여 척
전투기	410여 대	810여 대
예비 병력	310만여 명	760만여 명

　사람들은 미래의 전쟁에서는 로봇이 사람 대신 싸우고 미사일과 드론이 모든 전투를 수행하는 꽤 테크니컬(?)한 모습이 될 것이라고 상상합니다. 하지만 실전은 그렇지 않다는 것이 최근의 러시아-우크라이나 전쟁과 이스라엘-하마스 내전에서 이미 증명되었습니다. 지형이 험준하고 복잡해질수록 결국 사람이 직접 발로 뛰면서 전쟁을 끝낼 수밖에 없는 거죠. 어떤 첨단 장비가 개발되든 간에 한동안 이 진리는 변할 수 없을 것으로 보입니다.

　특히 남북한은 1953년 7월 맺어진 휴전협정 이후로 한반도를 동서로 가르는 휴전선을 중심으로 실 병력을 배치한 채 약 70여 년간 대치해 온 국가입니다. 서로의 약점과 강점은 물론 어떤 지역에 중요한 군사시설이

---

44 『2022 국방백서』(서울: 대한민국 국방부, 2022)

있고, 무엇을 먼저 공격해야 이길 수 있으며, 상대방을 이기기 위해 어떤 행동을 최우선으로 해야 할지 명확히 알고 있는 상황이죠. 이런 상황에서 남북 간 전쟁 구도를 상상해 본다면 엄청난 기술력을 바탕으로 한 신무기 하나만으로 빠르게 결과가 정해지지 않을 가능성이 높습니다.

특히 북한은 남한에 비해 기술력이 뒤떨어지는 대신 인력에서 비교 우위가 있으니 병력의 숫자로 결정되는 전투를 만들고 싶어 할 가능성이 높죠. 결국 전쟁 억제를 위해 양쪽의 군사적 균형을 맞추려면 남한 역시 군사 기술의 발달과 별개로 일정 수준의 전투 병력이 필요합니다. 여기서 말하는 일정 수준의 군인은 예비군이 아닌, 유사시 즉시 전투에 투입할 수 있는 상비군을 의미합니다.

더 알아보기

'작전계획 5027, 5015'-남북의 충돌 가능성을 열어 놓은 미국과 한국

- 한국과 미국은 북한과의 전면전을 대비한 '작계 5027'을 수립하고 있다. 이 작전계획은 '북한의 선제 공격 시 방어 → 반격 작전 → 북한 내 주요 도시 점령 → 안정화 작전'을 주 내용으로 하는데, 방어 후 반격을 전략의 기본 방침으로 설정한 이유는 우리나라 「헌법」이 침략 전쟁을 부인하고 있기 때문이다.
- 최근 한국과 미국은 북한의 핵무기 사용 징후 발견 등 특수 상황을 가정하여 선제 공격 계획을 포함한 '작전계획 5015'를 수립했는데, 이 작전 계획 역시 '방어 후 반격'을 주된 내용으로 하고 있다.
- '작전계획 5027' '작전계획 5015'는 한반도 내에서 남북 간 전면전 발생 가능성이 항시 존재함을 전제로 하고 있다. 남북 간 충돌 위협이 지속되는 한 일정 규모 이상의 병력 유지는 필연적이고, 남한의 병력 감축 정책이 비현실적인 이유도 여기에 있다.

침략적 전쟁을 부인하고 있는 대한민국 정부가 통일을 위해 북한을 선제 공격할 가능성은 사실상 없다고 봐도 무방합니다. 그렇다면 왜 우리나라는 이렇게 거대한 상비군을 보유하고 있을까요? 이는 북한의 거대한 상비군 병력에 대응하기 위해서입니다. 남한은 힘의 균형 달성을 통해 한반도 내에서 평화를 달성하려면 한국군의 병력 규모가 북한의 규모와 유사하거나 넘어서야 하는 숙제를 안고 있죠.

그렇다면 우리나라는 왜 군사력 증강을 포기할 수 없을까요? 우리나라처럼 군비 경쟁이 끝나지 않고 지속되는 상황을 설명하기 위한 개념에 '안보 딜레마'가 있습니다. 안보 딜레마라는 개념을 이해하기 위해서는 먼저 '힘의 균형'이 무엇인지를 이해해야 하는데요. 양국의 군사력이 비슷할 경우 전쟁이 일어나지 않는다는 고전적 외교 이론인 힘의 균형은 힘(또는 군사력)이 객관적으로 측정되기 어렵다는 태생적 한계를 가지고 있습니다. 나의 힘도, 상대방의 힘도 모두 객관적으로 측정되기 어려우니 양국은 힘의 '균형'을 추구하기보다 조금이라도 더 힘이 강한 상태를 추구할 수밖에 없죠. 상대방보다 조금이라도 더 강한 것이 사실상 안전하니까요.

결국 갈등을 빚는 국가 간에는 상대방보다 더 강한 군사력을 가지기 위한 무한경쟁에 빠지게 됩니다. 이를 안보 딜레마에 빠졌다고 표현하는데요. 안보 딜레마 개념은 남북한 모두 군사 갈등을 멈추지 않는 이상 무한정 늘어나는 군비 지출을 피할 수 없음을 보여줍니다. 양국의 외교적 갈등이 완화되지 않는 한 두 국가는 언제든 일어날 전쟁을 대비하기 위해 군사력을 확장시켜야 하는 거죠.

그러나 한국의 저출산 현상은 군비 경쟁 중심의 안보 구도에 큰 변화를 줄 것으로 예상되는데요. 저출산 현상 자체가 병력 규모를 엄청나게 빠른 속도로 줄일 것이 확실하기 때문입니다. 징병제를 채택하고 있는 우리나라에서 미래의 병력 규모는 현재의 출생아 수에 비례합니다. 출생아 수가 줄어들면 줄어들수록 징병 가능한 청년의 수가 줄고, 징병을 통해 확보할 수 있는 상비군의 규모도 줄어들 수밖에 없죠.

한국군사문제연구원에서는 미래 상비 병력의 최소 수준을 육해공군 통틀어 35만 명 정도로 제시했습니다. 만약 현재의 징병제가 아닌 모병제 시스템으로 전환한다면 약 15만 명 정도가 필요할 것으로 보았고요. 현실적으로는 모병제가 쉽지 않으므로 징병제로 35만 명 내외의 병력을 유지하는 방안이 적합하다는 의견을 추가로 제시하고 있습니다.

한국군사문제연구원이 제시한 35만 명이라는 상비군의 숫자는 과거 70만 명까지 바라보았던 우리 군의 규모와 비교해 볼 때 꽤 극적인 긴축이라 할 수 있습니다. 과거의 인구 구조였다면 이러한 군 병력 감축은 고려되지 않았을 겁니다. 하지만 앞으로 변화될 인구 구조에서는 이러한 병력 감축안에 대해 '그 정도면 부담할 수 있다'가 아니라 '그럼에도 부담할 수 있을까?'로 느껴질 가능성이 큽니다.

군은 대표적인 소비 집단입니다. 전쟁이라는 불확실한 위험에 대비하기 위해서는 필요한 집단이지만, 위험이 발생하지 않는다면 자원을 소비하기만 하는 비효율적인 집단으로 평가받을 가능성이 크죠. 군의 생산성을 인구 구조 차원에서 살펴봅시다. 만약 우리나라가 징병제를 유지한다면 개인적으로는 매년 태어나는 남자아이 중 대다수는 자신의 인생 중 1~2년을 군 복무에 사용해야 합니다. 이 기간은 개인의 생애에서 가장 왕성하게 사회생활을 이어갈 시기이죠. 사회적으로는 이들이 입는 옷, 먹는 밥, 받는 월급, 훈련 시 사용하는 전투 물자까지 모든 비용을 세금 지출 형태로 부담해야 하죠.

명시적으로 지출되는 물자 비용과 개인의 군 복무에 대한 기회비용을 종합적으로 고려해 보면 군 복무를 위해 개인과 사회가 지불해야 하는 비용은 상당한 수준입니다. 군 복무에 들어가는 비용이 상당하다는 것이 군 복무 자체가 무의미하다거나 군대를 없애야 한다는 것은 아닙니다. 하지만 국가와 사회 차원에서는 미래의 인구 구조 변화가 예정되어 있다면 35만 명 수준의 상비군을 유지하는 것이 어떤 의미인지, 그에 대한 대응을 어떻게 해야 할지 살펴볼 필요가 있죠.

인구 구조 차원에서 군 복무 문제를 좀 더 살펴보겠습니다. 우선 고려해야 할 것은 사회에 신규 진입 예정인 20대 남성 인구가 어떻게 변하느냐입니다. 20대 남성은 2020년 30만여 명에서 2040년에는 15만여 명까지 줄어들 예정입니다. 앞서 예측한 것처럼 35만 명 수준의 상비군이 필수적이라고 생각해 보죠. 통상 20대 초반에 2년간 의무 복무를 하는 것이 일반적이라고 한다면 징병을 통해 확보할 수 있는 상비군은 최대한 끌어모아도 35만 명에는 부족한 수준입니다. 여기에 가정의 경제적 사정이나 장애, 질병 등으로 징병 대상이 되지 않는 청년들의 숫자를 고려하면 실제 징병 가능한 숫자는 더욱 줄어듭니다. 최소 10년 이상 복무할 수 있는 직업군인을 15만 명 수준으로 유지하고 나머지 부분을 징병제로 모집하는 것이 현실적이라는 결론이 나오죠. 하지만 직업군인을 15만 명 수준으로 유지하는 것부터 결코 쉬운 일이 아닙니다. 최근 사회 문제로 떠오르는 직업군인 기피 현상만 보아도 어느 정도 예상이 가능하죠.

대안으로 여성 징병제 이야기도 나오지만, 이 역시 합리적인 대안은 아닙니다. 설사 여성을 징병 대상에 포함시켜서 병력 구조를 유지한다 해도 사회 활동을 왕성하게 해야 할 청년들이 1년 반이나 2년간 사회에서 빠져나간다는 점은 변하지 않으니까요. 결국 징병 문제의 본질은 병력 수준을 유지하려고 할수록 가뜩이나 부족한 청년들의 사회 진출이 구조적으로 늦어지게 되며, 이것이 사회 생산성을 떨어뜨리는 순환 구조에 빠지게 된다는 점입니다.

최근에는 국방력 확보의 대안으로 용병 고용이 검토되기도 합니다. 일부 특수 분야에서는 용병들에게 전투를 맡길 수도 있겠지만, 용병들에게 국방 전반을 맡긴다는 것 역시 비현실적이긴 합니다. 소요 비용도 문제지만, 돈으로 산 용병이 우리를 위해 목숨 바쳐 싸워 줄 것이라고 믿을 수 없으니까요.

그렇다고 국방력을 축소하거나 포기하는 것은 대안이 아닙니다. 역사적으로 국방력을 포기했던 나라는 국방력 유지 비용보다 훨씬 더 큰 비용을 치를 수밖에 없으니까요. 강대국이 언제든 충돌할 수 있는 불안정한 지역인 동아시아의 정치적 특성을 고려할 때 군 병력 축소는 결코 좋은 선택이 아니라고 할 수 있습니다.

더 알아보기

대만의 실패, 모병제에서 징병제로 다시 돌아간 이유[45]

- 한국과 더불어 동아시아의 대표적 징병제 국가였던 대만은 2018년 말 1년이었던 의무 복무 기간을 4개월로 크게 단축시켰다. 복무 기간이 4개월에 불과하다는 것은 실제 복무보다 군사 훈련을 받는다는 의미가 강하기 때문에 대만의 징병제가 사실상 폐지된 게 아니냐는 지적이 이어졌다. 대만 정부는 의무 복무 기간을 줄였을 뿐이라고 설명했지만, 현재의 대만군은 모병제를 통해 모집된 직업군인들로 운용되고 있다.
- 시행된 지 불과 4년밖에 안 된 병역 제도를 다시 손보겠다는 말이 나오기 시작한 것은 러시아가 우크라이나를 침공하면서부터였다. 실현 가능성이 적다고 예측됐던 러시아-우크라이나 전쟁이 현실화되면서 중국의 대만 침공도 불가능한 시나리오가 아니라는 우려가 커졌다. 게다가 미국 등 북대서양조약기구(NATO)는 "자칫하면 3차 세계대전으로 확전될 가능성이 크다"라며 우크라이나에 대해 제한적인 군사 지원에 머무르고 있다.

결국 급격하게 줄어든 청년 인구가 경제력뿐 아니라 국방력에도 큰 영

---

45 "징병제 사실상 폐지한 대만, 우크라 전쟁에 4년만에 회귀?", 한겨레, 2022. 03. 25.

향을 끼칠 것은 이미 정해진 미래입니다. 안정적인 국방력을 확보하자니 가뜩이나 적은 경제 활동 인구가 더 줄어드는 효과를 가져오고-더 정확하게는 구조적으로 청년층의 사회 진출 속도를 늦추는 효과를 만들어 내고-, 의무 복무 기간을 줄이면 불안한 국방력이 문제가 되죠. 안정적 국방력 확보와 의무 복무 기간 감축 둘 중 하나만 선택하도록 강요하는 현재의 인구 구조는 우리에게 너무나도 힘든 선택을 강요하고 있습니다.

부족한 병력과 사회 안보 인력, 완벽한 해법은 없다

기존의 징병제가 인구 절벽과 출산율 감소라는 넘을 수 없는 벽에 부딪힌 상황에서 용병 고용, 여성 징병제, 모병제 등이 대안으로 제시되고 있습니다. 하지만 이들 모두 현실적인 해법이 되기 어렵다는 것이 일반적인 분석입니다. 그렇다면 어떤 선택이 가장 현명할까요?

대안적 병력 확보 방안에 대한 평가

병력 확보 방안	주요 실현 방안	강점	약점
복무 기간 연장 (징병제)	징병제 유지하면서 근무 기간 연장	낮은 안보 비용	청년층의 높은 사회적 손실
모병제	병력 장기 복무(군 정예화), 사회의 안보 부담 최소화	낮은 안보 비용 전투력 유지	모병 실패 시 안보의 질 하락
여성 징병제	징병제 유지하면서 여성 대상 징병 실시	병력 확보 유리	높은 초기 비용, 사회적 갈등 확산

현실적으로 그 어떤 대안도 완벽하지 않다는 점에서 국방·안보상 딜레마의 해결에는 상당히 어려운 부분이 많습니다. 특히 남북 관계 외에도 많

은 군사적 위협 요소를 안고 있는 대한민국의 입장에서 안보 문제는 생존을 위해 반드시 해결해야 하는 숙제입니다. 하지만 전쟁이 직접적으로 발발하지 않는 상황에서 그 필요성은 크게 느껴지지 않으며, 오히려 불필요하다고 받아들일 수 있는 데다 꽤 성가신 존재로 비칠 수도 있죠.

논의를 간단하게 정리해 보겠습니다. 가장 큰 위험인 남북 간 전면전만 놓고 볼 때 방어 후 반격을 기본 전략으로 채택하고 있는 남한 입장에서 최소한의 상비군 규모는 30~40만 정도로 추산할 수 있습니다. 이는 공격자의 병력이 방어자의 세 배 정도는 되어야 효과적인 전투가 가능하다는 군사학의 기본 원칙에 의한 건데요. 상비군의 방어 이후 예비군 등의 전력이 역습을 가한다는 기본 전략상 북한이 군비 축소를 실시하지 않는 한 우리 역시 상비군 규모를 유지해야만 합니다. 그러나 이미 20만 명대로 떨어진 출생아 감소 추세와 큰 폭으로 감소한 유소년층의 규모를 고려한다면 30~40만 명의 상비군을 유지한다는 것 자체가 불가능한 상황일 수 있습니다.

부족한 군인이 국방력 약화에 따른 사회 불안을 가져온다면 의무복무제도의 다른 형태인 대체복무제도의 붕괴는 사회안전망 전체를 흔들고 있습니다. 과거 청년 숫자가 현재의 2~3배였던 시기부터 전투 병력으로 활용하기 어렵거나 특별한 기술과 지식 수준을 보유한 자원들은 사회 근무를 통해 국방의 의무를 수행하도록 하는 대체복무제도를 운영해 왔습니다. 좁게는 사회복무요원, 산업기능요원, 공중보건의가 있고, 넓게는 의무경찰이 여기에 속하는데요. 이들 대부분은 군 복무 수행이라는 명목 아래 상당히 낮은 수준의 임금만 받으면서 의료, 복지, 교육, 대중교통, 공공 서비스 분야를 담당해 왔습니다. 이들의 존재 덕분에 우리 사회는 상당히 저렴한 가격으로 사회 서비스를 제공할 수 있는 여건을 만들었죠.

특히 높은 수준의 연봉을 부담하기 어려운 군 단위 지자체 입장에서 공중보건의 제도는 가뭄의 단비와 같았습니다. 근무 기피 지역인 면 단위 지방에서 일반 공무원 수준의 비교적 낮은 연봉을 지급하면서도 의료서비스를 안정적으로 제공할 수 있는 공중보건의 제도는 시골의 기초 의료서비스를 유지하는 최후의 보루가 되었죠.

그러나 군 입대 병력이 가파르게 줄어드는 과정에서 대체복무자 대부분이 현역병 입영 대상이 되고 의무 복무 대상자의 월급이 100만 원 수준으로 인상되었습니다. 한편 복무 기간은 1년 6개월 내외로 짧아지는 과정에서 대체복무 시스템의 근간이 점차 흔들리기 시작했습니다. 특히 시골의 의료 공백은 심각한 수준인데요. 총인구가 100명이 채 되지 않는 작은 부락에는 보건소조차 없어서 대부분 의료서비스를 보건소 소속 간호직 공무원이나 공중보건의의 순회 진료에 의존해야 합니다. 그런데 일반 장병들의 군 복무 여건은 지속적으로 개선되는 반면, 군의관이나 공중보건의에 대한 대우는 그대로 유지되고 있습니다. 결국 대다수 의대생들은 3년여의 긴 시간을 의사 신분으로 군이나 지방 보건소에서 의무 복무하는 대신 복무 기간이 훨씬 짧은 현역병 근무를 선택하는 것이 일반화되었습니다. 의무 복무 장병에 대한 근무 여건은 꾸준히 개선되었지만, 전문 기술을 기부하는 사람들에 대한 대우는 개선이 없는 어지러운 상황에서 사회안전망 자체가 위협받게 된 거죠.

생산 인구와 국방 인구의 감소, 경제 발전과 안보의 어려움

국방력과 관련해 한 가지 문제가 더 있습니다. 징병을 통해 국방력을 강화하거나 유지할 경우 국방력 강화를 위한 징병이 청년층의 사회 진출 시기를 강제적으로 늦춘다는 겁니다. 징병 대상자가 최소한의 전투 기술을 익히기 위해서는 1년 이상의 군 복무가 필요합니다. 인구 감소 추세에서 병력 규모를 유지하려면 2년 이상의 군 복무가 필요할 수도 있죠. 이는 징병 대상이 되는 청년들의 사회 진출 시기를 그만큼 뒤로 미루는 결과를 만들어 냅니다.

청년 인구 감소에 따른 생산가능인구 부족이 사회 문제가 되어가는 현재 상황에서 청년들의 군 복무는 경제적으로 꽤 중요한 문제가 될 수 있습니다. 북한의 병력 규모에 따라서 일정 수준의 상비군 유지가 강제되는 대한민국의 상황을 고려해 볼 때 징병 대상자들이 학업에 열중하고 사회로 나가야 할 시간을 군 복무에 투자하는 것은 필연적이죠. 군 복무가 생산성을 가지지 못하는 한 군 복무에 투자한 시간 자체가 사회 전체적으로 볼 때 새로운 부담이 될 수 있습니다.

안보상 청년들의 군 복무가 꼭 필요한 상황이라고 한다면 우리가 고민하고 대비해야 할 부분은 청년층의 군 복무가 복무자 개인과 사회 전체에 어느 정도의 부담을 줄 것이냐는 점입니다. 경제학의 핵심 개념인 기회비용을 적용해서 분석해 보죠. 군 복무에 시간을 투자하면 투자할수록 그만큼의 생산 공백, 학업과 숙련 노동을 위한 훈련 시간의 공백이 발생하게 됩니다. 인구 부족으로 인한 안보 공백을 해결하는 과정에서 생산가능인구인 청년층의 일시적 대량 유출이 발생하게 되고 이 자체가 국가적으로 큰 부담을 주는 악순환으로 이어지는 겁니다. 여기에 평균 혼인 연령과 초출산 연령이 현재 수준보다 더 미뤄지는 사회적 분위기가 형성된다면 국가 안보를 위한 군 복무가 사회보장제도 등 사회 안보 확보에는 악영향을 줄 수도 있겠죠. 인구 감소 자체가 복잡한 문제를 계속해서 발생시키는 겁니다.

저출산·고령화가 가져올 국가/사회 안보 붕괴 단계(구조도)

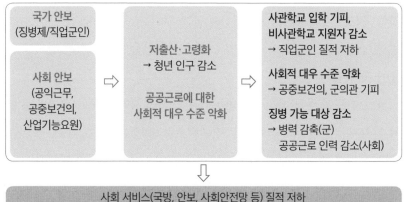

국가 안보는 어떤 상황에서도 포기하면 안 된다는 점에서 경제 논리에 매몰되어 군 병력을 감축하자는 주장은 절대 안 될 일입니다. 그러나 이미 청년층 감소가 확실시되는 상황에서 우리가 준비해야 할 것은 안보 여건 확보 과정에서 발생하는 금전적 비용과 안보를 위해 청춘을 바쳐야 할 젊은이들의 인생 기회비용을 어떻게 해결해야 사회의 부담을 최소화할 수 있을지에 대한 고민입니다.

국가 단위의 안보 해결은 기본적으로 국민의 의무에 기반하고 있습니다. 현실적으로 국가 안보에 들어가는 모든 비용을 그 가치에 맞게 국가가 부담하는 것은 쉽지 않습니다. 개인이 국가 안보나 사회 안보를 위해 부담하는 각종 의무복무제도 역시 일종의 세금으로 해석하는 것이 타당하죠.

그럼에도 안보에 투입되는 비용 대부분을 국민의 열정페이로 해결하겠다는 논리는 용납되어서는 안 됩니다. 특히 우리나라는 건국 이후부터 지금까지 징병제에 기댄 국가·사회안보시스템을 꾸려 왔다는 점에서 청년층 인구 감소와 맞물린다면 향후 엄청난 불안에 빠질 수밖에 없습니다. 징병을 통해 엄청나게 저렴한 가격으로 유지해 왔던 국방·사회안보·의료 보건 등 각종 서비스 제공이 불가능해질 것이니까요. 여기에다 법률 및 의료서비스, 고급 군 지휘관 양성 문제 등 경제 논리로 해결해야 할 고급 인력 확보 문제도 함께 고려해야 합니다. 고급 인력은 직업적 차원에서 접근하는 것이 필요한데, 태생적으로 사기업에 비해 경제적 보상이 어렵다면 사회 안보를 공급하는 인력에 대한 사회적 예우와 인정이 뒤따라가야겠죠.

경제학에서는 고용 수준 향상과 물가 안정처럼 서로 동시에 달성할 수 없는 관계에 있는 정책 목표의 관계를 트레이드 오프(trade off)라고 합니다. 모든 인간에게 동일하게 주어진 시간이라는 자원을 국가 안보를 위한 군 복무에 투자할수록 개인의 경제생활을 위해 투자할 수 있는 시간은 줄어들게 된다는 점에서 청년들의 경제생활과 국가 안보는 트레이드 오프 관계에 있다고 할 수 있습니다. 안보에 들어가는 경제적 비용 외에 보이지 않는 기회비용까지 함께 고려하고 충격에 대비하는 것이 인구 절벽 시기의 국가 안보를 고민하는 우리에게 주어진 과제입니다.

3. 지방 소멸과 수도권 집중, 예견된 국가 공동화

지방 거주 여건 악화, 수도권 중심화 심화	⇨	지방 인구 유출, 수도권 집중화	⇨	지방 공동화, 지방 소멸, 수도권 집중화

⇩

인구 집중에 따른 도시 생존 여건 악화(주거비 상승, 환경 오염, 과잉 도시화 등)
인구 공동화에 따른 지방 생존 여건 악화, 소멸(복지·문화·의료·교육 등)

'서울 공화국', 무너지는 지방

소규모 도시나 군 단위 지역처럼 지방에서 생활해 온 사람들이 자주 품는 의문은 '분명 매스컴에서는 한국이 문화 강국이라고 하는데, 정말 그런 걸까?'입니다. 서울이나 수도권에서 일생을 살아온 분들은 공감 못할 수 있지만, 지방에서는 문화생활을 위해 생각보다 큰 맘(?)을 먹어야 할 때가 많습니다. 뮤지컬이나 콘서트 혹은 야구나 배구 등 스포츠 경기처럼 거창한 문화생활은 당연히 어렵고, 병원 진료나 영화 관람 등 일상적인 활동조차도 주변의 큰 도심지로 이동해야만 가능한 경우가 대부분이죠. 이는 언제든 원하는 문화생활을 할 수 있고, 먹고픈 음식을 먹을 수 있고, 생활에 필요한 각종 서비스를 받을 수 있는 서울이나 수도권의 모습과 비교됩니다. 시골 면 단위 마을에서는 마라탕이나 매운 떡볶이에 김밥과 튀김 등 우리가 좋아하는 평범한 음식을 먹거나 대형 마트에서 쇼핑하기 위해 100킬로가 넘는 길을 운전해서 가야 하는 경우가 비일비재합니다. 물론 이런 모습을 서울이나 대도시권에서는 상상하기도 힘들죠.

요즈음은 교통이 편해지다 보니 과거에 비해 이런 지역 간 왕래를 대수롭게 생각하지 않습니다. 하지만 서울살이에 비해 불편한 것은 분명한데요. 필자가 서울, 인천, 광주, 창원, 목포, 순천, 남해, 해남, 완도 등 다양한 지역에서 거주했던 기억을 되짚어 보더라도 서울과 인천 등 수도권에서의 생활이 압도적으로 편리했던 게 사실입니다. 연극·뮤지컬·스포츠를 관람하거나 병원 방문 등 중요한 활동 외에도 운동을 포함한 취미생활, 카페나 맛집 탐방, 하다못해 일상 속 산책마저도 수도권이 훨씬 편리한 경우가 많았죠. 하지만 수도권의 불편함도 많았는데요. 지방과 달리 어딜 가도 사회적 거리 확보가 불가능할 정도로 사람들이 북적이다 보니 서울은 제게 말 그대로 '콩나물시루'로 다가왔습니다. 추석이나 설날 같은 명절이면 지방에서 상경한 친구들과 종종 모이곤 했는데요. 명절이 연휴이기도 하지만, 그보다 명절 당일만큼은 동네가 한산하기 때문입니다.

　서울을 포함한 수도권에서는 과밀 인구로 인해 주택·환경·교육·교통 등 다양한 사회 문제를 낳고 있습니다. 하지만 지방의 인구 문제는 서울과 완전 다른 방향으로 흘러가고 있죠. 최근 몇 년 새 급격하게 심해지는 지방의 인구 문제는 지역이 사라질지도 모른다는 불안과 두려움으로 이어지고 있습니다. 눈에 띄게 젊은 인구가 줄고 할머니와 할아버지들만 남아서 근근이 동네를 지켜나가는 쓸쓸한 모습은 여전히 젊음과 활력이 넘치는 서울과 분명 대조적이죠. 대한민국 하면 떠오르는 살기 좋은 나라, 세계인이 생각하는 신흥 선진국, K-컬처로 표현되는 문화 강국의 모습은 사실 서울에만 국한된 이야기라 해도 무방합니다.

'지거국'의 추락, 지방대 기피 현상

얼마 전 EBS에서 제작한 다큐멘터리에서 부산대학교의 위상 변화를 다룬 내용이 방영되었습니다. 부산대의 위상이 예년에 비해 엄청나게 낮아졌고, 요즈음 학생들은 지방 광역시에 위치한 거점 국립대학교보다 인 (in)서울 대학교 진학을 훨씬 더 선호한다는 내용이었죠. 학벌주의가 아직 만연한 우리나라에서 학생들의 대학 선호도 변화는 곧 그 대학의 입학 성적 변화로 이어집니다. 입학이 어렵고 졸업이 쉬운 우리나라 대학 구조상 입학생들의 성적이 높아질수록 대학의 위상도 올라갑니다. 이러한 현상이 심화되면서 결국 우수한 학생은 서울로 몰리게 되고 지방 거점 국립대는 기피 대상이 되고 말았죠. 현시점에서 수도권 대학은 지방 거점 국립대의 생존을 위협하는 '천적이자 저승사자'로 자리 잡은 셈입니다.

지방 거점 국립대의 위상이 과거에도 이랬던 건 아닙니다. 필자가 입시를 치르던 2006년만 해도 부산대, 경북대, 전남대, 충남대 등 지역 거점 국립대의 사범대학 입결(입시 결과)은 웬만한 서울권 대학보다 훨씬 높았거든요. 시간을 좀 더 거슬러 올라가면 연세대나 고려대 등 쟁쟁한 서울의 명문 사립대 입학을 포기하고 지방 거점 국립대에 입학하는 케이스도 심심찮게 찾아볼 수 있었습니다. 이 정도면 확실히 '서부연고(서울대 다음 부산대, 다음 연세대와 고려대)'라는 표현이 허풍은 아니었던 모양입니다.

그런데 지금은 어떤가요? 지방을 선택하기보다 어떻게든 인서울로 들어가겠다는 학생들이 점차 늘어나고 있습니다. 필자도 지방 거점 국립대 출신이지만 제자들에게 인서울 진학을 포기하고 지방 국립대 입학을 권하는 것은 꽤 어려운 일입니다. 2023년 현재 한창 구직 중인 1997~2000년생 제자들 중 지방 거점 국립대에 입학한 친구들은 대부분 졸업 이후에도 지금까지 취업에 어려움을 겪고 있는 게 현실입니다.

그렇다고 해서 인서울 명문대에 입학한다고 취업이 보장되는 것도 아닙니다. 하지만 취업이나 학업에 필요한 '여건'에 있어 수도권과 지방 사이에는 엄청난 차이가 존재한다는 건 사실입니다. 유사 업종 근무 경력이 있는 신입^(중고 신입)을 원하는 기업의 최근 트렌드를 살펴보았을 때 대학생들에게 취업 스터디, 공모전 입상, 인턴 경험 등은 필수적입니다. 좋은 일자리를 제공할 수 있는 기업 대부분은 서울에 위치해 있고, 실력 있는 학생들 역시 서울로 집중되는 상황에서 지방 학생들이 구직 활동을 위해 선택할 수 있는 전략은 그리 많지 않습니다. 지방에 위치한 기업이 점차 줄어드는 상황에서 지역의 핵심 인재를 기르겠다는 지방대의 강점은 점차 퇴색되고, 서울로 가야만 하는 이유가 점차 늘어나는 셈이죠. 사회에 진출하는 학생들의 입장에서는 지방을 떠나야 생존 가능성이 높아지고, 서울로 가야 그나마 자신의 미래를 그려볼 수 있기에 사실상 '서울 입성'이라는 선택을 강요당하고 있는 셈입니다.

청년이 웃던 지방, 노인만 남은 지방

출생률이 미래의 가능성을 보여주고 노년 인구의 증가 추이가 미래 생산 동력의 감소 속도를 보여주는 지표라면 현재의 성장 동력을 보여줄 수 있는 가장 확실한 지표는 청년층의 절대적 수입니다. 특히 중고등학생과 대학생이 많은 지역은 인구 구성 측면에서 미래 발전 가능성이 무궁무진하다고 평가할 수 있겠죠. 실제로 청소년층이 두터운 지역은 그렇지 않은 지역과 비교해 훨씬 더 활기찬 모습을 보입니다.

「응답하라 1994」 보셨나요?-드라마를 통해 살펴보는 지방의 변화

- 케이블 채널 tvN에서 제작한 「응답하라 시리즈」는 과거 이야기를 잘 풀어내면서도 당시의 사회 상을 세련되게 묘사했습니다. 그러면서도 친구들의 우정과 연인들의 멜로, 따뜻한 가족 이야기 등을 적절히 표현한 덕에 남녀노소를 불문하고 전국적으로 큰 인기를 끌었던 드라마입니다.
- 「응답하라 3부작」 중 두 번째로 나온 작품인 「응답하라 1994」는 '지방 학생들이 살아가는 서울 하숙집 이야기'를 주제로 다루고 있는데요. 극 중 주인공들은 경남 마산(현 창원시), 경남 삼천 포(현 사천시), 전남 순천, 전남 여수, 대전, 서울 등 다양한 지역 출신으로 구성되어 있죠. 이 도 시들은 과거와 현재에도 각 지방을 대표하고 있는데요. 이 중 구(舊) 마산시의 인구 구성 변화를 살펴보겠습니다.

1990~2020년 구 마산시(현 창원시 마산합포구와 마산회원구) 인구 변화 추이[46]

(단위: 명)

	1990년	1995년	2000년	2005년	2010년	2015년	2020년	2022년
총인구	493,000	441,000	433,000	427,000	393,000	396,000	362,000	362,000
15세 미만 인구	133,000	96,000	83,000	75,000	59,000	48,000	41,000	39,000
15~39세 인구	257,000	213,000	193,000	170,000	140,000	126,000	100,000	95,000
생산가능인구	347,000	324,000	324,000	318,000	292,000	284,000	251,000	244,000

- 작중 등장하는 대부분의 지방 소도시들이 그렇듯 마산 역시 30년 동안 청년층의 급속한 감소를 겪었습니다. 특히 과거 청년들의 터전이었던 창동과 오동동 지구의 쇠퇴는 상상 이상이죠. 주요 등장인물인 쓰레기(정우 분)가 친구들을 성나정(고아라 분)의 친구들에게 소개해 주는 장면에 서 과거 마산의 중심지였던 창동을 상징하는 제과점인 코아양과가 짧게 등장하는데, 이곳은 마 산 사람이라면 한 번쯤 거쳐 가는 대표적인 약속 장소이기도 했습니다.
- 하지만 과거 가성비 좋은 상품과 소위 말하는 '짝퉁'을 주로 판매해 10~20대 청년들에게 인기 가 많았던 창동은 이제 군데군데 을씨년스러운 폐건물만 남은 몰락한 거리가 되었습니다. 지역 민들은 이 지역 상권이 몰락한 이유로 주변 상권의 급속한 성장과 전통시장의 쇠퇴 때문이라고 하지만, 무엇보다 가장 큰 원인은 1990~2020년 사이에 마산 지역 '청년층' 인구의 급격한 감소 때문이라고 볼 수 있습니다.

현재 중고등학생의 경우 과거 누군가의 갓난아기였습니다. 당연한 말

---

46 "인구 변화 추이", KOSIS, 2023년. 재구성.

처럼 보이지만, 이는 인구 구성에서 핵심적인 부분인데요. 현재 중고등학생이 많은 지역은 과거 출산 가능한 청년층이 두터운 지역이었음을 유추할 수 있습니다. 청년층이 지속적으로 유입되고, 유입된 청년들이 그 지역에 정착하기 위해서는 무엇보다 주변에 좋은 직장이 있거나 양질의 주거를 쉽게 확보할 수 있는 곳이어야 합니다. 일자리와 집 둘 중 하나는 만족해야 한다는 것이죠. 지방을 기준으로 일자리가 많아 급속하게 성장한 도시로는 거대 공장이 밀집한 창원, 울산, 구미, 거제 등 공업단지 지역 중소도시와 주거 지역이 도시로 성장한 김해, 경산, 남양주, 청주 등 베드타운(bed town)형 도시가 있는데요. 두 유형의 도시는 지난 10년간 엄청난 속도의 인구 증가를 겪으면서 동시에 지역 내 초중고교에서는 만성적인 학급 과밀 현상을 겪었다는 공통점이 있습니다. 청년층이 엄청난 속도로 몰려와서 정착한 결과로 인해 엄청나게 많은 출산이 일어났고, 그것이 학급 과밀 현상을 불러왔다고 해석할 수 있겠죠.

과밀 학급 문제에 대한 해결 방식은 미래 인구 변화 예측에 따라 확연하게 다릅니다. 기본적으로 과밀 학급 문제는 물리적 공간 부족이 원인이므로 건물을 더 짓거나 학생들을 시간대별로 분할하는 방안으로 해결해야 합니다. 전자는 학급 증축이나 신규 학교 신축을 의미하고 후자는 학교를 오전·오후반으로 나누어 운영하는 형태로 볼 수 있죠. 지금은 사라진 지 꽤 되었지만, 1980년 이전 출생자들 가운데 대도시에서 초등학교(당시는 국민학교)를 다녔다면 오전·오후반으로 나누어 다녔던 경험이 한 번쯤 있을 겁니다. 새 학교를 만드는 것만으로는 과밀 학급 문제를 해결할 수 없으니 오전·오후반으로 나누어 운영했던 거죠.

여기에서 정부의 딜레마가 등장합니다. 미래를 위해서는 과밀 학급을 학교 신축으로 해결하는 것이 바람직하죠. 언제까지 아이들을 오전·오후반으로 나눌 순 없으니까요. 그런데 학교 신축에는 꽤 오랜 시간이 걸립니다. 따라서 학교 신축을 통해 과밀 학급을 해결하기 위해서는 향후에도 그 지역에 학생 수가 유지될 것이라는 확신이 있어야 합니다. 그렇지 않으면 신축 학교가 개교하는 순간에는 과밀 학급 문제가 학생 수 감소로 인해 이미 해결된 상황일 수도 있기 때문이죠. 앞으로도 유소년 인구가 지속적으로 증가한다는 확실한 보장이 있어야 신축 학교의 개교 명분이 만들어지는 겁니다.

그런데 소멸 위기에 처한 대부분 도시는 여기에 치명적인 문제가 있습니다. 바로 추가적인 청년 유입이 어려운 상황에 놓여 있다는 점입니다. 추가적인 청년 유입이 없다 보니 추가적인 출산이 이루어지지 않죠. 우리 사회의 풍토를 보았을 때 현재 자녀를 초중고교에 보낸 학부모들이 갑자기 아이를 추가로 더 낳을 가능성은 상당히 낮다고 볼 수 있습니다. 즉 과거 2~30대 청년층이 집중되어 정착했던 도시는 이제 4~50대가 주력인 도시가 된 거죠.

4~50대는 생산 활동에 왕성하게 참여하는 세대이므로 당장에는 도시에 활력이 넘쳐 보이기도 합니다. 하지만 일자리와 주택이 한정된 현실 가운데 지역 여건이 변하지 않는 한 기존 4~50대 인구는 신규 유입 2~30대 청년들과 사실상 경쟁 상대입니다. 4~50대 인구가 빠져야 그 자리를 2~30대로 채울 수 있으니까요. 이러한 상황에서 2~30대가 도시에 대규모로 진입하는 것 또한 쉬운 일이 아닙니다. 유일한 변화 방법은 해당 지역이 급속한 발전을 겪으면서 일자리가 늘어나고 도시가 팽창해 신규 주택이 공급될 수 있는 상황으로 바뀌는 것이지만, 모든 지역이 그렇게 변화하는 것은 꽤 어려운 일입니다. 수도권과 광역시, 지방 신도시의 일부 고등학교에서는 지금도 한 학급에 35~6명의 학생이 수업을 듣는 경우가 빈번한데요. 과밀 학급 문제가 심각함에도 학교를 신축하지 않는 데에는 이

들 지역도 몇 년 후 빠른 속도로 학생 수 감소가 예상되기 때문입니다.

1995~2022년 지역과 수도권의 유소년 인구 변화 추이[47]

	1995년	2000년	2005년	2010년	2015년	2020년	2022년
서울특별시	223만 명	187만 명	166만 명	140만 명	119만 명	99만 명	90만 명
경기도	202만 명	221만 명	228만 명	208만 명	189만 명	180만 명	173만 명
인천광역시	61만 명	59만 명	52만 명	45만 명	41만 명	37만 명	35만 명
부산광역시	86만 명	70만 명	60만 명	47만 명	41만 명	36만 명	33만 명
경상남도	69만 명	66만 명	63만 명	55만 명	48만 명	43만 명	40만 명
대구광역시	58만 명	53만 명	48만 명	40만 명	33만 명	29만 명	27만 명
경상북도	59만 명	55만 명	47만 명	39만 명	34만 명	30만 명	28만 명
광주광역시	32만 명	32만 명	31만 명	27만 명	23만 명	20만 명	18만 명
전라남도	46만 명	40만 명	35만 명	28만 명	24만 명	21만 명	20만 명
전라북도	43만 명	39만 명	35만 명	29만 명	25만 명	21만 명	20만 명
강원도	33만 명	30만 명	27만 명	23만 명	20만 명	17만 명	16만 명
총계	1,054만 명	991만 명	922만 명	798만 명	702만 명	630만 명	595만 명

특히 수도권 집중 현상이 심해지면서 현재는 지방의 청소년층이 두텁다 해도 앞으로는 빠른 속도로 얇아질 가능성이 큽니다. 청년층이 유입되지 않아서 아이가 새로 태어나지 않으니까요. 국가 입장에서는 인구 감소가 예정된 지방에 학교를 추가로 지을 이유가 없죠. 유소년층이 줄어드는 것은 인구 구조상 정해진 미래이니까요. 청년층의 유입이 없으니 미래를 바라보기 어려운 구조가 된 겁니다. 여기에다 지역에서 자란 청년들마저 취업과 교육을 위해 앞다투어 서울로 이동하다 보니 과거 역동적이고 활력이 넘쳤던 젊은 중소도시들이 쇠퇴의 길을 걷는 것은 어찌 보면 당연한 일입

---

47 "인구변화추이", KOSIS, 2023년. 재구성.

니다. 빠르면 5년 늦어도 10년 내에는 지방 중소도시들이 급속한 학생 인구 감소를 겪게 될 것입니다. 자동차 생산의 중심지였던 군산과 조선업의 메카였던 거제가 일자리 감소 과정에서 급속도로 쇠퇴했던 모습은 중소도시 인구 구조의 한계점을 여실히 보여준 사례라 할 수 있습니다. 지역의 매력이 사라지는 순간 그 지역은 인구 유출을 통해 소멸로 달려가는 거죠.

구체적으로 이야기해 보겠습니다. 우리나라에서 청년층을 흡수할 수 있는 요인은 크게 주거, 교육, 직장 세 가지로 요약할 수 있습니다. 서울과 수도권 도시들은 이들 중 두 가지나 세 가지 모두를 충족시키는 모습을 보이죠. 청년 입장에서 수도권은 '살 만한 이유'가 충분한 지역인 셈입니다. 수도권에 지속적으로 청년층이 유입되는 것은 당연하다고 할 수 있습니다. 반면 지방 중소도시들은 사정이 좀 다르죠. 세 가지 조건 중 보통 한 가지이고, 많아야 두 가지 정도 충족합니다. 이는 지방 중소도시의 경우 인구 유입 요인 중 한 가지만 사라져도 그 즉시로 추가적인 청년 유입이 끊기거나 엄청난 속도로 인구 유출이 일어날 것임을 예상케 합니다.

과거 경남의 중심도시였던 마산, 대한민국 조선소의 메카였던 거제, 자동차공업의 성지였던 울산과 군산, 경공업의 아이콘인 구미, 쇠퇴하는 제2의 수도 부산 등 모두 이 딜레마를 해결하지 못한 결과 급속한 인구 유출을 경험하고 있습니다. 앞으로도 인구가 유입될 수 있는 조건을 갖출 수 있으리라는 기대가 어려운 것이 현실이고요.

필자는 경남의 구 창원시에서 태어나 초등학교를 나오고 구 진해시에서 중학교를 졸업한 후 구 마산시에서 고등학교를 졸업했습니다. 유년기 모두를 지방 중소도시에서 보낸 경우입니다. 그래서 저에게 지방 중소도시가 쇠퇴하는 모습은 조금 더 쓰라리게 다가옵니다. 고등학생들이 모여 놀던 번화가의 골목들이 이제 어르신들의 공간으로 변화하는 모습, 대중교통에서는 더 이상 젊은 사람들을 찾기 어려워지고 어르신들이 그 자리를 대체하는 모습, 과거 학생들이 많이 찾던 오락실이나 동전 노래방, PC방들이 줄지어 폐업하고 그 자리에 어른들을 위한 가게가 들어서는 모습을 보면서 이제 고향에서는 더 이상 학생들이 북적이던 과거의 모습을 찾아보기 힘들겠다는 아쉬움이 남습니다. 동시에 빠른 속도로 늘어나는 요양병원과 척추관리병원 등은 지방 중소도시의 주인공이 바뀌고 있음을 보여주고 있죠. 지방을 이끌고 미래를 만들어 갔던 과거의 청년들은 이제 나이가 들었고 노인이 되어 쓸쓸히 지방을 지키고 있습니다. 새로운 청년층은 부재한 상태에서요.

긴 호흡으로 지방 중소도시가 어떤 상황에 놓여 있고 지방이 어떻게 변해 왔는지 이야기해 보았는데요. 지금부터는 지방이 왜 청년들로부터-정확하게는 필자의 또래 친구들로부터- 버림받았는지, 그리고 이런 '청년 엑소더스(exodus)' 현상을 해결하기 위해 우리는 어떤 노력을 해 왔는지 구체적으로 살펴보고자 합니다.

지방 청년의 악순환, 교육-문화-부동산-직장의 연결고리

한 가지 질문을 해보겠습니다. 여러분은 어느 지역의 어떤 집에서 살고 싶은가요? 다들 주변이 번화가이거나 깔끔하게 정돈된 동네를 떠올릴 것입니다. 그럼 질문을 바꿔 볼게요. 만약 지금 당장 2~30대가 된다면 어떤 곳을 생활 근거지로 골라야 할까요? 지방 소도시인가요? 시골 농어촌인가요? 아니면 대도시인가요?

일반적으로 사람들은 자신의 생애 주기에 따라 두 질문에 대해 서로 다른 답을 내놓습니다. 편리한 주거지를 찾아야 하는 장년층의 경우 '주거 환경과 의료 시스템'에 맞춰 답하는 반면, 취업 등이 우선시되는 청년층의 경우 '직업과 생존'에 초점을 맞춘 답을 하죠. 인간은 생애 주기에 따라 다른 라이프스타일을 택해야 하므로 합리적인 접근이라 할 수 있습니다.

그런데 한국을 포함한 중국과 일본의 동북아 3국에서는 신기한 점을 찾아볼 수 있습니다. 바로 생애 주기를 초월해 대도시 집중 현상이 유독 심하다는 건데요. 일반적으로 선진국일수록 말도 안 되는 규모의 거대 도시(메갈로폴리스, Megalopolis)가 늘어나는 게 사실이지만, 특별히 이 지역에서 인구 집중 현상이 엄청난 것은 나름의 이유가 있습니다.

인구가 일정하게 유지되고 있다는 가정 아래 대도시에 인구가 집중된다는 것은 바꿔 말해 지방의 인구 집중도가 떨어지고 동시에 대도시권의 인구가 늘어난다는 의미입니다. 대도시와 지방의 인구가 동시에 폭발하는 베이비 붐 시기가 아닌 이상 이것은 당연하면서도 깨지지 않는 인구 이동의 기본 원칙입니다. 동아시아에서 대도시 인구 집중 현상이 급격하게 일어나는 데에는 나름의 문화적 의미가 있습니다. 누구보다도 우리 자신이 그 이유를 제일 잘 알죠.

유교를 중심으로 한 동아시아 국가들은 공통으로 과거부터 학문을 숭상하고 학문을 통한 계층 이동 가능성을 상당히 신뢰해 왔습니다. 나보다 내 자식이 더 잘 살기를 바라는 동양의 사고방식에서 교육은 부모가 자식에게 해 줄 수 있는 가장 강력한 투자 행위가 됩니다. 자식에게 조금이라도 더 좋은 교육을 제공하기 위해서는 교육 여건이 좋은 곳으로 이동해야 하는데요. 교육에 대한 수요 증가가 교육 여건이 좋은 곳으로 인구를 집중시키는 효과를 낳고, 이는 교육 서비스가 집중되는 교육 지구 형성으로 이어집니다. 이렇게 형성된 교육 지구를 중심으로 교육 서비스가 다시 집중되고 그 안에서 서비스 간 엄청난 경쟁이 이루어지죠. 교육 서비스 간 경쟁은 교육 서비스의 질적 향상으로 이어지면서 인구 집중은 새로운 주거 지역을 형성합니다.

교육 서비스 하나가 대규모 주거 지역을 형성하게 되는 거죠. 이 지역으로 사람들이 모인 이유는 단 하나, 양질의 교육 서비스를 받기 위해서입니다. 자연히 여기에서는 지속적으로 최고의 교육 서비스가 집중되고 양질의 교육 서비스라면 큰돈을 지출할 준비가 된 수요자(학부모)들의 소비 행태는 엄청난 수준의 교육 서비스 가격 상승을 이끌어 냅니다. 이렇게 높아진 가격 상승은 그 자체로 유능한 공급자(학원 강사)를 다시 흡수합니다. 이 과정이 반복되면서 교육 지구는 고학력 학생들을 길러내게-정확하게는 찍어낼 수 있게- 되고, 산업적 측면에서는 고숙련 노동자를 이전보다 더 체계적으로 길러낼 수 있는 지역이 형성되는 거죠.

서울의 대표적 교육 지구인 대치동은 이러한 과정을 바탕으로 만들어졌습니다. 대치동만큼 파괴력은 아니지만, 서울의 목동, 광주의 봉선동, 대구의 수성구 등 지역의 주거 여건과 무관하게 엄청난 수준의 집값을 유지하고 있는 곳들은 공통으로 교육 지구라는 특징이 있죠. 여기에서 우리나라의 문제점이 또 하나 드러납니다. 높은 수준의 대학이 각 지역에 위치하면서 그 지역의 인재를 흡수하고 양성하는 다른 국가와 다르게 우리나라의 경우 대부분의 상위권 대학이 서울에 위치하고 있습니다. 구조적으로 고학력자를 길러내기에도, 길러진 고학력자가 대학을 졸업하기에도, 졸업한 고학력자가 취업을 통해 자신의 계급을 형성하기에도 서울은 너무나 유리합니다.

기업 입장에서 살펴볼까요? 주요 교육 지구가 수도권에 있고 높은 수준의 인재를 배출하는 상위권 대학 역시 수도권에 있다면 높은 숙련도를 유지하는 유능한 인재 풀 역시 수도권에 형성될 가능성이 높습니다. 유능한 인력이 필수적인 기업들도 자연스레 수도권에 위치할 수밖에 없죠. 많은 비용을 들여서라도 수도권에 본사를 두고 기업을 유지해야 한다는 시각이 확대되면서 결국 높은 임금을 지불할 수 있고 인재를 고용할 수 있는 기업들만 수도권에 남게 됩니다. 모두가 그런 것은 아니지만 높은 임금을 지불할 수 있는 기업 대부분은 서울에 본사를 두면서 신입사원을 고용하고 있죠. 서울에서 고용되는 직장인 수준의 연봉을 지급하기 어려운 기업들은 지방으로 밀려날 수밖에 없습니다. 임금을 서울 수준으로 맞춰주지 못하는 기업에서 서울 수준의 복지 혜택을 보장해 줄 리는 만무하죠.

지방에 위치한 기업의 임금 지불 능력이 수도권에 위치한 기업보다 낮다면, 수도권 기업으로 인재들이 몰리는 것 역시 당연한 겁니다. 자연스레 근무 조건이 좋은 수도권에 위치한 기업들은 인재 확보를 위해 수도권에 계속 위치한 상태에서 다른 기업과 인재 유치 경쟁을 벌일 수밖에 없고, 이는 다시 청년 대부분이 취업을 위해 수도권으로 이동하는 현상으로 이어집니다. 교육과 취업 간 연결고리가 결국 수도권이 청년을 흡수하는 구조를 형성한 거죠.

취업한 이후의 청년층은 소비 능력이 점차 상승하면서 생애 가운데 미래 소비 가능성이 가장 높은 세대가 됩니다. 이는 청년을 포함한 인구 대부분이 집중된 수도권이 지방에 비해 소비시장 형성에 유리하다는 의미이며, 여러 업종이 집중될 수 있는 환경을 만들어 냅니다. 특히 초기 투자 비용이 상당하고 꾸준하게 많은 관객을 받아야만 운영이 가능한 클래식, 뮤지컬, 연극, 전시회 등의 경우 인구가 적은 지방 중소도시에서는 손익분기점을 넘기는 것 자체가 어렵지만, 수도권에서는 많은 소비 인구를 기반으로 충분한 시장성을 만들어 낼 수 있죠. 이는 문화생활 여건에서 수도권과 지방 사이에 엄청난 차이가 있을 수밖에 없음을 단적으로 보여줍니다.

공연이 아니더라도 먹고 싶은 음식, 마시고 싶은 커피, 만나고 싶은 사람 등 '즐김과 여가를 위한 생활' 역시 수도권이 지방에 비해 훨씬 유리할 수밖에 없습니다. 음식과 취미생활, 인간관계 등 일상생활에서 마주하는 삶의 질 측면에서도 지방과 수도권의 차이가 발생한다면 청년 입장에서는 수도권을 선택하지 않을 이유를 찾기 어렵습니다. 인구의 집중은 직장의 집중을 낳고, 이것은 다시 인구 집중을 심화시키면서 인구 집중이 만들어 낸 시장성이 생활에 필요한 여건을 수도권으로 집중시키게 됩니다. 즉 수도권에 있는 청년들은 수도권을 버리지 못하게 되고 지방에 있는 청년들은 수도권을 선택하게 만드는 '뫼비우스의 띠'를 만들게 됩니다. 이 띠는 한번 수도권으로 유입된 청년 인구가 지방으로 다시 빠져나가지 못하게 만들죠.

여러분도 경험해 보았겠지만, 한 번 만들어진 라이프스타일을 바꾸는 것은 쉽지 않습니다. 이 상황에서 기업 이전을 통해 인구의 지역별 분산 정책을 펼치려 한들 그 정책이 성공할 리는 만무합니다. 자연스레 지방에서는 양질의 일자리를 제공할 수 있는 기업이 줄고 지방 인재는 서울로 빠져나가게 되면서 지방에는 낮은 임금을 지불할 수 있는 기업만 남게 되는 악순환이 반복됩니다. 지방에는 점차 청년들이 거주하기 어려운 조건이 만들어지고 이것이 지방의 출산 인구를 줄어들게 만들어서 지방의 인구 위기를 가속화시키는 것이죠. 저출산이 아닌 청년 인구의 수도권 집중 현상이 지방 인구 위기의 근본적 원인인 셈입니다.

합계출산율과 차별출산력, 지방의 인구 지표 변화

지금까지 수도권으로 인구가 몰리고 있는 대한민국의 현실을 살펴보았는데요. 수도권과 지방의 인구 구조와 관련한 흥미로운 자료가 있습니다. 지금까지의 이야기만 종합해 본다면 지방 인구는 급속하게 줄어들어야 하고, 지방은 수도권에 비해 생활 공간으로서의 매력이 떨어진 상태라고 평가할 수 있습니다. 이처럼 먹고 살기 힘든 공간, 사람들이 싫어하는 공간에서는 신혼부부의 출산 수준도 낮을 것입니다. 지방에서 아이들을 찾아보기 힘든 것은 이런 이유 때문일 것이고요. 그런데 신기하게도 출산 수준을 나타내는 지표에 있어서는 예상과 조금 다른 양상이 나타납니다. 국가통계포털(KOSIS)의 자료에 따르면 2022년 지역별 합계출산율은 다음과 같습니다.

지역별 합계출산율 변화 추이[48]

시군구별	2000년	2005년	2010년	2015년	2020년	2022년
서울특별시	1.275	0.932	1.015	1.001	0.642	0.593
부산광역시	1.235	0.887	1.045	1.139	0.747	0.723
대구광역시	1.378	1.001	1.109	1.216	0.807	0.757
인천광역시	1.473	1.075	1.214	1.216	0.829	0.747
광주광역시	1.636	1.105	1.223	1.207	0.811	0.844
대전광역시	1.501	1.107	1.205	1.277	0.805	0.842
울산광역시	1.633	1.186	1.369	1.486	0.984	0.848
세종특별자치시	-	-	-	1.893	1.277	1.121
경기도	1.628	1.183	1.309	1.272	0.878	0.839
강원도	1.600	1.188	1.313	1.311	1.036	0.968
충청북도	1.583	1.195	1.402	1.414	0.983	0.871
충청남도	1.698	1.267	1.479	1.480	1.029	0.909
전라북도	1.595	1.184	1.374	1.352	0.909	0.817
전라남도	1.750	1.290	1.537	1.549	1.145	0.969
경상북도	1.578	1.173	1.377	1.464	1.003	0.930
경상남도	1.586	1.189	1.413	1.437	0.945	0.838
제주특별자치도	1.783	1.310	1.463	1.477	1.021	0.919
전국	1.480	1.085	1.226	1.239	0.837	0.778

합계출산율은 출산을 통해 새로운 인구가 얼마나 태어나는지를 직관적으로 알 수 있다는 점에서 널리 사용되는 인구 지표 중 하나인데요. 의외로 전라남도처럼 시골의 비중이 높은 지방자치단체의 합계출산율이 더 높은 것을 알 수 있습니다. 분명 합계출산율이 인구 증가를 보여줄 수 있는 확실한 지표라고 했는데, 지방의 합계출산율이 높게 나타나는 이 자료는 어떻게 이해해야 할까요? 지방보다 수도권이 오히려 인구 위기가 심각하다고 평가해야 맞을까요?

	A 지역	B 지역
노인의 수	100	50
청년의 수(절반이 가임기 여성이라 가정)	50	100
유소년의 수	50	50
합계출산율	2	1
예상 신생아 수	50	50

전체 인구가 동일한 A, B 두 지역이 있다고 가정해 보겠습니다. A 지역의 합계출산율이 2이고 B 지역의 합계출산율이 1로 나타나는 상황이라도 실제로 태어나는 신생아의 수는 A, B 두 지역이 동일하게 나타납니다. 이는 합계출산율 개념이 가진 특성인데요. 합계출산율은 '그 지역에서 거주 중인 가임기 여성이 평생 낳는 자녀의 수'이다 보니 그 지역의 가임기 여성 한 명이 평생 몇 명의 아이를 낳을지는 예측할 수 있지만, 그 지역의 가임기 여성이 몇 명인지는 알 수 없습니다. 태어나는 아이의 수가 많아지려면 한 명의 가임기 여성이 많은 아이를 낳는 것도 중요하지만, 가임기 여

---

48 "인구변화추이", KOSIS, 2023년.

성이 많이 거주하는 것도 중요하죠.

여기까지만 보면 우리의 머릿속에서 지방 인구 문제와 합계출산율 간의 연결고리가 떠오르게 됩니다. 지방 인구 감소의 문제가 출산하지 않는 데 있다는 분석은 반쪽짜리 해석인 거죠. 지방의 인구 문제는 '거주하는 가임기 여성'의 수 자체가 적다는 것입니다. 일반적으로 가임기 여성은 50대 미만의 젊은 여성으로 구분하는데요. 젊은 여성이 적다는 것은 곧 지방에 청년들이 부족하다는 이야기와 연결됩니다. 아무리 지방에서 새로운 아이들이 태어난다고 한들 이들은 청년이 된 후에 생존을 위해 수도권으로 이동하죠. 이는 결혼 적령기, 나아가 출산 적령기 청년의 절대적인 수를 줄어들게 만듭니다. 수도권이 청년 인구를 지속적으로 흡수할수록 지방은 출산을 통해 인구를 늘리는 것 자체가 불가능해지면서 결국 빠른 속도로 고령화될 수밖에 없겠죠. 합계출산율만큼이나 아이를 낳을 수 있는 청년의 수 역시 중요하다는 인구 구조상의 명제는 미래 지방의 생존 여부를 결정할 정도로 중요한 문제로 나타나는 셈입니다.

인구학에서는 인구를 새로 생산할 수 있는 힘, 다시 말하면 출산할 수 있는 힘을 출산력(出産力)이라고 합니다. 합계출산율 외에도 출산율, 재생산율 등 여러 지표가 출산력을 평가하는 지표가 되지만, 뭐니 뭐니 해도 그 지역의 출산력을 결정하는 가장 중요한 지표는 바로 '가임기 여성'의 수이죠. 청년이 많아야 태어나는 아이의 수도 많아지고, 태어나는 아이의 수가 많아야 인구 증가를 토대로 한 지역의 미래 설계가 가능하다는 당연한 진리가 만들어지는 겁니다. 합계출산율만으로는 한 지역에서 출산이 어느 정도 규모로 이루어지는지 알 수 없죠. 그래서 합계출산율만큼 중요한 지표가 그 지역에 거주하고 있는 청년의 수입니다. 이 두 자료를 종합하면 수도권과 지방의 인구 문제에 접근하는 방식 역시 달라져야 한다는 걸 알 수 있습니다. 수도권의 인구 문제를 해결하는 방법 중 하나가 '어떻게 하면 청년층이 결혼 후 아이를 낳을 수 있는 여건을 만들 수 있을까?'라면 지방의 인구 문제는 근본적으로 '어떻게 하면 청년 인구를 흡수해 낼 수 있을까?'로 귀결됩니다.

지금까지 논의한 내용을 요약하면 '지방은 청년이 기피하는 공간이다' '지방 인구 문제는 청년 인구를 늘릴 수 있느냐에 따라 해결할 수 있을지 없을지가 결정된다'입니다. 지금부터는 지방 청년들이 그 지역을 떠날 수밖에 없는 이유를 그들이 느끼는 현실 위주로 이야기해 보고자 합니다. '서울에서 나고 자라 서울에 생활 근거지가 있는 것 자체가 스펙이다'라고 말하는 지방 출신 서울 거주 청년들의 현실, 수도권 대학의 입결이 시간이 지날수록 점차 높아지는 현상, 좋은 일자리를 제공할 수 있는 기업이 수도권으로 집중되는 이유 등은 거꾸로 생각해 보면 '지방 청년이 지방을 떠날 수밖에 없는 이유'와 일맥상통하거든요.

건강 불평등, 의료서비스 없는 지방

필자가 근무하고 있는 전남 완도군에 대해 잠시 이야기해 볼까 합니다. 아마 타 지역 분들에게 완도는 전복과 광어 양식으로, 혹은 제주도행 배를 탈 수 있는 중간 기점 정도로만 알고 있을 텐데요. 실제로 완도를 포함한 전남 서남부 지역의 사람들은 농업, 어업, 축산업 등 1차산업에 종사하는 경우가 대부분입니다. 전남권에 위치한 취업하기 좋은 기업들은 혁신도시 사업을 통해 지역으로 이전한 한국전력과 농어촌공사 등의 공기업이 대부분이죠.

그래서 그런지 서남부 지방 시골에서는 젊은 사람들을 찾는 것이 생각보다 어렵습니다. 농업이나 어업 등 1차산업에 종사하는 젊은 사람들은 대부분 외국인 노동자이지요. 가뜩이나 인구도 없는 지역인데 그중 젊은 사람의 유입은 없고, 그나마 유입되는 젊은 사람들은 교사나 공무원, 기업 출장소 등에서 근무하는 사람들이라 곧 다시 타지로 떠날 사람들입니다. 젊은 사람 대부분이 지역을 떠날 계획을 세우고 있다 보니 정착 계획을 세우긴 사실상 어렵다고 봐야 합니다. 정착하지 않으니 가정을 이루지 않고, 가정을 이루지 않으니 출산도 어렵습니다. 산업 구조 역시 청년들이 선호하지 않는 업종 위주로 구성되어 있고, 교육 여건도 좋지 않으니 장기적으로는 인구가 급감할 수밖에 없죠.

전남 서남부 지역의 인구 문제를 극단적으로 보여주는 사례 중 하나가 지역 병원의 의사 확보 문제입니다. 얼마 전 뉴스에서 전남 강진군에 위치한 강진의료원이 내과 전문의를 구하지 못해서 진료 서비스를 제공하지 못한다는 보도를 낸 적이 있는데요. 강진의료원은 지역 시골에서는 찾아보기 정말 어려운 전문적 수준의 산부인과 장비와 산부인과 전문의, 출산 전문 간호사까지 갖춘 병원입니다. 출산이 어마어마하게 낮은 지역에서 산부인과 전문의와 전문적 수준의 장비까지 갖추고 있다는 것은 이 병원이 지역 의료서비스에서 꽤 중요한 위치를 차지하고 있음을 단적으로 보여주는 예입니다.

그럼에도 강진의료원 규모의 병원에서 꽤 오랫동안 의사와 간호사를 구하지 못한 데에는 병원과 의사 간 급여나 근무 조건이 맞지 않음을 보여준다고 할 수 있겠지만, 근본적으로는 전문의들이 이 지역을 선호할 이유가 없기 때문이기도 합니다.[49] 공공의료기관인 강진의료원의 특성상 평균

---

49 ""의사 어디 없나요"… 공공의료원, 구인난 심화 '의료 공백'", 국민일보, 2023.03.16.

수준을 훨씬 뛰어넘는 급여 체계를 보장하는 파격적 대우가 어렵다 보니 의사 입장에서는 평범한 조건이라면 굳이 지방으로 와서 근무할 이유를 찾을 수 없는 거죠.

결국 지역민들은 진료를 위해 목포, 순천, 광주 등 주변 대도시로 나갈 수밖에 없습니다. 혹은 조금 큰 병을 앓고 있다면 무리해서라도 SRT를 타고 분당에 위치한 대학병원으로 가려고 하죠. 의료서비스를 반복적으로 받아야 하는 사람들은 병원이 있다는 이유 하나만으로 도시로 이사하는 경우가 비일비재합니다. 지하철 정거장마다 전문의가 운영하는 1차 병원이 있고 주요 권역별로 대형 3차 병원이 있어서 위급할 경우 언제든 의료서비스를 받을 수 있는 수도권과 다르게 지방은 비교적 간단한 전문 의료서비스를 받으려고 해도 대도시로 이동해야만 합니다. 이런 지역에 젊은 사람들이 정착해 주길 기대하는 것은 근거 없는 욕심이죠.

병원 이야기가 조금 멀게 느껴진다면 가깝게 느껴질 수 있는 이야기를 꺼내 보겠습니다. 아마 대부분 스마트폰에는 배달 어플이 하나쯤 설치되어 있을 텐데요. 필자의 스마트폰에도 배달 어플이 깔려 있습니다만, 사용을 안 한 지 1년이 넘었습니다. 정확하게는 사용할 수 없었어요. 배달 가능한 업체가 주변에 없거든요. 엄청나게 많은 종류의 배달 음식을 검색할 수 있는 도시와 다르게 군 단위 지방에서는 배달 가능한 업체를 찾는 것부터 쉬운 일이 아닙니다. 스타벅스의 위치에 따라 '스세권'이라는 신조어가 생기고 있지만, 지방 군 단위에서는 스타벅스는 고사하고 프랜차이즈 커피숍 자체를 찾아볼 수 없는 경우가 태반이죠. 그나마 있는 상권도 일부 술집을 제외하면 밤 10시 전에 대부분 영업을 종료합니다. 밤 시간대를 사용하기 좋아하는 청년층의 라이프스타일에는 맞지 않죠. 삶에 있어 기초적 영역이라 할 수 있는 식당과 카페 등 요식업 분야에서조차 수도권과 지방

간에는 꽤 큰 차이가 드러나고 있습니다. 수도권에서는 당연한 모습이 지방에서는 당연하지 않은 모습으로 나타나고 있는 겁니다.

중앙 정부 주도의 실패, 효과가 미미한 혁신도시

긴 호흡으로 지방의 현실을 살펴보았는데요. 정부가 이에 대해 아무런 대응을 하지 않은 건 아닙니다. 대표적으로 혁신도시 수립 정책이었는데요. 혁신도시란 지방자치 분권과 지역 균형 발전의 실현을 위해 공공기관·정부 출연기관 등을 지방으로 보내면서 그 지역에 만든 거점 신도시를 의미합니다. 현재 지방에 위치한 신도시 대부분은 이 혁신도시 정책에 의해 만들어져서 성장하고 있는데요. 혁신도시 정책은 공공기관과 공기업의 지방 이전을 핵심으로 하고 있습니다.

특히 대규모 공기업의 이전은 젊은 직장인들이 지역으로 이전하고 정착하는 계기가 되어 결과적으로 지방 인구 문제의 대응책이 되리라 기대했습니다. 그렇다면 현재 혁신도시들은 이러한 기대를 잘 충족하고 있을까요? 현실의 기대와 다르게 그 많은 공공기관과 공기업을 이전했지만, 공공기관과 공기업 종사자들이 지역에 정착하는 사례는 정말 드물었습니다. 혁신도시 정책을 처음 추진하던 시기 정부에서는 혁신도시 건설이 수도권에 편중된 자원을 지방으로 이전하여 결과적으로 수도권과 지방 간 균형 발전을 이끌어 내리라 기대했습니다. 하지만 그 기대는 생각보다 잘 실현되지 못했죠.

대부분 종사자들은 지방 정착 대신 기러기 가족을 선택했죠. 수도권 거주민들이 대거 지방으로 이사할 것이라는 정부의 예측과 달리, 공공기관 근무자들은 새벽 일찍 집을 나와 통근버스나 KTX 등을 타고 1~2시간가량을 들여 이동한 후 일과를 마치면 마찬가지로 1~2시간을 들여 다시 집으로 돌아오는 생활을 반복하고 있습니다. 이들에게 있어 공공기관의 지방 이전에 따른 출퇴근 시간의 증가가 아무리 고통스럽고 피곤하다 해도 서울 거주를 포기하고 지방에서의 새로운 출발을 감내할 만큼은 아니었던 거죠.

KTX 노선 확충과 신규 고속도로 개통과 맞물리면서 공공기관 근무자들은 주저 없이 지방과 서울을 오가는 메뚜기 생활을 선택했습니다. 매일 새벽 여섯 시만 되면 서울 각 지역에서 출발하는 통근버스를 쉽게 찾을 수 있고, 매주 금요일만 되면 지방 혁신도시에서 출발하는 서울행 직장인 수송 관광버스를 찾는 것도 어렵지 않습니다. 지역에서는 금요일 오후에 서울·대전·세종 등 상행선 출장 스케줄을 잡는 게 쉬운 일이 아닌데요. 고속철도 노선을 따라 위치한 혁신도시에 근무하는 종사자들이 집으로 돌아가기 위해 미리 철도 승차권 대부분을 예매해 놓기 때문입니다. 명절만 수송 대란이 일어나는 게 아니라 매주 작은 수송 대란이 반복되고 있는 거죠.

정부가 제시한 혁신도시 정책은 결과적으로 실패한 것으로 평가받고 있습니다. 정책이 입안되고 실행된 후 꽤 오랜 시간이 지났음에도 결과적으로 혁신도시 정책은 수도권 자원을 지방으로 이전한다는 본래 목적을 이루지 못했죠. 이는 기관 몇 개를 이전하거나 자원을 강제로 지역에 할당하는 단순한 방법으로는 수도권 집중화 현상을 해결할 수 없음을 증명하는 대표적인 사례가 되었습니다. 청년이 지방에서 살아가고 지방에서 미래를 설계하게 되면서 수도권과 지방이 함께 성장하는 것이 우리 사회의 미래 생존을 위한 필수 조건임을 알고 있습니다. 하지만 현재 만들어지는 정책들이 이를 실현하는 데 효과적인지는 의구심이 듭니다.

어려운 대기업 유치, 지방 이전 거부

한국은 대표적인 제조업 중심 국가입니다. 한국뿐 아니라 일본, 중국, 대만 등 동아시아 국가들은 모두 제조업을 중심으로 국가 경제를 구성하고 있죠. 동아시아 주요 국가들의 산업 환경이 다른 제조업 중심 국가들과 다른 점은 고도의 기술력을 바탕으로 운영되는 고부가가치 산업의 성격이 강하다는 점입니다. 동아시아 지역은 자동차, 전자제품, 조선업 등 전통적 기계공업 기술이 집약된 상품부터 전기·전자 기술의 결정체인 반도체, 화학·생물학적 지식이 집약된 제약산업 등을 주력으로 하고 있죠. 상당한 수의 숙련 노동자가 필요한 산업 구조로 평가할 수 있습니다. 특히 이 중에서도 한국 산업을 대표하는 제조업 상품은 단연 반도체입니다. 수원과 평택을 중심으로 자리 잡고 있는 삼성전자의 반도체 공장과 용인, 청주, 이천을 중심으로 자리 잡은 SK하이닉스의 반도체 공장은 지역 경제를 책임지는 말 그대로 지역 경제 그 자체라고 할 수 있는 산업 시설이죠.

대한민국의 제조업 변천사는 산업 구조의 변화 그 자체였으며, 또한 급속한 속도로 성장한 대한민국 성장사와 그 궤를 같이합니다. 1970년대부터 이어져 온 대한민국의 고도 성장 신화는 부산과 마산 등 1세대 공단 지역에서 출발해 울산, 거제, 구미 등의 영남 지역 중화학 공업 단지로 이어졌죠. 속된 말로 '강아지도 지폐를 물고 다닌다'라고 할 정도로 영남 지역의 중화학 공업 단지는 활황을 이어갔습니다. 그러나 이들 지역은 2000년대 이후 서서히 쇠퇴하기 시작했는데요. 산업 구조가 반도체 중심으로 재편성되고 중국과 베트남 등 저임금을 무기로 한 신흥 제조업 국가들이 등장함에 따라 많은 공장이 앞다투어 이동하기 시작했습니다. 이는 제조업에 의존해 오던 지방의 경기 상황을 급속하게 변화시켰죠. 특히

TV, 냉장고, 전자레인지, 헤어드라이어 등 일상에서 사용하는 가전제품들은 이러한 변화를 정면으로 마주할 수밖에 없었습니다. 숙련 기술이 필요한 자동차, 조선업, 무기 산업 등을 주력으로 하는 지역들만 겨우 명맥을 이어갈 수 있었죠.

이러한 변화를 온몸으로 받아 낸 지역 중 하나가 구미입니다. 구미시는 과거 전략적 차원에서 만들어진 산업 단지였는데요. 바다가 멀어서 중화학 공업이나 기계 공업 단지를 형성하기 어려운 구미시는 지역 특성상 가전제품 조립을 중심으로 한 산업 단지를 형성할 수밖에 없었죠. 구미시의 전자산업이 1990년대 이후 급속한 쇠퇴 국면을 맞게 된 것은 세계화 과정에서 피할 수 없는 숙명이었을지도 모릅니다.

구미시의 현실은 인구 구조에서 더욱 뚜렷하게 드러납니다. 신규 청년층이 유입되지 않는 도시는 점차 그 성장 동력을 잃을 수밖에 없죠. 주력 산업의 쇠퇴는 청년층의 지역 유입을 저해합니다. 이것이 사회 전반적인 출산율 하락과 만날 경우 인구 감소의 속도는 더욱 빨라지게 되죠. 또한 지역 내 고령화로 이어지고 인구 경쟁력이 악화되는 결과를 낳게 됩니다. 구미시를 포함해 특정 제조업에 의존하던 중소도시들은 대부분 이러한 문제를 마주하고 있는데요. 수도권에 비해 고령화 속도가 빠른 지방에서는 인구 구조가 한 번 변화될 경우 이를 반전시키기가 쉽지 않습니다. 영남 지방을 대표하는 부산과 마산 등 1세대 공단 도시와 창원, 울산, 거제 등의 중화학 공업 단지가 쇠퇴하는 현상 역시 이와 유사한 구조를 띠고 있죠.

산업 경쟁력 변화에 따른 국내 중소도시의 상황

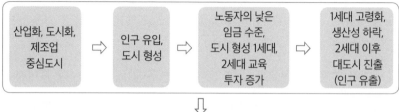

지역 쇠퇴 과정에서 회생이 필요한 구미시는 예전의 영광을 되찾아 줄 거대 산업 유치가 절실했습니다. 반도체 공장은 충분히 매력적이었죠. 지역 입장에서 SK하이닉스가 신규 공업 단지를 구미에 건설한다면 과거의 쇠퇴를 떨쳐 내고 새로운 출발을 할 수 있으리라 기대했습니다. 공업 단지가 말 그대로 지역의 구세주가 될 것이라 본 것이죠. 구미시는 SK하이닉스의 신규 반도체 공장을 유치하기 위해 민관이 합심하는 모습을 보였습니다. 일반적인 상황에서는 도출되기 어려운 최선의 조건을 제시했죠. 파격적인 조건 외에도 지역 주민들은 공장 유치를 위해 무엇이든 할 수 있다는 의지를 내보였습니다.

기업 입장에서는 지역이 기업에 대해 우호적인지가 상당히 중요합니다. 기업은 운영 과정에서 지역에 일자리 창출, 경기 활성화와 같은 긍정적인 영향 외에도 환경오염, 소음 문제, 주거 조건 악화 등 부정적 영향도 동시에 끼칠 수밖에 없거든요. 최근 기업의 핵심 운영 원리로 강조되고 있는

ESG 경영에서 G$^{(Governance)}$ 요소가 기업 운영상 지역과의 연계를 강조하는 것 역시 이와 같은 맥락입니다. 기업 입장에서 지역이 이토록 협조적이라는 것은 엄청나게 큰 강점으로 다가올 수 있습니다.

하지만 구미시의 염원에도 불구하고 SK하이닉스는 신규 공장 부지로 구미가 아닌 용인을 선택했습니다. 구미시로서는 청천벽력 같은 소식이었죠. 물론 시간이 지난 후 SK 자회사인 SK실트론이 구미시에 1조 원 상당의 수소 공장을 건설하겠다는 계획을 발표하면서 구미 시민들의 아쉬운 (?) 마음을 조금은 달랬습니다. 하지만 중요한 것은 민관이 합심해 파격적인 조건을 제시한 구미시의 노력에도 불구하고 반도체산업으로부터 선택받지 못했다는 점입니다. 구미시의 반도체산업 유치 실패는 다른 지방 중소도시들도 반도체산업을 유치하기 어려울 것이라는 전망과 함께 중소도시의 대기업 유치가 앞으로도 어려울 것임을 보여주었습니다.

SK하이닉스가 용인을 선택한 이유는 의외로 간단하고 명확했습니다. 기술 개발 과정에서 필요한 우수한 연구원들을 구할 수 있는 곳은 구미보다 용인이라는 점이었죠. 짧은 이 한 문장 속에는 많은 정보가 담겨 있습니다.

기업 입장에서 만약 주력 사업이 높은 기술력을 요구하는 산업이 아니라면 굳이 수도권에 공장을 지을 이유가 없습니다. 수도권에 가까워질수록 교통 및 주거 문제 등과 연결되는 입지상의 부담과 부지 구입 비용을 포함한 공장 신축 비용이 만만찮게 증가하거든요. 그럼에도 SK하이닉스가 수도권을 선택한 이유는 '반도체 기업'이기 때문입니다. 경쟁사보다 높은 기술 수준을 유지해야 살아남을 수 있는 고부가가치 제조업이기에 무엇보다 중요한 것이 우수한 인재 확보입니다.

높은 수준의 숙련도를 유지하는 수준 높은 연구원이 필요한 반도체산업에서 중요한 것은 '인재를 얼마나 많이 확보할 수 있느냐'입니다. 대부분의 고학력 연구 인력이 수도권 거주를 선호하는 상황에서 수도권을 포기한다는 것은 우수 인력을 경쟁사에게 빼앗겨도 무방하다는 꽤 극단(?)적인 의사 표시나 마찬가지입니다. 연구 인력 입장에서도 굳이 서울을 버리고 지방으로 갈 이유가 없으니까요. 전문의를 구하기 어려운 지방에서는 3차 병원(상급 종합병원)이 쇠퇴하는 것과 일맥상통한 겁니다. SK하이닉스에게 선택받지 못한 구미시의 사례는 높은 연봉을 보장하는 일자리가 수도권에서 만들어질지 몰라도 지방에서는 앞으로 만들어지지 않거나 점차 감소할 것임을 극명하게 보여준 사례입니다.

청년층이 얼마나 두터운지가 그 지역의 미래 존폐를 결정하는 결정적 변수인 것은 분명합니다. 결국 현재도, 미래도 수도권과 지방 간 생존 격차를 줄이기란 쉽지 않을 것입니다. 적어도 경제적 활동의 원천인 직장 분포에 있어서는 더욱 극명하게 나타나겠죠. 기업이 우수 인재 유치를 위해 수도권으로 향할 수밖에 없는 현 상황에서 양질의 일자리가 수도권으로 집중되는 현상은 어찌 보면 당연한 상황이 되었습니다.

지방 살리기의 해답이 되지 못한, 출산지원금

지역 인프라 확충과 기업 일자리의 분포는 국가 입장에서 적극적으로 조정하기 어려운 변수의 성격이 강합니다. 그러다 보니 정부의 저출산 대책은 대부분 단기적 성과가 불확실한 지역 인프라 확충보다 쉽고 빠르게 확실한 결과를 보장하는 지원금 정책 위주로 형성되어 왔죠.

지방에 위치한 지방자치단체의 입장에서 지역민의 출산은 꽤 소중한 이벤트입니다. 인구 감소와 고령화가 동시에 진행되는 것이 한눈에 보이는 상황에서 출산이 늘어난다는 것은 단순한 인구 증가 외에 청년층이 그 지역에 정착하고 있음을 보여주는 증거가 되니까요. 미래를 보장받는다는 것은 덤으로 따라오는 수준입니다. 지자체 입장에서 아이 하나가 태어났다는 것은 적어도 향후 몇 년간은 청년 두 명과 아이 하나가 함께 그 지역에서 정착한다는 보증과 같습니다. 신생아 인구 한 명 출산은 실질적으로 신생아와 부모, 즉 세 명의 인구 증가를 가져오는 셈이죠. 이쯤 되면 군 단위 지방자치단체별로 실시하는 출산장려금 정책이 무엇을 노리는지 충분히 상상할 수 있습니다. 특히 지방이 자체 예산으로 시행하는 출산장려금 정책은 수도권이나 지방 광역시에 비해 훨씬 공격적으로 전개되고 있으며, 지방 재원 대비 지원 금액의 규모도 크죠.

전라남도 해남군은 도 내에서 가장 인구가 많은(6만 5천여 명) 군 단위 지자체입니다. 전라남도 내에서 가장 인구가 적은 시 단위 지자체인 나주시(11만 7천여 명)의 규모를 감안할 때 해남군은 전라남도에서 시 단위 지자체에 준하는 큰 기초자치단체의 지위를 가진다고 볼 수 있죠. 현재는 인구 규모가 감소세에 있지만 2010년대 중반까지만 해도 해남군의 인구는 10만 명에 가까웠습니다. 시 승격을 바라볼 수 있을 정도였죠. 군에서는 정책적으로 공무원들의 해남군 전입을 적극 권장했고, 외부 유입 인구 역시 꾸준히 증가했습니다.

해남군은 농업과 어업 등 1차산업 의존도가 큰 경제 구조를 가지고 있습니다. 조선업과 같은 2차산업도 존재하지만, 규모가 크진 않죠. 1차산업 중심의 경제 구조상 취업을 위한 외부 유입이 적을 수밖에 없지만, 해남군의 인구가 지속적으로 늘어난 데에는 출산장려금 정책의 영향이 컸습니다. 해남군은 2005년 전국 최초로 출산장려금 정책을 시행했는데요. 2008

년 출산정책팀을 신설한 이후로 2012년부터는 첫째 300만 원, 둘째 350만 원, 셋째 600만 원, 넷째 이상은 720만 원 등 당시로는 최고 수준의 출산장려금을 지급했습니다. 출산장려금 정책의 효과로 인해 2005년 1.44명이었던 합계출산율은 2015년 들어 2.46명까지 상승했습니다.[50]

인프라도, 경제적 여건도 전혀 변하지 않은 상황에서 출산장려금 정책 하나로 엄청난 인구 증가 효과를 거둔 해남군의 사례는 주변 지방자치단체들에게 큰 반향을 불러일으켰습니다. 지방자치단체들은 앞다투어 출산장려금 정책을 도입하기 시작했죠. 그리고 현재 전남 지역의 모든 군 단위 지자체는 인구 감소의 늪에서 헤어나지 못하고 있습니다.

이유는 생각보다 단순했습니다. 장려금을 받는 것이 목적이었던 젊은 부부들의 위장 전입이 인구 증가의 원인이었고, 이들이 다시 빠져나가면서 일시적으로 증가했던 인구가 다시 감소세로 접어든 겁니다. 그리고 이것이 심각한 고령화 상태에 빠져 있는 해남군의 인구 구조와 맞물리면서 사망과 전출의 규모가 전입을 압도하기 시작한 거죠. 평준화된 출산장려금 수준도 해남을 비롯한 군 단위 지역에 신혼부부들이 전입하지 않는 요인이 되었습니다. 비슷한 장려금을 받는다면 도시에 거주하는 것이 시골보다 낫다고 생각하니까요. 여기에 각종 공공기관 종사자들의 최초 발령지가 군 단위이다 보니 공공기관에서 종사하는 신혼부부를 쉽게 찾아볼 수 있었지만, 이들 역시 결혼 후 대부분 도시로 근무지를 옮기다 보니 실질적인 거주민은 늘지 않았던 겁니다. 너무 당연한 결과였죠. 인간의 생활에 필요한 기본적 인프라도, 취직할 수 있는 일자리도 마련되지 않은 지역에 몇백만 원 수준의 출산장려금만을 바라보고 신혼부부들이 정착하길 바

---

50 "이재명 "출생률은 기초단체 수준서 해결 못한다?"…정말일까", 데일리안, 2024.04.02.

라는 것은 말도 안 되는 지자체의 순진한 생각이었습니다.

결국 출산지원금 정책은 지역이나 사회 전체의 입장에서도 저출산에 대한 해법이 되지 못한 셈입니다. 어쩌면 신생아와 신혼부부들을 놓고 지자체들이 벌인 제로섬(zero-sum) 게임이었을지도 모르죠. 2012년부터 7년간 전국 지자체 합계출산율 1위를 유지하면서 '저출산 해결 모범 사례'로 평가받았던 해남군은 아이러니하게도 다른 지방자치단체들이 해남군의 사례를 벤치마킹하기 시작한 2019년부터 출산율 수직 하락을 경험했고, 이후 2024년에는 1.04명 수준이 되었습니다. 지방자치단체들이 추진한 여러 출산장려정책들이 겉으로 볼 땐 서로 달라 보이지만, 결국 어떤 방안도 현재의 수도권 집중 현상에 대한 해법을 만들지도 못했고 의미 있는 출산율 증가도 이끌어 내지 못했습니다. 어쩌면 이러한 구도는 앞으로 계속될지도 모르고요.

지방 소멸, 코리아 디스토피아

대한민국 인구의 절반 수준이 서울, 경기, 인천 등 수도권에 집중된 현시점에서 국민 대부분은 지방 소멸 문제가 서울이 아닌 지방의 문제일 뿐이라고 평가합니다. 하지만 지방 소멸과 수도권 인구 집중은 제한된 인구를 어떻게 분배할 것인가라는 문제와 깊게 연결되어 있습니다. 동전의 양면과 같은 관계인 것이죠. 또한 중장기적으로는 인구 재생산과 밀접한 연관이 있습니다. 지방으로의 인구 분산은 수도권 집중 현상을 완화하고 수도권의 정주 여건 개선을 통해 인구 재생산 증가를 가져올 수 있습니다. 또한 지방 인구 증가는 지방 소비 증가로 인해 지방 정주 여건의 개선으로 이어질 것이고, 이는 지방의 생존과 나아가 성장 가능성을 높일 것이라 기대할 수 있죠.

반대로 지방의 정주 여건이 악화될수록 지방 인구는 수도권으로 집중될 수밖에 없습니다. 현재의 지방 이탈 가속화 현상은 수도권으로 인구가 집중될 경우 어떤 암담한 상황이 일어날지를 잘 보여주고 있습니다. 현재의 수도권 인구 집중 현상이 가속화될 경우 그 끝은 지방 소멸이며, 나아가 공멸밖에 없습니다. 우리가 지방 소멸을 남의 일처럼 바라보지 말고 지방의 생존 동력을 함께 신경 써야 할 이유가 여기에 있습니다. 같이 살아야죠.

4. 사회보험 붕괴와 세대 간 갈등

위험 분산과 보험료의 경제학, 사회보험 시스템

보험은 수학과 경제학의 발전 과정에서 인류가 만들어 낸 위대한 발명품 중 하나입니다. 발생 가능성은 낮지만, 한 번 발생할 경우 막대한 피해를 끼치는 위험에 대비해 사람들이 모여 기금을 만들고 피해가 특정 사람에게 발생할 경우 그 사람에게 피해 복구에 필요한 기금을 지원하는 것이 보험 시스템이죠.

손실 발생 시 예상 피해액을 돈으로 계산하고 손실이 발생할 확률에 따라 1인당 부담금을 계산하는 초기 보험 상품의 구조는 이후 금융시장 전

산업화 진전 인구 지속 증가, 소득 지속 증가, 국가 인프라 지속 발달		낙관적인 미래 복지 해석, 개인 단위 노후 준비 부재, 인구·소득·경제 발전 전제 연금·복지 제도 구축		저출산·고령화, 저성장, 복지 기대 수준 상승, 개인 단위 복지 미흡, 핵가족 중심 재편성 가속화

세대 이기주의 정착 노령 인구 증가(노년층 복지 예산 증가), 청년층 감소(청년 1인당 복지 부담 증가), 핵가족 가속화(복지 부담자와 복지 수혜자 간 단절)		세대 간 갈등 심화 (노년층 vs 청년층)

복지 선별 대상자에 대한 혐오 확산(저소득층, 장애인, 노인, 이민자 등),
보편적 복지에 대한 거부감 형성

보편적 복지 정책 실현 불가,
선별적 복지 정책에 따른 복지 수혜 계층에 대한 혐오 확산

세대 간 갈등/계층 간 갈등 심화(정치·경제 논리 중심 사회 분화 확산)

면에 확대 적용됩니다. 대표적인 것이 주식인데요. 대항해시대 당시 무역은 높은 확률로 해상 사고에 의해 손실을 입게 되지만, 낮은 확률로 큰돈을 벌 수 있었습니다. 사람들은 해상 무역을 통한 일확천금을 꿈꾸면서도 위험을 분산시키기 위해 투자금을 잘게 쪼개고 무역을 통한 이익과 손해를 투자금에 따라 분담하는 금융 상품인 주식을 만들어 냈죠.

국가가 담당해야 할 복지의 범위가 확대됨에 따라 보험의 대상은 투자, 위험 대비 외에 인간의 삶 전반으로 확대됩니다. 질병이나 노화 등으로 경제 활동에서 배제될 것을 대비해 사회 성원 모두가 기금을 마련하고 이를 경제 활동에서 배제된 사람들에게 나누어 주는 사회보험 제도 역시 위험

을 분담하는 금융 상품의 일종이라 할 수 있는데요. 사회보험 제도는 모든 사회 성원이 미래 위험에 대비해 기금을 부담하고 곤란에 빠진 사람들을 위해 기금을 수시로 지출하는 상호 부조[51]의 성격을 지니게 됩니다. 상호 부조 시스템이 유지되기 위한 핵심 조건은 가입자의 신뢰인데요. 우리나라의 경우 상호 부조 시스템을 채택한 사회보험의 신뢰가 빠른 속도로 떨어지고 있다는 점에서 상당한 문제가 되고 있습니다.

국방, 다문화 갈등, 지방 소멸 문제와 달리 연금을 비롯한 사회보험과 관련된 문제는 현 시점에서 선명하게 보이는 사회 문제입니다. 동시에 앞으로 심각한 사회적 파장을 가져올 것으로 예상되는 문제이기도 하죠. 특히 사회보험 부담 문제는 이미 그 실상을 드러냈다고 평가할 수 있습니다. 최근 젊은 층을 중심으로 '사회보험은 사실상 폰지 사기 아니냐'라는 볼멘소리가 널리 퍼지고 있는데요. 이러한 부정적 평가를 이해하기 위해서는 먼저 사회보험이 취하고 있는 시스템을 살펴볼 필요가 있습니다.

사회보험형 복지 시스템의 경우 위험은 크게 두 단계로 분담됩니다. 첫 번째 분담은 민간 보험과 동일하게 보험 가입자가 불확정적으로 발생할 미래의 위험에 대비해 위험 발생 시 생기는 손해를 함께 부담하는 형태입니다. 두 번째 분담은 개인의 소득이나 재산 수준에 맞추어 실제 납부하는 부담금을 차등으로 나누는 구조이죠. 두 분담 방법으로 인해 우리나라의 복지 시스템은 민간 보험의 위험 분산과 정부 차원에서 추진하는 소득 재분배 기능이 융합된 형태를 띠고 있습니다.

---

51 상호 부조는 사회 구성원들이 서로 돕는 것을 의미한다. 농촌 공동체에서의 품앗이, 계, 두레 외에 현대 사회에서의 협동조합, 노동조합, 공제조합 등이 상호 부조 논리에 따라 만들어진 공동체이다.

사회보험 시스템이 제대로 작동하기 위해서는 몇 가지 조건이 필요합니다. 의료보험을 예로 들어 보겠습니다. 먼저 민간 보험과 마찬가지로 연간 납부 보험금의 총액이 연간 지출액보다 많아야 합니다. 가입자가 보험 상품 유지를 위해 지불하는 보험료가 보험 처리를 위해 보험 운영사가 지급하는 보험액보다 많아야 상품 유지가 가능해지는 거죠. 다음의 조건은 보험료 자체가 지나치게 높지도 낮지도 않은 적정 수준으로 제공되어야 한다는 점입니다. 복지 시스템의 성격이 강한 사회보험은 저소득층도 안정적으로 복지 상품에 접근할 수 있도록 해야 하죠. 이를 위해서는 의료 등 복지 시스템 비용이 누구나 부담 가능한 수준으로 낮아야만 합니다. 여기에 의료서비스 자체의 기준 가격도 지나치게 높게 형성되면 안 됩니다. 적정 수준의 의료서비스 가격이 유지되어야 복지 시스템이 더 오래 유지될 수 있죠. 의료서비스 기준 가격이 낮으면 낮을수록 보험 운용자인 국가가 지불하는 보험료의 총액이 적어질 것이고, 국가가 지불하는 보험료 총액이 낮아질수록 기금 고갈 시기가 뒤로 미뤄지게 될 테니까요.

보험 시스템의 핵심은 가입자가 내는 보험료입니다. 가입자가 납부하는 보험액이 충분할수록 보험 시스템의 수명은 길어지게 되죠. 하지만 1인당 보험료가 개인의 소득 수준에 따라 결정되는 사회보험형 시스템에서 보험료의 총액은 소득이 발생하는 사람의 수에 따라 결정됩니다. 그렇다면 소득 발생자의 수가 감소할수록 보험료의 총액도 감소하는 게 상식이겠죠. 여기에 보험 혜택을 받는 사람들의 수가 늘어난다면 보험 시스템이 유지되기 어려워질 수밖에 없습니다. 보험료를 납부하는 사람들 대부분이 경제 활동 인구라는 점을 상기해 보면 인구 구조 변화가 사회보험에 어떤 충격을 줄지 보다 명확해집니다.

인구 구조 변화 예상[52]

	0~14세	15~64세	65세 이상
2020년	6,306,000명	37,379,000명	8,152,000명
2040년	3,879,000명	29,029,000명	17,151,000명
2060년	2,933,000명	20,687,000명	18,682,000명

우리는 평균 수명이 지속적으로 증가하는 사회에서 살고 있습니다. 의료서비스의 수요자 중 상당수가 노년층일 가능성도 높아지고 있죠. 노년층에 대한 의료서비스는 특성상 젊은층에 대한 일반적 의료서비스보다 기준 가격이 높을 수밖에 없습니다. 단가가 높은 서비스를 이전보다 많은 사람이 소비한다면 그 기금은 더욱 빠르게 소진되겠죠. 만약 기금이 완전히 소진된 이후라면 생산가능인구가 납부한 보험료로 의료서비스를 원하는 사람들을 치료하게 되는 구도가 형성됩니다. 미래의 위험에 대비하는 구조가 아니라 특정 집단이 다른 집단을 일방적으로 부양하는 구조로 바뀌는 겁니다.

개인 입장에서는 미래의 내가 부양을 보장받는다는 확신이 없다면 현재의 내가 타인을 부양할 의무가 있냐는 질문을 던질 수 있죠. 반대로 과거의 내가 누군가를 부양했다면 현재의 나도 누군가로부터 부양받기를 원하는 것 또한 지극히 당연합니다. 결국 부양받으려는 자와 부양하는 자 간의 충돌은 예견된 사실이죠.

사회보험은 개인 보험과 다르게 기본적으로 사회적 약자에 대한 최소한의 안전장치입니다. 하지만 복지 제도가 붕괴하거나 사회복지제도에 대

---

52 "장래인구 변화 추계", KOSIS, 2023년.

한 구성원의 신뢰가 무너진다면 사회적 약자에 대한 마지막 안전장치는 제 기능을 못하게 됩니다. 결국 사회의 신뢰도 역시 바닥으로 추락하게 되겠죠. 지금부터는 사회가 보장하는 최소한의 안전장치인 복지 제도가 어떤 과정을 거쳐 현재의 모습을 갖추게 되었는지 정리해 보겠습니다.

산업사회의 산물, 사회복지제도

인류는 꽤 오랫동안 집단생활을 이어 왔습니다. 유인원은 생존을 위해 집단생활을 선택했죠. 다른 동물들에 비해 근력과 지구력이 약했던 인간이 집단생활을 선택한 것은 생존을 위한 합리적인 선택이었습니다. 채집과 수렵 위주의 생존 전략이 농업혁명을 계기로 정착과 농경 위주의 생존 전략으로 바뀌었지만, 이후로도 집단생활은 여전히 꽤 유효한 생존 전략이었습니다. 노동력이 곧 경제력이자 국력이었고, 영토의 넓이가 공동체의 생존 가능성을 결정짓는 세상에서 집단생활은 필수였죠. 집단생활 과정에서 사람들은 종교·문화·예절·관습 등 다양한 장치를 마련해서 공동체를 보호하고 또 상대적으로 어려운 상황에 놓인 사람들을 지켜주기도 했습니다. 이러한 단체 단위의 생존 전략은 이후 마을 단위로 작동하는 다양한 사회안전망들이 문화의 형태로 자리 잡도록 해 주었습니다. 과거 존재했던 계, 두레 등의 소규모 마을 공동체가 대표적인 사회안전망 역할을 했습니다.

마을 단위 사회안전망은 산업혁명 이후로 변화하기 시작합니다. 삶의 공간이 농촌에서 도시로 옮겨짐에 따라 많은 농촌 사람들이 한정적인 도시 공간에서 뒤섞여 살게 되었죠. 이 과정에서 전통적인 공동체 중심 사회

안전망은 자연스럽게 해체되었습니다. 도시에서는 이웃이 처음 보는 사람들이라는 점에서 도시 생활에서 서로를 지켜주고 희생할 것이라는 기대는 어렵죠. 익명성과 개인주의의 확산에 의한 사회안전망 파괴는 도시화 과정에서 필연적으로 나타났습니다.

산업화와 도시화 그리고 개인주의의 확산은 아이러니하게도 국가의 활동 범위를 확장시키는 결과로 이어집니다. 기존의 사회안전망은 해체되었지만, 사람들은 이전보다 훨씬 더 가혹한 생존 여건을 보이는 도시 속에서 생존을 위한 숙제를 해결해야 했거든요. 특히 유럽의 경우 산업혁명 시대에 본격적으로 접어들게 되자 산업화의 정도가 곧 국력의 수준을 결정짓고, 국력의 수준이 식민지 확장을 위한 해외 진출 가능성을 결정지었습니다. 그래서 농촌에서 상경한 산업 예비군을 케어하는 것은 무엇보다 중요한 과제였습니다. 이들이 도시에서 건강하게 지내면서 노동력을 재생산하고 제공해야 산업 발전이 가능할 것이고, 산업이 발전해야 국력도 강해지면서 식민지 정복 전쟁을 수행할 수 있으니까요.

근대적인 사회권을 헌법에 명기한 최초의 국가가 독일의 바이마르공화국이었다면 근대적인 사회보험이 규정된 최초의 국가는 비스마르크가 이끌었던 1880년대의 독일이었습니다. 비스마르크 독일의 사회보장제도는 임금 노동자가 소득 생활에서 (자의든 타의든) 벗어나게 되었을 때 다시 소득 생활로 돌아가기 전까지의 생존을 책임져 준다는 점에서 무조건적인 사회적 약자에 대한 지원과 생존을 보장한 영국식 구빈법(救貧法)과는 분명 달랐습니다. 의료보험, 산업재해보험, 공적연금 등의 시스템은 노동자들을 불확실한 위험으로부터 언제든 보호할 수 있도록 만들었죠.

흔히들 사회 보장 제도를 사회주의의 산물이라고 생각하지만, 반은 맞고 반은 틀린 이야기입니다. 19~20세기에 사회주의가 유행하는 과정에서 기존 산업 국가들은 사회주의로부터 엄청난 도전을 받게 되었습니다. 노동자들의 생존을 보장하지 않는 산업 국가들이 노동자들의 입장을 대변하는 사회주의로부터 강력한 도전을 받게 되자 어쩔 수 없이 노동자의 생존을 보장하게 되었죠. 사회주의적 성격이 강해 보이는 사회보험이 역설적으로 자본주의의 발전을 이끌던 산업화 국가에서부터 설계된 것은 결코 우연이 아닙니다. 사회주의로부터 위협을 받던 국가들 입장에서는 생존을 위해 물불 가릴 처지가 아니었죠. 이를 설명하는 개념이 '자본 축적 기능'과 '정당화 기능'입니다.

독일의 사회주의 이론가였던 클라우스 오페(Claus Offe)는 자본주의와 사회주의의 대립 과정에서 자본주의 국가가 사회주의 국가처럼 복지 제도를 확대하는 이유를 자본주의를 유지해야 하는 정부의 책무에서 찾았는데요. 오페는 자본주의의 성장 과정에서 기업가가 큰돈을 버는 것에 대해 사회주의자들이 그냥 보고 있을 리 없기 때문에 국가는 자본주의 시스템을 안정적으로 유지하기 위해 울며 겨자 먹기로 복지 제도를 확대할 수밖에 없다고 분석합니다. 실제로 산업화에 성공한 대부분 국가는 노동자 계층의 사회적 불만을 잠재우기 위해 다양한 사회복지제도를 만들었습니다. 사회복지제도가 자본주의 시스템을 붕괴시킨다는 사람들의 지적과 다르게 자본주의 입장에서도 국가 유지를 위해 복지 제도 채택은 필수적이었던 거죠.

현대 사회에서 폭넓게 거래되는 금융 상품인 개인 보험은 미래 개개인에게 발생할 수 있는 불확실한 위험에 대비하는 것을 그 목적으로 합니다. 따라서 보험에 대한 가입도 개인의 선택인데요. 반면에 사회보험은 사회 전체가 언제든 마주할 수 있는 위험에 대비하는 것이 목적입니다. 우리나라의 대표적인 사회보험인 국민연금을 예로 들어보겠습니다. 사회 전체로 볼 때 기대 수명의 증가는 경제적 은퇴 후 생활 유지의 어려움에 빠질 가능성이 높은 사람들의 수가 늘어나는 것을 의미합니다. 대부분 사람들은 65세 이후로 소득 활동에서 구조적으로 배제당하니까요. 그러나 사회 성원 모두가 이러한 어려움에 빠지는 것은 아닙니다. 누군가는 위험에 빠지지 않을 정도로 여유로운 생활을 할 것이고, 누군가는 위험에 빠지기 전에 질병이나 사고로 사망하겠죠.

국민연금은 이 모든 사람을 한 바구니에 묶어 위험을 예측 가능하도록 만들고, 또 최소한으로 만들어 냅니다. 국민 모두로부터 연금을 거두어 이 중 조기에 사망한 사람들이 납부한 재원을 생존한 사람들에게 이전하는 방식으로 사회적 위험을 제거하는 것이죠. 통계학의 대원칙인 대수의 법칙[53]을 활용하면 누가 오래 살지 누가 일찍 사망할지 알 순 없어도 사회 전체적으로 평균 수명이 어느 정도 될지, 생존을 위해 지출할 비용은 어느 정도가 될지 충분히 예측 가능하죠. 국가가 경제적·사회 구조적 관점에서 정책 목표로 삼는 것 중 하나는 불확실성을 최소화하는 것인데, 국가 차원에서 국민연금을 비롯한 사회보험 제도를 운영하는 경우 불확실성을 제거하기 쉽습니다. 국민 전체를 대상으로 할 경우 대수의 법칙이 적용되어 미래 예측이 쉬워지니까요.

탈상품화, 연금 들여다보기

자본주의를 유지시키는 피가 돈이라면 피를 돌게 만드는 심장 역할은

---

53 대수의 법칙은 측정 횟수가 많아질수록 측정 결과가 실제 수치에 가까워진다는 통계적 법칙이다.

모든 재화와 서비스를 상품화시키는 과정입니다. 사회의 그 어떤 것이라도 일단 시장에서 거래될 수만 있다면 상품을 가장 필요로 하는 사람이 구입하는 구조를 만들 수 있거든요. 이러한 논리는 자본주의가 등장한 이후 현재까지 대부분 사회에서 적용되고 있습니다.

사회복지제도 역시 상품화 과정을 거치면 제도의 효율성을 최대화할 수 있습니다. 그러나 문제는 사회복지제도 자체가 위험에 대한 대비나 사후 처방이 목적이라는 것이죠. 자본주의식 효율성이 잘못 실현될 경우 가장 필요한 사람이 아닌 경제적으로 가장 부유한 사람이 해당 상품을 독식하고, 필요하지만 경제력이 부족한 사람은 해당 상품을 소비하지 못할 수도 있습니다. 위험을 제거하는 것이 목적인 복지 제도는 모든 개인에게 일정 수준 이상 보장되어야 정책의 목적을 달성할 수 있기 때문에 시장에서 일반적으로 거래되는 상품과 달리 해석되어야 할 필요성이 있죠. 시장에서 상품으로 거래되는 것이 아니라 국가가 모두에게 일정 수준 이상으로 동등하게 보장해 주어야 하는 서비스의 성격을 가져야 합니다. 이를 확인하는 기준이 '탈상품화'의 정도인데요. 우리나라의 경우 사회복지제도는 잘 갖추어져 있으나 탈상품화의 정도가 낮다는 것이 일반적인 평가입니다.

구체적으로 살펴보도록 하겠습니다. 우리나라는 전 세계적으로 보아도 인구 규모 대비 1인당 국민 소득이 꽤 높은 편입니다. 하지만 그에 비해 복지 수준은 높다고 이야기하기 어려운 수준이죠. 2021년 기준으로 한국의 복지 제도에 투입되는 공공사회의 지출액은 GDP 대비 14% 정도로 OECD 평균인 23%보다 약 10%P 낮은 수준입니다. 연세대학교 행정학과 양재진 교수는 저서 『복지의 원리』에서 소득 보장 급여 수준과 사회 서비스 지출이라는 두 가지 지표로 OECD 주요 국가들의 사회복지제도 수준을 비교했는데요. 한국은 복지 국가들이 일반적으로 시행하고 있는 연금·의료·실업·산재 등 4대 보험과 노인장기요양보험, 공보험 등 사회보장 시스템을 모두 갖추었음에도 사회보장제도의 소득 대체 수준이 낮고 사회 서비스를 받는 사람이 빠르게 노동시장으로 복귀하는 데 도움을 주는 적극적 노동시장 정책의 수준도 낮다고 지적합니다. 분명 우리는 4대 보험 등 다양한 복지 서비스를 위한 재원을 열심히 마련하고 있는 것처럼 느껴지는데, 실상은 아직 많이 부족하다는 거죠.

4대 보험 중 의료서비스의 경우 사보험과 공보험의 조화, 필수 진료 분야에 대한 표준수가제 등이 맞물리면서 누구나 안정적으로 의료서비스에 접근할 수 있는 사회 구조가 완성되었죠. 적어도 공공 분야 의료서비스에 한해서 우리나라는 다른 국가와 비교하더라도 우수한 수준입니다. 반면 연금 구조는 상당히 취약합니다. 연금 수령 전 소득 수준에 대한 연금 수령액의 크기를 나타내는 소득대체율은 30%를 겨우 넘고 있습니다. 복지를 상징하는 북유럽 외에 영국·독일·일본 등 자본주의 국가와 비교해도 꽤 낮은 수준이죠. 기본적인 연금 수령 구조에서부터 미래를 보장하는 복지 제도의 한계가 뚜렷이 나타나고 있습니다.

OECD 주요국의 공적연금 소득대체율 비교[54]

평균	미국	일본	독일	영국	프랑스	캐나다	한국	스웨덴
42.2%	39.2%	32.4%	41.5%	21.6%	60.2%	38.8%	31.2%	73.9%

연금 수령 대상자들이 본격적인 은퇴 연령에 들어선 이후에도 우리나

---

54 『한 눈에 보는 연금 2021: OECD 회원국과 G20 국가의 노후소득보장제도(제9판)』, OECD, 2023.01.09.

라는 연금 수령자에 대한 추가적인 부양책을 고민해야만 하는 상황입니다. 미래 노년 인구의 부양 부담에 대한 개인의 고민이 자녀가 부모 부양을 부담하는 문화의 존속 여부에서 출발한다면 사회적 차원의 고민은 얼마를 누구로부터 걷어서 누구에게 나눠줄 것인가라는 질문에서 출발합니다. 타 사회보험과 달리 연금은 받는 사람과 내는 사람이 다를 수밖에 없는 구조니까요.

소득 대체 수준이 지나치게 낮은 연금 제도는 연금에 기대하는 원래의 목적을 달성하지 못하도록 만듭니다. 외부로부터 도움이 없으면 생존이 불가능한 상황에 놓인 노인이 있다고 가정해 보죠. 만약 그 노인에게 외부로부터의 도움이 생존에 충분하지 않고 노년에 대한 개인적 준비도 부족한 사각지대에 속한 상황이라면 국가는 기존의 연금 제도 외에 추가로 지원책을 만들어야 합니다. 국가의 지원책은 국고 지출 형태로 실행되며, 이는 다시 세금의 형태로 청년층에게 전가되죠. 청년층의 조세 저항은 거세집니다. 이러한 지원책은 예측 불가능한 측면이 있어 그 자체로 부담이지만, 국가 입장에서는 지출을 회피할 수도 없습니다. 사회적 약자에 대한 보호와 지원은 국가의 존재 목적 중 하나니까요. 이래저래 국가의 입장에서는 딜레마 상황에 놓이게 됩니다.

기본적으로 연금 제도는 상당히 긴 기간 동안 운영된다는 점을 전제합니다. 따라서 기금 소멸 가능성이 발생할 경우 기금 조달을 유연하게 변화시키면서 이에 대응해야 하죠. 지금까지는 국민연금 재원이 상당한 흑자 수준을 유지해 왔는데요. 2040년에는 약 1,800조 원 규모가 될 것으로 전망하고 있습니다. 그러나 그 이후의 국민연금은 급격한 적자로 전환될 예정입니다. 이는 수입에 비해 지출이 워낙 클 수밖에 없는 사회 구조에서 기인합니다. 국민연금의 수입은 크게 주식·채권 등 투자를 통한 기금 운용 수익과 연금 가입자의 부담액 등으로 구성되는데, 기금 운용 수익의 경우 외생적 변수가 강해 쉽사리 끌어 올리는 것이 어렵습니다.

반면 지출액 증가는 고령화 과정에서 이미 예견된 상황입니다. 결국 부담액을 더 내는 방안으로 기금을 늘리거나 연금을 덜 받는 형태로 지출을 줄여야 하는데, 정치권에서는 그 어느 쪽도 쉽게 선택하기 어렵죠. 개혁은 필요하지만, 개혁을 이야기하는 사람이 받게 될 정치적 역풍이 두려운 겁니다. 20년째 국민연금 개혁 이야기가 정치권에서 흘러나오지만, 모두가 구체적인 안은 내놓지 않고 폭탄 돌리기가 이어지고 있습니다. 청년층의 '연금액 납부 거부' 여론이 현실의 시한폭탄이 되어 가는 와중에도 이 문제는 해결 방안을 찾지 못하고 있고요.

인구 구조와 연금 지출, 갈등의 촉매제

증세를 달가워할 사람은 아무도 없습니다. 가뜩이나 월급 통장도 충분히 가벼운데 그 통장에서 국가가 강제적으로 더 가져가겠다고 한다면 그 누구도 반길 리 만무하죠. 정부의 역할이 약하거나 사회 내에서 정부 역할에 대한 합의가 부족할수록 작은 정부를 지지하는 경향이 있는데요. 한국의 경우 우수한 국가 행정 시스템이 갖추어져 있음에도 이에 대한 사회적 평가가 인색한 편입니다. 행정 시스템에 대한 불신은 조세 저항으로 이어지는 경우가 많고, 우리나라에 만연한 정치인의 부정부패, 제도권 정치에 대한 불신 역시 조세 저항의 주요 요소가 됩니다. 조세에 대한 저항이 강하다면 복지 제도 운영에 필요한 기금 마련에 대해서도 저항이 상당히 강하겠죠.

조세에 대해 비판적인 여론만큼이나 우리나라는 조세에 대한 계급 평가 일관성이 낮은 나라이기도 합니다. 대부분 복지 국가들은 누진형 소득세제를 채택하고 있는데, 우리나라 국민들은 누진형 소득세제가 고소득자-혹은 기업-의 근로 의욕을 떨어뜨려 경제를 둔화시킬 것이라고 이야기하는 경우가 많죠. 일반적으로 누진세제는 저소득층에게 유리하고 고소득층에게 불리하다고 알려진 걸 생각하면 꽤 아이러니합니다. 만약 누진세제를 선택하지 않을 경우 모든 국민에게 공통으로 적용되는 비례세와 간접세의 규모를 증가시켜야 하나 이에 대한 조세 저항도 만만치 않습니다. 정치인들이 큰마음을 먹지 않는 이상 증세가 불가능한 구조인 셈이죠.

사회보험 기금은 세금은 아니지만, 국가가 강제로 징수하고 국가가 직접 운영하는 공단에 의해 관리된다는 점에서 실질적으로는 세금의 성격이 강하다고 할 수 있습니다. 국가 입장에서는 증세 없는 세액 증가가 발생한다면 더할 나위 없이 좋겠지만, 이미 미국의 레이거노믹스(Reaganomics) 실패로 증세 없는 세액 증가와 같은 꿈 같은 상황은 발생할 수 없다는 것이 이미 증명되었죠.

결국 복지를 위한 증세와 사회보험 기금 납부액 증가는 피할 수 없음에도 불구하고 정치인들은 국민의 강한 조세 저항에 부딪혀 증세를 실현할 가능성도 상당히 낮은 상태입니다. 복지 정책이 미래에도 안정적으로 유지될 것이라는 확신을 가질 수도 없고, 국민들 사이에서 복지 정책에 대한 공감대도 형성되지 않다 보니 개혁을 주도해야 할 정치인 입장에서는 자신의 정치 수명을 이어 나가기 위해서라도 복지 제도 개편에 대해서는 소극적일 수밖에 없습니다.

복지 제도의 운영 주체인 국가가 수수방관하는 사이에 학계와 언론이 제기하는 국민연금을 비롯한 공적 보험 기금의 고갈 위험성은 청년층의 '기금 환불 요청'으로 표현되었고, 사회보험에 대한 신뢰 저하로 이어졌습니다. 현실적으로 사회보험과 복지 시스템을 모두 정지시킬 경우 이에 대한 후속 처리 비용뿐만 아니라 앞으로 발생할 각종 사회적 비용 등을 고려하면 사회 전체가 받아야 할 계산서는 적자일 것입니다. 그럼에도 청년층이 사회복지제도에 대해 부정적인 반응을 보이는 것은 제도와 사회에 대한 청년층의 신뢰도가 이미 바닥을 찍었다는 의미입니다. 노년층의 생존이 어려워질 수 있지만, 그건 요즘 표현으로 '알빠노?'라는 거죠.

세대 간 갈등은 이미 발생한 문제이고 앞으로 더욱 심해질 것이 분명합니다. 그리고 그중 국민연금 같은 사회보험 수급과 그것을 둘러싼 분쟁이 꽤 중요한 갈등의 원천이 될 것 또한 예견된 사실이죠. 이에 대한 사회적 반응이 없을 경우 향후 세대 간 갈등이 엄청난 사회적 문제를 발생시킬 가능성이 큽니다. 역사적으로 사회적 약자가 갈등의 중심에 있을 때 그에 대한 조직적인 린치와 극단주의적 대응이 발생한 사례는 수없이 많았으니까요. 사회가 처참한 상황에 직면하기 전에 먼저 해결할 준비를 해야 하지만, 과연 그러한 준비가 제대로 이루어질지는 의문입니다.

수면으로 떠오르는 세대 간 갈등, 사회보험

대한민국에서는 기존의 지역 구도가 여전히 선거에 큰 영향을 끼치고 있습니다. 그러나 최근에는 지역 중심의 선거 구도에 유의미한 변화가 연이어 관찰되고 있습니다. 그중 눈에 띄는 것은 전통적인 동서 갈등 구조가 붕괴되고 있다는 사실인데요. 보수와 진보를 상징한다고 여겨지던 경상도와 전라도 지역에서 각기 특정 당을 일방적으로 지지하던 구도가 서서히 무너지기 시작한 겁니다. 동서 갈등 구도는 수도권과 지방 간 갈등으로 재편되는 모습을 보이고 있죠.

최근 제도권 내 정당에서 보이는 특징은 어떤 정당이든 공통적으로 '노년층 친화 정책'을 앞다투어 구상하고 있다는 점입니다. 인터넷 공간에서는 청년 대 노인 구도가 형성되고 세대 간 갈등이 점차 심화되는 반면, 정치권에서는 진보 성향과 보수 성향 구분할 것 없이 노년층의 복지에 큰 힘을 쏟고 있는 거죠. 그렇다면 왜 정치권은 노인 복지 공약을 앞다투어 제시하는 걸까요? 해답은 인구 구조에 있습니다.

2023년 이후 전체 인구 대비 부양 인구/피부양 인구의 구성 변화 [55]

단위(%)	피부양 인구		부양 인구
	0~14세	65세 이상	15~64세
2023년	11%	18.2%	70.8%
2050년	8%	40.1%	51.9%
2070년	6.4%	47.5%	46.1%

2023년을 기준으로 전체 인구 중 65세 이상 노령 인구의 비중은 18% 수준으로 결코 낮은 수치가 아닙니다. 그러나 현재의 합계출산율이 앞으로도 계속 유지된다고 가정한다면 65세 이상 노령 인구의 비중은 2050년에는 40%, 2070년에는 47%로 현재에 비해 엄청난 수준으로 증가하게 되죠. 일간베스트저장소의 노령화 과정이나 태극기부대의 집단적 정치 참여 현상에서 보았듯이 노년층은 온라인 광장에서 결집하는 방법을 깨달았고, 자녀들의 눈치를 보던 과거 문화에서 벗어나 자신의 의견을 적극적으로 개진하는 '목소리 큰' 집단으로 변화하고 있습니다. 게다가 노년층으로서는 자신의 정치 성향이 진보적이든 보수적이든 간에 노년층을 위한 복지

55 "장래인구 변화 추계", KOSIS, 2023년. 재구성.

제도를 마다할 이유가 없죠. 반대로 노인 복지 축소를 반길 노년층도 없습니다. 적어도 노인 복지 문제에 있어서는 '노년층 복지 확장 정책 찬성, 축소 반대'라는 동일한 의견을 낼 가능성이 높습니다.

정치인에게 있어 노년층 친화적인 정책을 내는 것이 합리적인 선택이라면 국가 정책 대부분이 노년층 친화적으로 구성되는 것도 합리적인 결과라고 할 수 있을까요? 여기에 대해서는 '그렇다'라고 자신 있게 말하기 어렵습니다. 설사 논리적으로 노년층 위주의 국가 정책 편성이 필요하다고 결론을 내리더라도 사람들이 실제로 이에 대해 공감하기는 어려울 수 있기 때문입니다.

17개국 대중들의 삶에서 가장 의미 있는 것들[56]

	1순위	2순위	3순위	4순위	5순위
호주	가족	직업	친구	물질적 풍요	관계
뉴질랜드	가족	직업	친구	물질적 풍요	관계
스웨덴	가족	직업	친구	물질적 풍요/건강	
프랑스	가족	직업	건강	물질적 풍요	친구
그리스	가족	직업	건강	친구	여가생활
독일	가족	직업/건강		물질적 풍요/긍정적인 태도	
캐나다	가족	직업	물질적 풍요	친구	관계
싱가포르	가족	직업	관계	물질적 풍요	친구
이탈리아	가족/직업		물질적 풍요	건강	친구
네덜란드	가족	물질적 풍요	건강	친구	직업
벨기에	가족	물질적 풍요	직업	건강	친구
일본	가족	물질적 풍요	직업/건강		여가생활
영국	가족	친구	여가생활	직업	건강
미국	가족	친구	물질적 풍요	직업	종교
스페인	건강	물질적 풍요	직업	가족	관계
대한민국	물질적 풍요	건강	가족	긍정적인 태도	관계/자유
대만	관계	물질적 풍요	가족	자유	여가생활

* 순위는 17개 항목의 코드에 대해 우선순위를 선택하도록 한 것임.

대가족 중심의 가족 구조가 무너지면서 핵가족-특히 1인 가구- 중심으로 변화되었고, 할아버지와 할머니를 가족이 봉양한다는 전통적 가구 개념은 자취를 감춘 지 오래입니다. 노인 부양의 주체는 사실상 가족에서 국가로 넘어가는 상황이죠. 미국의 여론조사기관인 퓨 리서치(Pew Research)의 2023년 조사[57]에 따르면, "인생에서 가장 가치 있다고 여기는 것은 무엇인가?"라는 질문에 대해 대부분 국가에서는 가족이 가장 중요하다고 답했으나 한국인 대부분은 돈이 가장 중요한 부분이라고 응답했습니다.

물론 일부 미디어에서 알려진 것과 다르게 복수 응답이 가능한 설문조사인데도 이 조사에 참여한 대부분 한국인들이 응답 과정에서 '물질적 풍요(Material Well-being)'만 단독 응답으로 선택해 다른 나라에 비해 물질적 풍요 항목이 지나치게 과표집되었다는 문제점이 있긴 합니다. 그럼에도 이 연구 결과는 한국 사회에서 가정의 의미가 점차 약해지고 그 자리에 돈이 자리 잡고 있음을 보여준다는 점에서 큰 의미가 있습니다.

국가의 복지 정책은 국민-특히 현재 일하고 있는 청장년층-이 납부하는 세금과 보험금 등을 통해 운영됩니다. 2023년 주민등록 인구통계 자료를 기준으로 부양 인구(15세 이상에서 64세 이하)의 비중은 71%, 피부양 인구 중 노인 인구의 비중은 18%입니다. 단순 계산으로 살펴보아도 청장년 3.5명이 노인 1명을 부양하는 셈이네요. 부양 인구인 청장년 3.5명은 얼굴도 알지 못하는 노인 1명을 복지 기금 납부를 통해 부양하는 셈입니다. 지금은

---

56 Laura Silver & etc., 「What Makes Life Meaningful? Views From 17 Advanced Economies」, Pew Research Center, 2021. 11. 18.; pewresearch.org/global/2021/11/18/what-makes-life-meaningful-views-from-17-advanced-economies

57 Pew Research, "What Makes Meaningful? - Views for Advanced Economies", Global Attitude Studies(2023)

그나마 양호한 편이지만, 앞으로 청년층의 부양 부담은 어떤 형태로 변하게 될까요?

20년 뒤인 2040년에는 청년 1.5명이 노인 1명을 책임져야 하는 상황으로 바뀔 예정입니다. 가뜩이나 청년 1인이 감당해야 할 피부양 인구가 급증할 예정인데, 복지 범위를 확대시키려는 정치인들의 공약이나 정책이 부양 인구의 경제적 부담을 더욱 가중시킬 수밖에 없죠. 복지 정책이 구체화되고 다양해질수록 그 자체로 노년층에 대한 청년층의 분노와 비난으로 이어질 가능성이 높습니다. 경제적 부양 부담이 커지는 걸 달가워할 청년은 없을 테니까요.

그렇다고 해서 복지 범위를 줄이는 것도 정답이 될 수 없기는 매한가지입니다. 10여 년 전만 해도 어르신들은 당연히 젊은 사람들이 봉양해야 한다는 사회적 인식이 지배적이었습니다. 과거 어른들은 미래에 자식들이 자신을 봉양할 것이라 믿고 노후 대비 없이 자기의 경제적 자원을 아낌없이 자식의 미래를 위해 투자했습니다. 노후를 준비하지 못한 노인들을 향해 일방적으로 비난하기 어려운 이유가 여기에 있죠. 하지만 현 시점에서 인구 구조의 문제점과 노인 부양의 책임 소재가 맞물리면서 부양 부담이 증가하는 속도가 너무나 빨라졌습니다. 청년층 역시 마찬가지로 노후 대비가 어렵다는 것은 공통의 숙제입니다. 노후 대비 자체가 이상과 같이 여겨지는 사회 구조가 형성된 것이죠.

앞으로 정치권이 청년층과 노년층 모두 만족할 수 있는 대안을 만들어낼 수 있을까요? 어려워 보입니다. 그리고 정치인의 목적이 당선 그 자체라면 정치인은 그저 인구 구조를 전략적으로 이용할 가능성이 더 높아 보이기도 합니다. 언제 터질지는 예견되어 있지만, 당장은 터지지 않을 인구 구조 문제와 세대 간 갈등이라는 시한폭탄의 스위치가 이미 눌러져 있는 셈이죠. 이제 이미 눌러진 시한폭탄의 스위치가 구체적으로 어떤 문제를 가져올지 정해진 미래를 조금 더 들여다보도록 하겠습니다.

저출산·고령화와 사회보험 시스템, 가처분소득 감소와 저성장의 늪

국민소득 방정식으로 살펴본 사회보험 시스템과 경기 침체 간 상관관계

GDP	=	소비 지출(C)	+	투자 지출(I)	+	정부 지출(G)	+	순수출(NX)
주체		가계		기업		정부		해외

방정식 분석
① 소비 지출: 소득에 관계없이 반드시 지출해야 하는 필수 생활비 + 소득 대비 소비 성향으로 구성
② 투자 지출: 이자율 및 기업의 경영 방침(전략)에 따라 변화
③ 정부 지출: 정부의 정책 방향에 따라 변화
④ 순수출: 환율, 해외의 소비 성향, 자국 상품의 해외 인기도, 해외 상품의 국내 수입에 따라 변화

기본 명제
- 가처분소득이 커지고 소비 성향이 클수록 GDP는 성장함.
- 사회보험 시스템이 확장될수록 가처분소득은 낮아질 수 있음.
- 사회보험 시스템이 사회보험 수혜층의 가처분소득에 큰 영향을 주지 못하고, 사회보험 비용 부담층의 가처분소득을 감소시킬 경우 경기 침체로 이어질 수 있음.

조세와 사회보험에 대한 부담이 사회복지제도의 건전성 악화 및 노인과 청년 세대 간 갈등을 만들어 낸다면 사회보험에 대한 청년층의 부담 증가는 그 자체로 경기 침체 같은 문제를 야기할 수 있습니다. 굳이 어려운 수식을 사용하지 않아도 '돈이 돌아야 경제가 성장한다'라는 말이 있듯이 소비가 늘어날수록 경제가 활성화된다는 것은 상식적으로 당연합니다. 소

득이 늘수록 소비가 늘어난다고 가정했을 때 소득을 늘릴 방안을 찾는 것이 무엇보다 중요해지겠죠.

소비에 영향을 주는 소득은 가처분소득입니다. 가처분소득은 발생한 소득에서 세금, 필수 소비, 저축 등을 제외한 금액인데요. 가처분소득이 클수록 소비 여건이 개선되고 경제 활성화로 이어진다는 것이 주류 경제학의 시각입니다. 과거 일본이 겪었던 '잃어버린 30년'이라는 장기 경기 침체는 가처분소득과 경제 활성화의 연관성을 그대로 보여준 대표적 사례입니다.

우리나라의 경우 다른 선진국에 비해 인구가 많은 편이 아닌데다 개인의 가처분소득 수준 역시 낮아서 내수 시장이 튼튼하지 못한 국가로 평가받습니다. 내수 시장이 작다 보니 해외 수출에 의존하는 경제 구조가 될 수밖에 없고, 실제로 외부 경기 변화에 따라 국가 경제가 바뀌는 모습을 자주 보여주죠. 특히 현 시점에서 가처분소득의 감소는 노년층의 경제적 몰락 과정에서 뚜렷하게 나타납니다. 노년층은 장기적으로 생산 활동에서 배제될 수밖에 없는 연령대입니다. 노년층의 증가는 생산가능인구의 부족으로 이어지며, 이는 앞으로 사회 전체의 가처분소득에도 부정적인 영향을 줄 가능성이 크죠. 여기에다 복지 재원 마련을 위한 세액 부담액이 커질 경우 청년층의 가처분소득은 더욱 줄어들 것이고 청년들의 수가 줄어들 경우 전체 GDP 역시 감소할 겁니다.

국가 입장에서는 거두어들인 세액 대부분이 노인 인구 부양에 투입될 경우 미래 기술 발전 지원·교육 여건 개선·SOC^(사회간접자본) 구축 등에 투입할 수 있는 예산의 크기가 줄어들게 됩니다. 결국 준비되지 않은 상황에서 노년층에 대한 복지 지출이 급격하게 증가할 경우 경기 침체 국면으로의 전환은 필연적이고, 미래 발전을 위한 투자 역시 어려워집니다. 급속한 고령화 과정에서 일본이 겪었던 경제적 어려움이 인구 구조와 경기 침체

간의 상관관계를 잘 보여주고 있죠.

이미 청년층의 가처분소득은 낮은 소득 수준, 불확실한 고용 현황, 높은 부동산 비용 등으로 인해 상당히 낮아진 상태입니다. 노년층에 대한 미래 복지 설계가 부실한 상태로 이어질 경우 미래 생산 연령에 대한 조세 부담 증가 또한 필연적입니다. 청년에 비해 노인 인구가 더 많아지는 인구 구조상 청년층이 조세 납부에 대한 거부 움직임을 보이더라도 정치인들은 노년층의 지지를 바탕으로 이를 강제할 가능성이 높고요. 앞으로 장기 저성장이 예견된 우리 사회에서 현재의 부족한 복지 제도가 새로운 부담을 가중시킬 것이 확실하다면 이에 대한 대비가 지금부터 이루어져야 합니다. 하지만 이것이 가능할지조차 의문입니다. 정치인들은 표를 먹고 살고, 이미 우리 사회는 극단화된 개인주의가 자리 잡았을 뿐 아니라 양보가 미덕이 아닌 사회가 된 지 오래되었기 때문이죠.

Reduced Society

4장
잿빛 미래를 준비해야 하는 우리,
지금부터 할 수 있는 것들

1. 얼마 남지 않은, 인구 회복의 골든 아워

'복리 효과'라는 단어를 한 번쯤 들어보았을 겁니다. 우리의 인구 구조 역시 '출산율의 복리 효과'를 벗어날 수 없습니다. 우리는 '합계출산율'에만 주목하고 있는데요. 사실 합계출산율의 하락이 보여주지 못하는 또 다른 심각한 공포, 곧 출산력의 약화가 함께 발생하고 있습니다. 1980년대 후반부터 2000년대 초반까지는 우리나라의 출생아 수가 비교적 안정적으로 유지되던 시기인데, 매년 60~70만 명 수준이었습니다. 이후 출생아 수가 급감했다는 점을 본다면 1980~2000년대생들이 아이를 낳을 수 있는 시기가 급격한 인구 구조 붕괴를 막을 수 있는 마지막 기회라고 볼 수 있습니다.

그렇다면 그 시기는 언제일까요? 여성의 적정 출산 시기를 40세까지라고 본다면 2035년 정도가 충격을 줄일 수 있는 마지노선이라고 볼 수 있습니다. 특히 대부분의 결혼과 출산이 30대 초중반에 이루어진다는 점을 고려해 보면 실질적인 마지막 시기는 2025~2030년 정도라고 보는 게 타당하겠네요. 약 5년 정도 남은 기간에 출산율의 유의미한 변화를 이끌어 내지 못한다면 이후에는 합계출산율이 상승하더라도-출산을 많이 하는 문화가 자리 잡더라도- 아이를 낳을 수 있는 인구와 시간 자체가 부족해서 결국 인구 충격을 피할 수 없게 됩니다. 이 경우 인구 구조가 엄청난 사회 갈등으로 이어질 게 분명하죠. 성별 갈등, 세대 간 갈등, 지방과 서울 간 갈등이 이미 심각한데, 여기에 인구 구조 문제가 겹칠 경우 이 사회가 얼마나 혼란스러워질지 상상하기도 어렵습니다. 미래 사회가, 즉 다음 세대가 우리를 지켜줄 수 있다고 믿는 것 자체가 어려울 수도 있겠죠.

복지 제도 측면에서도 급격한 지출 증가는 달가운 현상이 아닙니다. 특히 인구 규모가 작은 우리나라의 경우 인구 구조 변화에 따른 경제 충격이 복지 부담과 연결되어 그 여파가 상당할 것이 분명합니다. 경제적인 충격 이외에도 사회적으로 만들어질 대립, 갈등, 혼란, 불신 등은 그 형태를 예측하기 어려운 요소이죠. 모든 문제는 사후 대응보다 사전 예방이 훨씬 싸게 먹히는 법이라는 점을 잊지 않았으면 좋겠습니다. 아직은 1980년대 후반부터 1990년대 초반 청년들이 사회적으로 결혼 적령기로 분류되고 있는데, 이들이 출산을 선택할 수 있는 마지막 시점인 향후 5~6년이 인구 문제에 있어 마지막 기회인 것은 분명합니다. 하지만 현재의 사회 분위기로 보았을 때 인구 구조 개선이 어느 정도까지 가능할지는 의문입니다. 출산과 양육은 '문화'이고, 경제적 투자만으로 단기간에 그 문화를 바꾸기에는 너무나도 어려움이 많으니까요.

2. 오늘의 출산이 미래의 복지,
지속 가능보다 생존 가능을 꿈꾸자

생물학자인 최재천 박사는 『통섭의 식탁』이라는 책에서 인간을 포함한 포유류들이 생존의 어려움에 봉착했을 때 가장 먼저 하는 행동이 출산을 포기하는 것이라고 했습니다. 지금도 청년층 입장에서는 충분히 생존이 어려운 상황이지만, 그마저도 '현재가 가장 살만한 상황'이라는 평가를 내리면서 미래를 비관적으로 바라보고 있죠. 인구 구조가 우리에게 큰 충격을 줄 것은 정해진 사실이지만, 그 충격을 조금이라도 줄이기 위해 노력해 볼 수 있는 시간이 그나마 조금이라도 남아 있다는 점은 불행 중 다행입니다. 다만 이제는 그나마 남은 희망도 이야기할 수 있는 시간이 얼마 남지 않았습니다. 마지막 남은 골든아워를 효과적으로 쓸 수 있어야 하지만, 과연 그 기대가 실현될 수 있을지는 미지수입니다. 당장 출산의 주체가 되어야 할 청년들은 생존의 문턱에서 허덕대고 있는 현실이거든요.

혼히들 인구 구조는 과거 50년간 만들어졌고, 미래의 50년을 결정하는 지표라고 이야기합니다. 특히 우리나라의 인구 구조 변천은 대한민국의 발전사를 고려한다 해도 너무나 극적이지요. 마약은 다른 약에 비해 몸에 흡수되는 속도가 빠르고, 그 부작용 또한 크다고 이야기합니다. 마찬가지로 과거 높은 출산율은 수도권 중심의 부동산 가격 상승 및 공무원 같은 공직 종사자와 일부 은퇴자들의 노후 보장에 유리한 공적연금 제도처럼 달콤한 열매를 가져왔습니다. 반면에 이후의 인구 구조 변화는 지방 소멸, 지방 부동산 수요 급감의 문제를 가져왔고, 이는 지방 공동화, 수도권 인구 집중, 미래 공적연금의 붕괴를 가져올 예정입니다. 어디서부터 이러한 문제가 만들어졌는지 청년 입장에서는 그 이유를 알 것 같기도 하지만, 명확히 분석하기란 어렵습니다.

부모에게 요구되는 책임이 너무 무거워서 출산을 포기했을까? 아이를 키우기 어려운 사회 분위기라서 출산을 포기했을까? 내 인생을 조금 더 즐기고 싶어서 출산과 결혼을 포기했을까? 나 한 몸 건사하기도 어려워서 출산과 결혼을 포기했을까? 아이를 행복하게 해 줄 자신이 없어서 결혼과 출산을 포기했을까? 결혼이 인생 역전을 위한 마지막 기회라고 여겨서 결혼을 더 주저하게 만들까? 무엇인지는 아무도 모릅니다. 어쩌면 이들 모두가 원인일 수 있고, 이 가운데 이유가 없을 수도 있고요. 확실한 것은 이러한 고민이 해결되지 않는 사이에 지금도 청년들은 결혼을 두려워하고 있고, 우리 사회는 청년들이 '평범한 가정'을 만들기 어려워하도록 만들고 있다는 것입니다.

그리고 청년들이 미혼이나 자녀 없는 부부로 남아 있는 기간이 길어질수록 사회 구조 문제는 더욱 크게 다가오게 됩니다. 여기에는 그 어떤 문제점보다 우선시되는 '생존의 어려움'이 자리 잡고 있습니다. 경제적으로든 정서적으로든 혹은 사회적으로든 결혼과 출산과 양육은 현재의 청년들에게 너무나도 두렵고 어려운 선택지일 뿐입니다. 인구 구조의 반전을 만들기 위해 우리 구성원 모두가 머리를 맞대고 고민을 이어 나가야 생애사와 맞닿아 있는 사회 문제를 극적으로 해결할 방안을 찾아낼 수 있을 겁니다.

사회 교사의 눈으로 본 인구 소멸과 우리의 미래

축소사회 대한민국

초판 1쇄 인쇄 2024년 11월 11일
초판 1쇄 발행 2024년 11월 20일

지은이 정선렬 · 엄혜용
펴낸이 임태순

펴낸곳 도서출판 행복
출판등록 2018년 5월 17일 제 2018-000087호
주소 경기도 고양시 일산서구 탄현로 136
전자우편 hang-book@naver.com
전화 031-979-2826   팩스 0303-3442-2826

© 정선렬 · 엄혜용, 2024

ISBN 979-11-988173-1-0 03300

값 17,800원